U0485385

XINSHIDAI
JIAOYU
CONGSHU

MING
XIAOZHANG
XILIE

新时代教育丛书

名校长系列

润泽教育晴空

李晶◎著

北京出版集团
北京教育出版社

图书在版编目（CIP）数据

润泽教育晴空 / 李晶著. -- 北京：北京教育出版社，2021.5
（新时代教育丛书. 名校长系列）
ISBN 978-7-5704-3284-4

Ⅰ．①润… Ⅱ．①李… Ⅲ．①中学教育—教育研究—文集 Ⅳ．①G632.0-53

中国版本图书馆 CIP 数据核字（2021）第 083196 号

新时代教育丛书　名校长系列
润泽教育晴空
李　晶　著

*

北 京 出 版 集 团
北 京 教 育 出 版 社　出版

（北京北三环中路 6 号）
邮政编码：100120
网　　址：www.bph.com.cn
京版北教文化传媒股份有限公司总发行
全 国 各 地 书 店 经 销
河北宝昌佳彩印刷有限公司印刷

*

787 mm×1 092 mm　16 开本　22 印张　295 千字
2021 年 5 月第 1 版　2021 年 5 月第 1 次印刷
ISBN 978-7-5704-3284-4
定价：68.00 元
版权所有　翻印必究
质量监督电话：(010)58572393　58572787　58572750
购书电话：13381217910　(010)58572911
北京教育出版社天猫旗舰店：http://bjjycbs.tmall.com

总　序

办好新时代教育

随着社会现代发展进程的推进，尤其是改革开放以来，中国教育事业加速发展，中国已建成世界最大规模的教育体系，教育总体发展水平进入世界中上行列，中国教育发展进入新时代，中国基础教育改革进入实质性的根本转型时期，处在一个走自主创新道路的关键转折点。

新时代呼唤新的教育。习近平总书记在全国教育大会上强调："立足基本国情，遵循教育规律，坚持改革创新。"面向未来的教育才有未来，新时代的教育，重在破解传统、旧有范式。基于此，面对新时代教育，与教育工作相关的所有主体都需要从思想和行动上做出努力和改变，并围绕主体价值、文化情境、智慧情怀、系统生态等关键词全面开展教育活动。

首先，新时代教育强调主体价值。

"教育同国家命运紧密相连"，点明了教育在国家建设和民族复兴中的地位和作用，强调了教育改革发展的价值取向，为我们今天准确把握办学的总体方向和人才培养的根本目标提供了思想遵循。

教育现代化的终极价值判断标准是人的发展，是人的解放和主体性的跃升。自古以来，中国的教育传统既强调教育的人文性，也强调教育的社会性，相应地，在人才培养目标上既强调完善自我，也强调服务社会和国家，更强调在服务社会和国家中达到自我的充分实现。新时代更要坚守教育本质，重视教育的价值观建设，坚持以社会主义核心价值观为引领，回答好"培养什么人、怎样培养人、为谁培养人"这些根本问题，从而培养有历史责任感、志存高远的时代新人。

其次，新时代教育强调文化情境。

学校不仅是传播知识、文化、智慧的地方，更是生产知识、文化、智慧的场所。学校无文化，则办学无活力。学校是文化传承的主阵地，学生文化、教师文化、课程文化、网络文化和制度文化等现代学校文化建设，引领了学校的发展，呈现了学校办学气质。

更重要的是，文化创设情境。"为学生一生发展奠基"，统整科学与人文，优化学生生存环境，借由"境中思""境中做""境中学"，实现学生主动学习与发展、个性化成长及德育渗透。

增进文化认同，是学校管理者的重要使命。政策制定者、执行者和教育管理者，一定要从为国家和民族培养优秀人才的角度关爱引导师生，让每位教育工作者深刻认识到"教育"二字蕴含的国家使命，真正将为国家和民族培养人才、培养爱国奉献的人才这一价值追求切实贯穿于办学育人全过程，一代一代坚持下去。

再次，新时代教育强调智慧情怀。

国之兴衰，系于教育。教育兴衰，系于教师。教育同国家的前途命运紧密相连。这当中，智慧型教师和教育家尤其为新时代教育所期待。他们目光远，不局限于学校和学生眼前的发展，而是着眼于未来；他们站位高，回归教育的本体，努力把握并尊重敬畏教育的共识、规律；他们姿态低，默默耕耘，淡泊明志，宁静致远；他们步伐实，总能紧紧围绕学生、教学、课程、教师发展等思考自己的职责和使命。

总而言之，教育家顺应时代潮流，立足现实，展望未来。在把握办学方向、把握时代脉搏的基础上，他们勇立潮头，担当时代先锋，他们对历史和未来负责，超越现实、超越时空、超越功利，用教育的力量塑造未来，解放学生的个性、想象力和创造力，共同推动和引领中国基础教育改革和创新，愿意为共同探索中国未来教育之道而做出巨大的努力。

最后，新时代教育强调系统生态。

观古今，知兴替，明得失。关于未来的认识是选择性的，未来"未"来，新时代的教育人需要根据某种线索去把握超出现在的想象并做出价值选择。这种价值选择的关键还在于，教育人真切明晰，未来学校是面向未来的学校，是为未来做准备的。教育中的新与旧、过去与未来，不是对立的，而是连续的，从而能够让教育者基于教育的本质和规律守正创新，坚守立德树人的初心。

各级各类学校之间是相互依赖的，单一的学校不能构建成一个完整教育系统，唯有每个学校都致力于体现自身的教育特性，努力实现自己所承担的教育任务，发挥出自己的教育作用，才能共同构成一个完整的教育系统。加强基础教育改革设计的整体性、系统性和长期性，把"办好每一所学校"作为基础教育改革发展的主要目标，是共同构建良性的教育生态，发挥整个教育系统功能的最优选择。

在这种情境下，"新时代教育丛书"的策划出版具备极强的现实意义。丛书通过考察和认识各地名校教育实践，寻找新时代教育的实践样本，清晰梳理了新时代教育中名校、名校长、名师、名班主任等的发展脉络，记录了新时代教育正在逐渐从被动依附性转向自主引导性，并在与现代技术的融合中彰显出其对于经济和社会生活的主导价值。

丛书提供了不同类型、不同地区的中小学名校、名校长及名师、名班主任在探索、构建新时代教育过程中鲜活的实践案例及创新理念。从中，可以看到有深厚历史积淀的传统名校，也可看到新时代教育发展浪潮中的新兴学校，其中有对外开放探索中国本土化教育的小学，也有站在教育改革潮头的中学；还可以看到开拓创新引领时代风气之先的名校校长、专注各自领域的优秀教师，以及新时代教育变革下的全国各地不同的班主任的德育之思。

更难能可贵的是，丛书不仅包括一般情境下的"案例"，也包括了特殊情境下的思考，不同系列注重了从"现象"到"本质"的过程，进而升华到方法论。丛书的每一本著作既是独立完整、自成体系的，也是相互呼应的，剖析问题深入透彻，对策和建议切实可行，弥补了教育理论和学校实践之间的差距，搭起了一座供全国教育研究者、学校管理者了解新时代教育及未来学校落地实践的桥梁。

未来学校不是对今天学校的推倒重来，而是对今天学校的逐步变革。这不仅仅是对学生提出的挑战，更是对学校发展建设提出的挑战。我们始终强调，理论不能彼此代替、相互移植，中国基础教育的改革与发展，必须靠中国的教育学家和广大教育工作者来研究和解释，从而构建立于世界之林的新时代中国基础教育的改革和发展的当代形态，实现理论创新和方法创新。

期待丛书能给更多的中小学校以启发，给教育工作者以有益的思考，供他们参考借鉴，帮助他们寻找到新时代教育的钥匙，进而在新时代教育的理论指导和教育改革实践带动下，因地制宜、因校制宜地落实到新时代教育工作中，引领学校新样态发展，助力更多学校在新时代背景、新教育形势下落地生花，实现特色、优质与转型发展，快速提升基础教育水平，推动教育改革发展，实现立德树人的根本任务，办好人民满意的教育。

新时代教育丛书编委会

2021 年 1 月

序

以生命润泽生命

我与李晶校长是相识十多年的老朋友了，几乎每年都会见几次面。由于从事校长培训工作的缘故，我每天都会与很多优秀校长打交道，但李晶校长在我心目中一直是一个独特的存在。温柔优雅的校长与"硬核"的办学成绩似乎总有很大反差，难以想象一个柔声细语、不善交往的"小女子"，能够带领一所西部地区的学校创造出令全国同行瞩目的骄人办学业绩。

从"全国优秀中学校长高级研究班"到"教育部中小学名校长领航工程班"，我有幸作为理论导师与李晶校长结对研修六年，进行过多次的深入交流和学校考察，从她身上我读出了中国知识分子的风骨，理解了西部校长的艰辛，认识了中国校长的坚忍不拔。在曲靖一中我感受到的是极其低调、极少宣传、"与世无争"，看到的是一所文化深厚、老师淡定平和、学生活泼向上、校长经常给高三学生上数学课的不一样的学校。

校长如学校、学校像校长，李晶校长和曲靖一中总是那么契合，在充满功利的今天能够淡泊宁静、不急不躁，坚守教育的一份纯粹，享受一份精神独立的自由，从某种意义上讲，这才是真正的"精神贵族"。我一直好奇，没有办学资源优势的曲靖一中，地处西部经济比较落后的地级市，办学经费匮乏，如何能够超越省城众多名校，成为令全国同行瞩目的"明星学校"？

尽管我以为自己很了解李晶校长和她的曲靖一中，但这本书稿仍然给了我太多惊喜，让我更好地理解了李校长和这样一所学校的成长"密码"，加深了对学校发展的理解和认识，其中"使命""生命""润泽""生长"这四个关键词一直浮现在我的脑海。

"使命"——李晶校长取得如此优异的办学成绩，其核心是使命与担当。她之所以有着如此巨大的能量，是因为对教育的使命感和担当意识，她自从"女承父业"成为人民教师的第一天，就被强烈的教育使命感和担当意识引导，教育的信念给了她力量，使她一直坚守教育本真的探索与追求。

"生命"——李晶办学思想的核心是以生命润泽生命，与其说李晶是以专业办学，不如说她是以生命办学，她是通过自己生命的全部投入实践自己的教育理想，用自己的生命润泽千万年轻的生命蓬勃生长。

"润泽"——李晶办学育人的基本方法是"润泽"，"润物细无声"是其管理的基本风格。她没有很多校长的那种"威严"，没有弄人的权术，没有多少激励人的经费等资源，只是凭着对教育的执着、对人的真诚、学校精神的引领、"跟我上"的感召力，实现了与全校教师的共情，营造了独特的学校文化，成为师生的良师益友。她尽可能为教师带来便利，为教师解除后顾之忧，关心每一个人的喜怒哀乐与成长发展，像"大家长"一样为全校师生提供可以依靠的心灵港湾。

"生长"——李晶校长的专业特征是与时俱进、注重"生长"，她办教育的根本追求是学生的成长，是学生更好适应未来社会和国家的需要。她在如此艰苦的办学环境里，始终紧跟时代发展、立足学生的社会适应能力；努力培养学生迎接未来挑战的能力。通过振奋人心的激励、脚踏实地的努力、海纳百川的学习，一步一步创造了骄人的办学业绩。

中国教育发展到今天，能说会道、追名逐利、跟风炒作的"教育说家"很多，坚守寂寞、默默奉献、认真办学、踏实育人的"教育干家"很少，这也是我特别敬重、特别欣赏李晶校长的主要原因。

我在阅读书稿时，感受到这是一部用心写的著作，汇集了李晶校长的办学智慧和成长的心路历程，为解码"曲靖一中现象"提供了范本，对中学校长的成长具有极强的学习借鉴意义。相信本书的出版将会引领校长办学方向，为全国中学校长的办学治校育人带来更多深层次的思考。

华东师范大学教授、博士生导师

前 言

2020年的新春是特殊的，一场突如其来的疫情完全改变了人们的生活方式与学习方式。所有人宅居在家，企业几乎全面停产，学校开不了学，寒假漫长。我作为校长，应上级要求取消了假期到学校值班。每天走在熟悉的校园里，平时热闹的、充满活力的校园因没有了老师和学生而变得异常的冷清、宁静与平和！看看大量的医护人员驰援湖北，那种舍生忘死的精神，让人感动不已。还有那些默默无闻的公安民警、志愿者、社区居委会干部、村支书、环卫工人、快递小哥等，那种无私奉献的精神，让人肃然起敬！而我呢，虽然在这个时期发挥不了专业作用，但我的学生是中国的未来，是中国的希望！因此正好利用这个时间，静下心来深入思考一些关于教育的问题，写点儿什么，做点儿什么，以此纪念这个特殊的时期。

作为教育人，一生要思考的就是我们的教育如何使学生高质量发展。教育是生命对生命的唤醒，教育赋予生命的应该是健康、幸福、创造，教育应该向人传递生命的气息和一种鲜活向上的力量，教育应该用文明的火种点亮心灵、点亮希望、点亮未来。因此，学校和老师之间、老师和学生之间、学校和学生之间最好的教育，就是彼此成就，润泽身心，使每一个生命自由舒展。

作为校长，首先要把握正确的办学方向与价值追求；其次要有正确的教育理念，创造适合学生发展的教育；还要有清晰的目标，校长要做最清楚学校要去哪儿的人。此外，校长还要有专业的方法、专注的习惯，有团队领袖意识、忧患意识，有沟通的才华、深厚的学识。校长必须是一个好人，要有极强的负面情绪承受能力……但最关键的是校长要行走在师生之间，走在变革队伍的中间，并且将几乎所有的注意力，都放在学校改进、课程管理、文化建设、教师提升、学生幸福之上，学校才会健康高质量地发展。

教师，是专业工作者，专业人员只有依赖专业知识才能发挥专业价值，专业人员的尊严来源于专业知识发挥作用时的不可替代性。教师首先要有良好的师德，将立德树人根植于自己的教育行动中；其次要有先进的教育理念，博爱的教育情怀，宽泛的专业知识，勤奋的思考，教育的智慧，良好的品质；还要能精准分析学情，尊重差异，做学生学习的支持者、引导者、组织者。

学校是师生共同的精神家园，什么样的学校能赢得老师和学生喜爱？首先是学校愿景美好，学习场景相互融通，学习方式灵活多元，学校组织富有弹性，能为学生提供个性化成长的方案与平台。其次是尊重老师，助力教师发展；关爱学生，引领学生成才；真正能给师生归属感和价值感，使全校师生心中有担当，眼里有自信，脸上有微笑。

做事不一定要争第一，但"高度一定要有"，能执着、坚守教育教学一线，是我达到"高度"的标准。我把这些年的办学实践与我思、我悟、我行的足迹整理成册，以此奉献给这所培养我的和我深爱的学校。

目 录 / CONTENTS

第一章　教育思想 / 001

1.1　让灵魂与使命同行 / 002
1.2　在润泽中自由生长 / 006
1.3　润泽生命·健全人格 / 033
1.4　知行合一·止于至善 / 044
1.5　坚持科学发展·打造教育品牌 / 052
1.6　承上启下·步履铿锵 / 060
1.7　百年传承新启程 / 063
1.8　推动特色发展·提升学校品质 / 072
1.9　"核心素养"之思考 / 077
1.10　教育与时代同行 / 081
1.11　智能时代·青春校园 / 088
1.12　做一个负责任有担当的教育人 / 093

第二章　办学方向 / 095

2.1　守正崇德·拓新致远 / 096
2.2　教师大计·师德为本 / 101
2.3　为党育人·为国育才 / 105

2.4 上好"拔节孕穗期"这一课 / 107

2.5 给学生心灵埋下真善美的种子 / 113

2.6 感悟初心・正视差距・完善自我・乐育英才 / 117

2.7 做立德树人的中国好教师 / 126

2.8 人才成就大业・群英助推发展 / 130

2.9 课堂思政・以文化人 / 134

第三章 教师成长 / 137

3.1 做一个能"胜任"的教师 / 138

3.2 论教师角色的再认识 / 144

3.3 教师的可持续发展 / 148

3.4 青年教师迅速成长 / 151

3.5 学习共同体建设与实践 / 156

3.6 点燃职业热情・助力学校高品质发展 / 159

3.7 教研共同体与单元学习 / 168

3.8 课堂教学改进的策略 / 177

3.9 论教师素养与有效课堂 / 184

3.10 让深度学习真实地发生 / 188

3.11 体育新实践 / 194

3.12 让课程为学生发展提供不竭动力 / 197

3.13 今天的高考与教育的变化 / 203

3.14 2020年新教材认知 / 213

3.15 深化认知・科学备考 / 217

第四章 班级管理 / 227

4.1 班主任：学生健康成长的引路人 / 228

4.2	青春的叛逆与教育的智慧	/ 230
4.3	建设班主任的学术家园	/ 234
4.4	走向专业化的班主任	/ 240
4.5	呵护学生发展的无限可能	/ 245
4.6	让青年教师学做班主任	/ 251
4.7	全员成长导师制	/ 254
4.8	实现教育"零陪衬"	/ 256

第五章　治校方略　　　　　　　　　　　　　　　　　　　　／ 261

5.1	学校组织效能与工作效率的反思与路径	/ 262
5.2	创新年级管理	/ 267
5.3	提升校园外显文化	/ 272
5.4	学生自主管理体系建设	/ 276
5.5	书籍点亮人生·书香溢满校园	/ 280
5.6	最是书香能致远	/ 282

第六章　集团发展　　　　　　　　　　　　　　　　　　　　／ 285

6.1	追求卓越·永无止境	/ 286
6.2	聚团队研修合力·促教师专业发展	/ 293

第七章　名师领航　　　　　　　　　　　　　　　　　　　　／ 0301

7.1	卓越工程引领专业成长·个性培养助推自主发展	/ 302
7.2	弦歌如一·做教育的追梦人	/ 305

第八章　责任担当　　　　　　　　　　　　　　　　　　　　／ 309

8.1	战疫进行时·两线齐发力	/ 310

8.2 守望相助・静待花开 / 312

8.3 在他律与自律中前行 / 321

8.4 做一个和谐幸福的人 / 323

8.5 专注自律・行稳致远 / 326

第九章　未来展望 / 329

第一章 教育思想

作为新时代的校长,我们首先要弄清的是:我们的职责与使命是什么?为谁培养人?培养什么样的人?怎样培养人?校长的办学理念和创造力来源于对教育规律的思考,对学生成长规律的探求,对党的教育方针的回应,对"立德树人"目标的实践体验。用思想提升教育的品质是每一位校长的追求:内心有矢志不移的坚定使命,有百折不挠的坚韧毅力,有勇于担当的自主精神。

1.1 让灵魂与使命同行

作为新时代的校长，我们首先要弄清的是：我们的职责与使命是什么？为谁培养人？培养什么样的人？怎样培养人？校长的办学理念和创造力来源于对教育规律的思考，对学生成长规律的探求，对党的教育方针的回应，对"立德树人"目标的实践体验。用思想提升教育的品质是每一位校长的追求：内心有矢志不移的坚定使命，有百折不挠的坚韧毅力，有勇于担当的自主精神。

一、校长自身的信念与追求

1. 信念坚定

与党中央保持高度一致，坚决贯彻党的教育方针，自觉做中国特色社会主义的坚定信仰者，自觉把党的教育方针贯彻到教育教学和管理工作的全过程。严肃认真对待自己的职责，把思想政治素养和职业道德水平摆在首要位置，把社会主义核心价值观贯穿到治学治校全过程，加深对中国特色社会主义的思想认同、理论认同、情感认同，树立正确的历史观、民族观、国家观、文化观，增强"四个意识"，坚定"四个自信"，成为先进思想文化的传播者、党执政的坚定支持者、学生健康成长的指导者，为信仰而奋斗，多一些坚持与坚守。

2. 思想引领

校长是基础教育改革发展的重要引擎和核心枢纽，一个好校长可以打造一所好学校，可以带出一批好教师，打磨一批好课程，培养一批又一批好学生。校长是教育理念的落实者和发展者，从普遍与特殊的关系看，基础教育有很强的统一性，但统一并不等于千校一面，基于普遍性的教育理念应用到各个不同的学校中，校长的重要职责就是要根据学校自身的情况、办学基础、办学传统以及学生的实际情况，把指导性的教育理念转化为富有特色的学校的课程体系以及相应的运行和管理机制，从而实现阳光普照下的百花齐放。

3. 行动实践

校长的权威并非由其职位所决定，更主要的是看其作为以及课程领导力、教研指挥力、团队凝聚力等，这些非权力因素占据了很大的比例。比如在课程领导力方面，校长需要根据教育任务的深化和教育对象的变化，从人的全面发展出发，立足问题导向和现实需求，组织教师通过追寻人的成长规律和学科教学规律，为相关课程落实科学理念进行系统设计和精准实施。在教研指挥力方面，校长需要发挥不同教师的专业优势，总结教学经验，注重通过教研室教研、年级组教研等集体教研活动不断探索有效的教学方法，切实为上好每一堂课、教好每一位学生提供有力的支撑。

4. 形成文化

一个好校长能够激活一所学校的好传统，营造这所学校优秀的文化氛围，这就使得校园成了精神的家园，让这所学校的所有教师增强归属感，从而把职业升华为事业，把自在升华为自为。一位好校长能够善于集众志、聚众力，并在此基础上，形成大多数教师所认同的发展规划和愿景，从而让每位教师当下做的事有了长远的意义，让现实的努力有了未来的生命，在不待扬鞭自奋蹄中无私奉献，潜心育人。校长是学校治理的指挥者和调度者。校长不仅负责制定学校管理和规划发展目标、塑造学校文化，而且担负着引导课程教学、引领教师成长、优化内部生态、调适外部环境等工作。

一所学校的文化积淀，应该从五个方面汲取养料：党和国家的方针政策；中华民族优秀传统文化；当地文化特色，风土人情；学校发展历史与优良传统；学校"三风"建设的与时俱进。

二、校长的"有为"与"无为"

校长的"有为"：校长要善于激发学校的办学活力与教育特色，让学校不仅仅是资源配置的客体，更是创造、聚集、运用有效教育资源的主体；不仅仅是教育改革的落实者，更是教育改革的发源地。校长是教师队伍的培养者和领路人。

（1）办学方向——学校年度主题工作计划，发展规划。

（2）办学思想——与学校发展相适应的教育思想。

（3）德育目标——融社会主义核心价值观于日常教育教学中。涵盖学生理想信念、文明礼仪、行为规范、身心健康、多元发展、家校共育等多方面的德育综合体系。

（4）课程设置——对课程的理解：基于学校实际，完成因地因生因师制宜的课程建设。

（5）教师成长——优秀教师是终身学习、不断发展的教师，要致力于提升教师的政治素养和师德修养，坚持党建工作与教书育人的"同频共振"，让党旗高扬，点亮教师心灯，唤醒有灵魂、敢担当、不忘初心的师魂。自立而立人，自育而育人，立人必先立德，育人必先育心。优秀教师是学生的良师益友，要号召教师以自身的品格、言行、学识、教风等人格魅力成为学生的引路人。

（6）守正创新——传承、发扬百年名校的优良传统，同时赋能于创新，跟上教育现代化步伐。

（7）教学改革——把教学改革作为重要引擎，使教学方式更加科学，教学方法更加灵活，教学价值取向更加明确，以项目研究推动教学效能提高。

（8）以人为本——树立教师与学生同为学校"重要的人"的理念，学校的教育教学都要以人的发展为出发点和落脚点。

校长的"无为"：校长应相信学校师生员工的创造性和责任感。在课堂教学模式、学生活动形式、学生自主管理、学校具体工作，如年级管理方式、处室工作流程、做事方法等方面，都应留白，充分赋能，使学校充满生机与活力。

三、对教育的理解

（1）追求教育的"可能性"（即多样性）与"不确定性"（即多层次）。

（2）新时代基础教育的使命与责任。基础教育是培养合格公民的教育，基础教育已经发生改变：

从"一个都不能少"到"每一个都重要"（强调教育公平）；

从"选择适合教育"到"创造适合学生的教育"；

从"培养社会栋梁之材"到"让每个孩子都得到发展"；

从"面向未来，走向未来"到"未来是一个高度不确定的世界"。

（3）优质教育的理念：

学生观：每一个学生都有无限可能；

教育观：每个学生都很精彩；

人才观：每个学生都很独特；

创新观：创新从发展个性开始；

成长观：成长中的孩子一切皆有可能；

实践观：呵护学生的成长；

考试观：不唯高考，赢得高考。

1.2　在润泽中自由生长
——云南省曲靖一中"润泽教育"的实践与探索

教育是引导、是浸润，教育是言传身教，教育是育人育己，教育是一个生命链接另一个生命，是一个灵魂唤醒另一个灵魂。每个人都是施教者，也是受教者。只有人格才能影响人格，只有人格才能形成人格。从个人成长环境中的耳濡目染，到从事教育事业的亲身历练，最后到教育理念的潜移默化，我真实地感受到：教育不仅仅是教授学生外在的知识，更多的是挖掘学生内在的潜能，激发孩子们的内在动力，启迪学生智慧，浸润学生心灵，点燃学生求知欲望，让他们去认识世界。由此萌生了"润泽教育"的思想。润泽即"若水润物，恩泽他人"。教育的润泽就是"若水滋育，润泽无声"。让教育具有水样的善意与品性，培养人的精神内质，成就知识的丰富与行为的规范。在日复一日、年复一年的教育实践中，碎花细草无处不生长。从教以来，我一直追寻教育的梦想，将自己融入教育事业之中，力求精神与人格的统一，思想与情怀的一致，实践与创造并行。这一切都源于一种朴素的教育选择与一种执着的坚守，那就是让浸润教育成为一种为学生奠基的教育，以实现理想的生活，人格的追求，境界的提升，心灵的陶冶，情感的体验，让学生不断地走向博大、敞亮和深邃。

一、润泽教育思想的萌芽

每次收看中央电视台"寻找最美乡村教师"大型公益活动的视频展播，我都会被感动。那些在深山、密林、荒原、山区、孤岛坚守讲台的优秀教师，不计名利，甘于孤寂，帮助一批批孩子，摆脱蒙昧封闭，走向崭新的天地。由此我想到我的父亲。我父亲是个离休干部，1955年被组织从重庆派到云南的贫困山区——富源县财经委、肃反办工作。1958年，富源县筹建中学，我父亲作为当时县里仅有的几个大学生之一，被选派去建学校办教育。这一次工作转行，使他成为教育人。父亲在云南富源县筹建了两所中学，担任过三所中学的校长。当时建校，条件异常艰苦，建房的一砖一瓦，都是父亲领着老师和学生从来回几十里的砖窑厂背到学校的。由于当时贫困山区的老百姓对孩子读书的重要性没有足够的认识，学校建好以后，父亲又领着老师们翻山越岭、走村串寨去动员孩子们来上学。对学生，父亲和老师们一起尽情呵护，因材施教，精心培养。在父亲筹建第二所中学——富源第四中学时，我已基本懂事，常于傍晚被父亲带着到工地上捡钉子、木条，第二天送去给师傅用；常跟着父亲和学生一道在学校农场劳动，一道去学工、学农、学军。这种生活，培养了我的劳动意识和意志品质，也让我体会到父亲所办学校的氛围：勤俭、严谨，充分尊重学生个性。虽然学校办学条件艰苦，没有实验设备，但情境教学却体现得非常到位：理化生实验中许多教具由教师自制，或者到工厂、农村实地参观；语文阅读课可以根据课文内容到树林到乡村到田间去上；数学教学可以实地测量；品德教育是原生态的，它让人更加质朴、团结、友爱。那个时代的教育，不是教给学生很多的外在知识，更多是与学生沟通，激发他们内在的潜能与内动力去认知世界，激发学生的想象力，发掘学生的质疑能力和自理能力，使知识慢慢地浸润学生心田，使之在朴素中蕴含丰富，在平实中呈现隽永，使之带着智慧的光芒和真挚的爱。可以说，这种教育不论是在物质、空间、自然方面，还是在人的心灵世界深处，都激发了学生们迎接挑战的勇气，同时也给了他们经受各种考验和检验的能力和潜质。

这就是我大学前所受的教育，这是一种耳濡目染、浸润心灵的教育，我不但学到了知识，也学到了克服困难的方法与积极的生活态度。

1987年大学毕业后，我被分配到曲靖一中当老师。踏入曲靖一中，便被它的名校风范吸引：曲靖一中位于云南省滇东北地区曲靖市，1913年，时任云南省都督府都督的蔡锷将军主导在此创建云南省立第三师范学校，新中国成立后改为曲靖市第一中学。学校历经沧桑，成就斐然，培育过以参与"两弹一星"研制的李维新院士为代表的7位科技教育界人才，以军事科学院原院长王祖训上将和抗战名曲《在太行山上》的词作者桂涛声为代表的一批军事文艺人才，以何祖训等为代表的实业家、企业家，以及数以万计的祖国栋梁和建设者。学校教师不仅专业水准高，而且具有高尚的职业操守，他们淡泊名利，潜心教学，具有知识分子风骨，培养的学生踏实、勤奋、自律。我为能成为曲靖一中的一名教师而深感自豪。从小受父母的影响，我从来就没有想过从事其他职业，我热爱教育，热爱学校，学校就是我的家，当老师就是我的理想，就是我的事业。我在曲靖一中的教学生涯，正是用生命践行我的理想的美好时光。

二、润泽教育思想的产生

从1987年大学毕业来到曲靖一中，我从教师、班主任到数学教研组长、副校长、校长，一步一个脚印走到今天，我倍感自豪的是，曲靖一中养育了我，成就了我。在做教师和班主任的几年间，得益于青少年时期父亲的教育理念对我潜移默化的影响，更得益于曲靖一中"宽松·和谐·自律"的学校文化，我逐步形成了我的教育理念：润泽教育。

1. 我力求做到"让每一个生命绽放出异彩"

首先是体现"宽松"，培养学生养成自觉、自主的思维习惯，信任、理解学生；其次体现"和谐"，凡事要适当，要恰到好处，尊重孩子的成长规律，循循善诱，鼓励学生大胆质疑，并在教师的答疑解惑中有所感悟。学生的未来具有无限的可能性，引导学生正确把握未来尤为重要。第三是体现"自律"，从文明礼仪、行为习惯、品德修养等方面以身示范，让学生在潜移默化中逐步形成高尚的人格。

2. 回归到人的本质上

因为只有人格才能影响和形成人格，我常常做的是与学生沟通，让他们知道如何为自己的选择负责，选择错了如何纠正，如何把自己认定的坚持到底。

3. 积极的人生观尤为重要

只有培养学生拥有了独立思考和探究真理的能力，智慧的阳光才会洒满学生心田；只有拥有了克服困难和承担责任的能力，学生才会有勇气战胜艰难险阻。在执教期间，我感悟最深的是：要做到使教育常态化，必须摒弃浮躁之情和功利之心，遵从教育规律，慢慢地、默默地耕耘，静待花开，让教育有自己的灵魂，学生的灵魂才会丰满。每个学生的成才途径和方式是不一样的，教育不能强制，它需要的是润泽。

参加工作以来，我从未离开过讲台，本着尊重人、发展人、成就人的教育理念，将润泽之心化为行动，坚持党的引领与教书育人"同频共振"，在课堂上传递正能量，以自身的品格、言行、学识、教风等人格魅力成为学生的引路人；以不断对以往经验的超越，求变求新，探索教育规律和学生身心发展特点来加深对教育的理解，将立德树人、社会主义核心价值观贯穿于课程教学中，以文化人，从"数学教学"（把教材教好）到"数学教育"（落实数学的六大核心素养：数学抽象、逻辑推理、数学建模、直观想象、数学运算、数据分析），再到"数学教育与人文相结合"（用数学的眼光看世界、用数学的符号表示、用数学的思维思考），努力达到习总书记要求的"四有"好老师的标准，做学生的良师益友。我的教育是成功的，学生在润泽中自由生长，成绩都非常优秀，他们已遍布各行各业，其中不乏精英俊才。

三、润泽教育思想的诠释

在曲靖一中工作至今，我与学校一道成长，从一个普通教师到分管教学副校长，再到校长，我对这所学校有着深刻的了解和深厚的感情。这所百年名校有它的"形"和"神"，它的"神"，在于它文化的厚重，办学行为不唯书，不唯上，不唯功利，只唯人，唯人的未来，唯长效的真正的可持续发展。这些年来，我逐渐熟悉了学校管理中从"人"到"事"各个领域的工作，逐渐深入把握了学校教育教学的节奏，自觉传承了这所百年名校的优良校风、教风和学风，也把这所学校的办学理念发扬光大。

人们常说，经历即人（精神成长，尊重天性，丰富经历），人即学校（校长、教师、学生），学校即梦（成就美好未来）。多年的教育实践，我在做润泽生命的教育，也就是倾心尽力，呵护一片让学生自由生长的晴空。这就是我的办学思想。

（一）"润泽教育"与"自由生长"内涵解读

"润泽"："润"，指雨露滋润，细腻无声，不张扬，不干枯；"泽"指如水积聚，其力久远。"润"和"泽"，都是水的德行。水泽被万物，无形之中尽含清净、透明、谦逊、包容、调和、毅力、勇气、平等，故"上善若水"，"几于道"。以此理解，"润泽"也就是"若水润物，恩泽他人"。这是自然法则在人文世界中的美好体现。

"自由生长"："自由"是一个哲学概念，指不受控制、不受限制；人认识了事物的本质和奥秘及发展的规律，自觉地运用到实践中去。因此自由包含着丰富的主体意识和主体能力。"自由生长"用于育人亦指孩子是大自然的，其天然的存在，隐含着的本能，是自然意志的体现。教育的目的、蓝图以及对人的期待，应当符合人的天性和自然规律，人的成长要有良好的土壤、适宜的空气以及阳光雨露的滋润。

那么，教育的"润泽"与"自由生长"是什么？那就是"若水滋育，润泽无声，顺势而为"。让教育具有水一样的善意与品性，造就"知行合一,止于至善"的育人环境,使孩子们茁壮成长。

教育要培养人的精神内质,教育的使命就是让孩子逐步对自己的精神世界负责,去掉沾染上的各种污秽,养成美好的心灵,成就思想的深邃、行为的规范。

学校教育"润泽"什么?

(1) 教育本质是为了人的发展,教育对人的潜能的唤醒,是一种春风化雨、润物无声的潜移默化。润泽教育就是要摒弃浮躁和急功近利,回归教育规律,以人的发展为出发点和归属点,用科学有效的手段对学生进行心智开导(启迪)、学识培养(向上)和人格塑造(向善)。

(2) 为什么要营造"自由生长"的空间?自由生长不是无序与任性,而是要做到中庸、平和与适当。孔子曰:"去其两端,取其中而用之。"教育不能过头,也不能简单。学生的未来具有一切可能性,现在他所学的,乃至考试的分数,不代表他今后能做什么、会做什么。教育要符合学生身心成长规律,要承认个体发展差异。每个学生成才的途径和方式没有确定的指向,每个生命都与众不同。营造一个"自由生长"的氛围,就是以生为本,尊重规律,讲究科学,回归现实生活,尊重学生个性发展,促进学生多元发展,也就是素质教育的实现。

(二)"润泽教育"与"自由生长"基于学校文化的自觉传承

2013年曲靖一中百年校庆时,四面八方的校友汇聚母校,有年逾古稀的老人,也有风华正茂的中青年,他们谈论最多的是在学校时的学习生活琐屑,自己受到的种种感染和熏陶,很少有人谈及那时所学的课程和知识。我问了他们一个问题:"高中教育给自己留下的最深刻印象是什么?"大家在回答我的问题时,虽然表达方式不尽相同,但概括起来,就几个关键词:尊重与自由、向上和向善。我忽然领悟到:这几个词恰好体现了"润物无声式教育"的成功,就是基础教育的主旨——为人的一生奠基的作用之所在,学校的"三风"铸就了学生的品格,学生的成长践行了学校的"三风"。

曲靖一中的毕业生们，每每谈及现在从事的事业时，无不感激母校的氛围与教师的宽容、鼓励和关注。曾有学生谈道："老师，我现在从事我最热爱的国防'飞行器军工'事业，兴趣源于高中时的科技节，当年看了许多军事杂志而耽误了作业，但您却没有干涉我。""老师，我现在在工作岗位上最值得骄傲的是，我总能代表单位作为主力参加篮球比赛。""老师，我现在在设计上的创意得益于中学时每月为学校办板报得到的锻炼。"还有他们记忆犹新的校园各种创意、社团活动、体育艺术节上的各种"萌"……这些优秀校友都将自己的成功归功于学校给了他们"自由生长"的晴空。

（三）"润泽教育""自由生长"与当今人才培养方向相吻合

润泽教育的内涵是慢慢地、静静地对学生进行心智开导（启迪）、学识培养（向上）、人格塑造（向善）。而"自由生长"的内涵是充分尊重人的个性特征，并力图使这种个性特征成为美好未来的奠基石。这就要求我们必须对学生进行人格教育，保持对长期目标的持续激情和持久动力，即不忘初衷、专注投入、坚持不懈的精神，这其中包含了自我激励、自我约束和自我调整的性格特征。决定孩子成功的最重要的因素，不是我们给孩子灌输了多少知识，而是我们是否帮助孩子获得了"向上"的品质。一个孩子不知道"3+2=5"，能否在第一遍错答成"3+2=4"后还能大胆重新尝试，直到得出正确答案，是我们要关注的。我们的教育不应该满足于教会学生跑得多快，更要激励他们在摔倒后站起来继续跑。这就是"润泽"中的"向上"。这一教育思想是"立德树人"的具体实践。

（1）人格塑造。学校教育不是告诉学生哪件事该做、哪件事不该做，而是要让学生在一件件事情之后，能反思自己的行为，改过从善，达到至善的境界。良好品德养成不可能一蹴而就，需要一个慢慢浸润、不断修正的过程，这就是"润泽"中的"向善"。

(2) 自由生长。自由对一个人的发展特别重要，苏霍姆林斯基说："只有能够激发学生去进行自我教育的教育，才是真正的教育。"孩子的才能是自然生成、自主发展的，无论知识技能学习，还是品性养成，都如此。教育就是要营造适合孩子自由生长的环境，不是不要规则，而是要在一种高度自觉的状态下自我规范，良性发展。

（四）"润泽教育""自由生长"促成学校核心价值观

基于"润泽教育"与"自由生长"的教育理念，以"润泽、自由、厚德、善行"为核心的学校价值观自然形成，在这个价值观统领下，曲靖一中形成了自己的校风：致力于使学生成为拥有健康体魄和健康心理，有强烈求知欲，善于学习，拥有崇高理想，认同多元，有强调实践和尊重客观事实的科学精神，并具有高雅的审美情趣和公平、正义的人文素养的人；具备履行公民权利和义务的品格及能力和为国家、社会担当的责任意识及能力；正确认识自我、社会和世界的关系。形成了学校的办学特色：厚积淀，重慎独，宽视野，高追求，淡功利。

四、润泽教育理念的实践

（一）实践一：厚积淀——营造"自由生长"的生态环境

1. 传承革命传统，让党旗在学校高高飘扬

曲靖一中是一所有着"红色基因"的学校，1928年，曲靖的第一个地下党支部在曲靖一中建立。从此，星星之火燃遍了曲靖大地。一百年励精图治，风雨兼程，一中人前赴后继，为新中国的建立，为国家的建设，为教育事业的发展，始终奋进在时代前列。学校坚决贯彻党的教育方针，弘扬与党和国家"同呼吸、共命运"的光荣传统，学校党委与党中央保持高度一致，坚决贯彻党的教育方针，自觉做中国特色社会主义的坚定信仰者，自觉把党的教育方针贯彻到教育教学和管理工作的全过程。学校党委高度重视学校党建基础工作：①规范党员学习教育；②严格党员的组织生活；③推进学习型党组织建设；④健全重要机制（学校"三重一大"决策

机制）；⑤完善保证监督协调机制；⑥创新党组织活动内容方式，举办融思想性、知识性、趣味性为一体的党组织活动，开展"亮标准、亮身份、亮承诺、比作风、比技能、比业绩"的目标管理活动；⑦建立激励奖励机制；⑧长期在师生中开办业余党校；⑨培养和发展学生党员；⑩构建"思政大课堂"课程体系。为此，学校建立了一支信仰坚定、敢于担当、团结协作、勤政廉洁、开拓进取的教育管理队伍，建立了一支理想信念坚定、率先垂范、身体力行、甘于奉献、勇于创新的党员教师队伍，建立了一支师德高尚、恪尽职守、业务精湛、敬业奉献、教书育人的教师队伍。

2. 自觉依法治校，彰显制度的权威性

学校以《中华人民共和国教师法》《中小学教师行为规范》等为基本依据，由我主笔制定了《曲靖一中质量管理手册》，主要是规范办学行为，并对教师提出具体要求；在此基础上，借鉴企业的管理经验，我主笔编写了《曲靖一中流程管理手册》，使学校教育教学有序进行，避免盲区。此外，《曲靖一中教师手册》主要强调教师必须具备的品德、学识、修养，《曲靖一中中学生日常行为规范》主要强调学生的品学兼优、文明礼仪素养，《曲靖一中班主任职责》主要强调教师要有对学生润物细无声的关爱。还有学校其他方面的管理，如财务、基建、采购等，都制定了具体的规章制度，把对学校各处室、年级的考核分为4大模块12个指标；对教师的教育教学评价分为5个模块12个指标；评定"学生最喜爱的老师"以6个指标考核；对学生的评价分5个模块12个指标，便于对学生学情的分析。每学期以定量考核为主，避免了人为的随意性和盲目性。学校建立了以行政、学术、监督三方组成的监督机制，对招聘教师、赛课、名师评定、中层干部竞争上岗等，都以制度和一定的标准来考核，力求做到公平公正，充分选好人、用好人。好的规章制度不是为了约束师生，而是为了保护师生的合法权益，使学校风清气正，更加和谐有序，有利于练就教师从容坚定的好品格，也为学校、教师及学生的自由生长提供了制度保障。

3. 坚持立德树人，创新学校管理模式

构建良好的校园环境，还需实实在在地回归到对人的培养上。要充分尊重教育发展规律和人才成长规律，坚持立德树人，努力为每个学生提供公平、优质、适当的"一中教育"。为实现这一目标，除学校制定管理制度外，学校还充分"放权"，要求每个年级、每个教研组、每个备课组、每个班级、每个处室都必须结合实际，制定相应的规章制度。年级有级规，班级有彰显班级特色的班规，每个教研组、备课组针对各自的学科特点有自己的组规。对于班规，要经过一段时间的试行，得到全体同学认可后方能正式定为班规，并且需每年修订一次。各个年级侧重点不同，高一主要以自律、自信、文明礼仪、学习态度、学习方法为主；高二主要以自我调整、自主管理、品学双优为主；高三主要以理想目标、拼搏、人生态度为主。最后，班级评价以促进自主管理质量的提升为主。

4. 遵循崇文重教，保持优良校风

学校校风风清气正，教风科学严谨，学风勤奋踏实。这是学校得以持续发展的良好生态。在曲靖一中的课堂上，教师们结合学科特点并加以适度拓展，广泛联系实际，让学生觉得知识是活的，是有用的；学生们在课堂专注听讲的眼神和表情，一经老师捕捉和放大，便是培育"专注力"的资源；学生接连失败了多次，终于攻克难题后的兴奋，一经教师放大，便是培养"坚持力"的资源；教师带领学生在课堂上寻找问题的切入点和解决问题的路径，培养了学生战胜困难的能力和锲而不舍的精神；课堂上分发资料时的前后传递、左右传递，正是"为他人服务"最简单的例子……学生作业错了三次，订正了三次，却依然不急不躁的状态；教师辅导时，学生主动让座所体现出来的尊重……这些天天发生在现场的"小"事，就成了教育的"大"事。教师们不仅仅作为学科教学者而存在，更为重要的是要展示出为人态度，为学精神，为学功夫，敬业精神。

培育学校的精神文化，践行学校的核心价值观，将学校的"三风"贯穿于多条育人渠道，开展各种形式的思想教育、传统文化教育、横向对比、活动教育、榜样示范、系列教育、问题讨论等，使师生有切身感受并形成学校文化认同。

（二）实践二：重慎独——奠定"自由生长"的基础

1. 崇德、善行、慎独慎微

学校人才培养的方式是教师以身示范，教善若水，润泽教化，营造自主、自律、自信的氛围，着力于学生的人格培养，形成知行合一、完善自我的精神。

一是在志向追求上学会自强。开展生涯规划教育，让每个学生明确高中三年的奋斗目标与人生追求；培养学习方法、行为习惯和较强的自我约束能力；培养分析问题和解决问题的能力以及勇于战胜困难、顽强拼搏的精神。

二是在品格修炼上学会自律。我们提出了"自觉约束、自律教育、自主成长"的要求，倡导考试无人监考、学生晚睡后宿管员不进寝室检查、让学生学会自主自习等，促进自我完善，使学生亲身感受"慎独"，能够"慎独"。

三是通过多元评价制度，如开展"月度之星"人物评选、"三好学生"评选、文明宿舍评选、文明班级评选等活动，为学生提供自我要求、自我完善的平台。

四是要求学生学会自主学习。学校课表上每班每周至少有两节自习课，教师不得讲课，给学生提供自主学习时间，鼓励学生自主选择学习方向，进行自我调节与管理。

五是学校通过"主题月"活动对学生进行人格培养。学校主题月有：三月文明礼貌月、四月法制宣传月、五月时代精神励志成才月、六月传统文化教育月、八月校史校魂教育月、九月尊师重教月、十月爱国教育月、十一月规范月、十二月创新月。文明礼貌月，要求学生讲文明，守礼仪，做到己所不欲勿施于人；规范月，要求做到学科规范、书写规范、考试规范；等等。

六是学校通过"校园活动"培养学生人格。学校有合唱节、科技节、体育艺术节、紫薇文化节，有课本剧排演、演讲、辩论、成人仪式以及丰富多彩的社团活动，不仅让学生在活动中学到了知识，锻炼了能力，增强了自信，还充分凸显了校园生活的魅力。

2. 胜任，专注，卓越师资

践行润泽教育，要有一支精良的教师队伍。为此教师要达到"师德、学识"双优。具体内涵是：具备扎实的专业功底和专业能力；能为每一个学生的学习做出恰如其分的设计和指导；能在学识、人格方面成为学生的正向参照；能让学生内心生成美好的情感，并将其传递下去；能不辜负学生在最美好的年华与我们的相遇。

为实现上述要求，我的做法如下：

一是强信念与重师德。引导教师坚持高尚的职业操守，坚守教育理想，遵守国家法律法规，树立良好的教风，形成自己的学术风范；有严谨的科学态度和科学精神，勇于追求真理，具有知识分子风骨；坚持用良好的教风引领和带动良好学风的形成。

二是重规范与促自主。采取多种形式激发教师的热情和对教育的敬畏之心，鼓励和帮助教师不断学习，不断完善自我，开阔视野，准确把握所教学科的前沿，寓知识传授于问题的解答之中，寓技能训练于思维方法的完善之中。针对不同层次的教师，根据发展任务和重点的不同，为他们架梯子、压担子、搭台子。对新教师重点给予教法与专业知识的指导；对基本成熟的教师，注重对其进行先进教育理念的引导，确立新的发展目标；对于老教师，重点是鼓励创新课程设计、创新教学模式，形成个人风格。为此，学校每学期为教师们开设"教师选择性发展课程"。

拟定"跨越临界点"教师培育计划，让每个教师都能找到自己"恰到好处"的发展点，顺利跨越自己的"临界点"，成为有自我成长意识的教师。

三是补缺口与激活力。以主题教研补齐教学短板。在常规听课中善于发现教师的教学短板并及时予以补齐；向教师了解教学中的难点和盲点；

在系列化教研中提升教师教学能力，举行跟进"连续课""同课异构课""示范课""观摩课"等活动；以主题性教学模式攻破教学软肋。

四是重实践与可持续。这是对日常教育教学实践的持续研究，是教师发展的基本路径。时间是人人都拥有的资源，惊喜无处不在，变革的理念日用常行，教师才能养成新习惯和新基本功。思想与创造是照亮日常世界的阳光，只有坚持日常变革实践，教师才能感受到发展的魅力，学生才会有内在真实的成长，要用变革的实践创造学校教育新生活。

五是勤反思与长智慧。提升教育智慧，从五个方面来达成：反思教学实践，在总结经验中提升自己；坚持教学相长，在师生交往中发展自己；尊重同科教师，在借鉴他人中完善自己；学习教育理论，在理性认识中丰富自己；投身教学研究，在把握规律中端正自己。

一个好的老师，是值得学生终身怀念的人。所有这些，汇成"教善若水"的教育生态，永远惠泽学生。

至此，学校的教风已跃然纸上：师德、学识双优；明晰并自觉追寻道德目标，崇尚科学，追求真理，淡泊名利；致力于学术素养、专业精神和实现教育之美的事业；在日常的教育教学中，爱岗敬业，乐于奉献；严谨教学，为人师表，恪守师德，树立师风，走向教育自觉。

（三）实践三：宽视野——搭建"自由生长"的平台

1. 学校课堂：从"知本"走向"生本"

课堂是什么？课堂不仅是学生获取知识的地方，也是师生活动的主阵地。学生的学科兴趣、好奇心的激发需要体验和探索。曲靖一中课堂也经历了从"以教师讲授为主"到"以学生为主体，教师为主导"，直至今天的"学生是课堂的主人，教师是唤醒者，是守护者"这样的转变历程，学校给教师以充分的"自由空间"，而许多好教师自始至终都在追求教育理想的路上前行，他们有追求、有责任、有担当，敢于创新，目光长远，行动自觉。

许多时候，打开局面的不一定是浓墨重彩的大手笔，课堂上的一点儿创新，一次不一样的作业，一个小实验，一次自然现象的观察，一种社会现象的切身感受，都会对打开局面产生意想不到的效果。比如地理组老师的课堂转变。

案例：在课堂上讲地理，学生往往"找不到北"，如"地球运动"章节，学生不注意观察生活中的现象，分不清东南西北，不知道正午与太阳方向的关系、与日影长短的关系等等，导致简单的判断地方时、昼夜长短、日出日落时间等知识点成为学生学习的难点。于是，地理老师们反思：所谓难点可能是在某一个简单的点上卡住，影响了思维的融会贯通，如果仅仅研讨各种解题技巧，而对关键问题出在哪里浑然不知，学生有可能永远突破不了难点。于是，教师们带着学生到野外，让学生用针式手表定向，学着用太阳的方向定时间；看着丰收的麦田和山野，他们不会再认为"山的阳坡光照好，因此植被长得好"，因为他们知道了山的阴坡各种植物郁郁葱葱，是因为土壤中水分保持得好；他们理解了一天中太阳高度的变化、影子长短的变化和地方时的关系……于是，教师们再反思：生活是生动的，而教学是苍白的，如果让学生们在"玩"中学，在"做"中学，在"亲历"中学，贴近生活，就能打开一个个欣喜的局面。

为实现课堂的这种转变，近年来，我带领以教研组长、骨干教师为核心的教师团队，积极改革课堂教学方式。

对教师，首先，强调教学常规，对这些年来行之有效的教学常规，要抓实，并注重提高效率。明确教师在课堂上的责任，就是通过大量丰富、多元、可供选择的课程资源，让学生在选择当中形成自己的路线图，来实现自己最好的成长。因为，对任何学生来说，学习是不可代替的，他只能用原有的经验，去加工、构建新的知识和经验。教师要善于发现学生的问题，善于发现学生个体之间的差异，并据此制定出相应的教学方式，在解决问题的过程中，引导学生互相交流，互相碰撞，让每个学生在这个过程中都有所收获。

其次，对课堂提出五个维度的要求：

一是探索——在课堂教学中，教师与学生共同探索，不断对知识进行挖掘。

二是对话——在课堂教学中，师生的对话是多边的、多重的互动对话，双方在这个过程中达成临时共识。

三是冲突——没有冲突就没有教学，要充分尊重学生的思想和方法，教学的过程就是冲突形成、展开和解决的过程。

四是建构——在原知识与新知识的冲突中找到新的知识生长点。

五是延续——从课堂内延续到课堂外，有些知识，师生在课堂内尚未达成临时共识，就需从课堂内延续到课堂外。

最后，展开"课堂教学新实践"。一是对学生学习内容的重构，二是教学方式的重构，三是教学关系的重构，四是教学组织过程的重构，五是教学行为的重构。

案例：语文三单相连法、数学讲练法、英语三段式以读促写。

"三单"分别指预习单、学习单、作业单。"三单"有不同的功能定位。预习单——让教师诊断学生的知识储备情况，制定分层目标，为有效课堂的生成提供保障；学习单——侧重于课堂使用，通过教师设计的有层级的问题，为学生搭建能力发展的"脚手架"，鼓励学生发挥潜能去挑战并超越自我现有水平；作业单——具有提纲挈领的作用，是对课前、课中、课后的一个综合检测，通过检测反馈，教师准确掌握学生的学习状况。数学学科秉持"合理施教，精讲精练"的原则，提出"自学—互动—练习—作业"的方式，如高三复习课教学：简单习题，以学代讲；同类习题，举一反三；重点问题，以问代讲；难点问题，以议代讲；经典习题，以练代讲；学生质疑，讲清讲细。英语"三段式以读促写"，"写前，写中，写后"，经先期阅读后获得"话题与素材"，再通过写作产出内容。

最后，调整课堂时间。把原来每节课 45 分钟改为 40 分钟，还针对不同同学的需求开设了长短课，长课 90 分钟，短课 25 分钟。另外，课外的学习以及"研究性学习"的时间也因人因课题需要而定，目的是充分给学生自主权,真正实现从"知识本性"向"学生本位"转变。

只有这些还不行,"纸上得来终觉浅,绝知此事要躬行"。这些年来,我们通过组织学生开展社会实践、春秋郊游、参观学习等,让知识"接地气",与生产实践相结合。

2. 课程观:从单一走向多元与融合

课程是实现学校育人目标的基本途径,课程不是教材,课程是基于教材,融入学校的核心价值观以及教师的情感、态度的动态建构成果。在某种意义上可以说,课程特色就是学校的办学特色,课程质量就是学校的教育质量。学校的课程观引领着教师的课程观,影响着学生的个性发展与全面发展。

自 2009 年云南省开启新课程序幕以来,学校加快了课改的步伐,积极稳妥地推进课程改革,将"基础教育为人的未来发展奠基"这一理念贯彻到课堂中,使课程成为师生发展的不竭动力。在此背景下,学校形成了两个方面的课程认识:

(1)国家课程校本化。国家课程是每所学校必须执行的国家设定课程,学校必须开齐开足国家课程。然而,在国家课程的各科教学中,有许多问题经常出现,如呈现知识的例子、方式并不适合每一个学生等。这是学校所处地域的差别,学生家长阅历和受教育程度的差别,学生个体接受知识能力的差别,认知水平的差别等导致的,学校在国家课程的基础上将它校本化。

首先,让国家课程符合学校实际,符合学生实际,要求教师将课程内化后,转化为能让学生接受与学习的知识。

其次,就是将课程纵向整合。在各学科内,根据教学和学生实际,调整国家课程的结构和秩序,使之更加符合教学和学生的需要。

第三,课程必须是经过教师活化后的教材内容,能够成为学生发展的不竭动力。

(2)跨学科融合。学科之间的相互交叉渗透,是当代科学发展的一个主要趋势。真正的学科综合，首先要懂得不同学科的逻辑、符号、独特的知识体系，在此基础上再上升，达到"通"，而不是简单地做加法。

案例：数学与其他学科的渗透研究。

数学是其他学科的基础。数学以自身的知识、方法、思想体系以及服务于其他学科的工具性而自然地渗透到其他学科之中。

例如物理学科中的数学研究：①数学知识在物理中的应用，如方程、函数、三角、解析几何等；②用数学公式和数学方法定义物理概念并推导定理、公式；③用数学方法（推理、归纳、分类、图形等）分析解决物理问题；④高中数学的物理背景统计分析，高中数学教学与物理教学整合途径及其实践总结等。教师们结合教材与学生实际，如：在高一阶段，数学教师以小专题形式先进行"二次函数""三角函数"等数学教学，这样便降低了学生对高一物理学科中力的合成与分解、运动的合成与分解等课程的学习难度。

再如政治学科中的数学研究：①运用数学符号、集合、函数表达概念及其相互关系；②运用图表、数据分析研究经济、政治现象；③应用数学知识解决经济生活中的计算问题；④高中数学的政治思想背景（倾向于辩证思想与思维）、定性分析。高中数学教学与政治教学整合及其实践总结更有助于学生形成辩证思维的观点。

3. 构建学生核心素养体系

教育的目的是实现学生的健康发展，"学会求知，学会做事，学会共处，学会反思，学会转变"是对中学生人格塑造的重要内容，为此，我们重新确立曲靖一中学生核心素养的培养目标：

曲靖一中学生核心素养培养目标

核心素养（A级）	评价指标（B级）	评价指标（C级）
A1. 健康素养	B1. 身体健康：获取健康成长的知识和基本技能，有健康成长的愿望	C1. 了解自己的身体状况 C2. 积极参加体育锻炼（体育课、体育活动，每天不少于1小时） C3. 自我要求（至少熟练掌握一项体育活动技能）
	B2. 心理健康：了解自己身体状况，积极、向上、乐观，不偏执，尊重客观规律	C4. 平稳度过青春期 C5. 树立正确的人生观 C6. 客观、公正地判断事物
A2. 人格素养	B3. 自我意识：清晰认识自我人格类型 B4. 道德意识：有人格底线，有良好道德情操，有理想和社会责任感 B5. 自我管理：有对自己负责的态度和修正自己行为的能力 B6. 自我决策：有主见，有自己的判断	C7. 对自己的定位、目标、理想 C8. 尊重、正义 C9. 自律、适应 C10. 责任 C11. 发展愿景 C12. 社会认同感
A3. 能力素养	B7. 自主学习：有较强的认识问题、分析问题、解决问题的能力	C13. 获取知识的能力 C14. 学习动机、学习目的
	B8. 合作学习：有良好的学习态度，形成良好的学习品质	C15. 人际沟通 C16. 给予他人的能力
	B9. 探究学习：有强烈的学习意识和顽强的学习意志力，有实践力和创新精神	C17. 学习品质 C18. 学习毅力

续表

核心素养（A 级）	评价指标（B 级）	评价指标（C 级）
A4.学力素养	B10. 学科学习能力：选择适合自己的课程，有良好的获取知识的能力	C19. 获取知识，形成学科能力与思想
A5.规划素养	B11. 自我规划：有自我决策能力，树立高考梦、人生梦、职业梦	C20. 判断、辨别 C21. 人生规划
	B12. 人际沟通	C22. 文明礼仪，协作精神
	B13. 批判与创新思考：有自己的思想和创新的能力	C23. 有较强的自我探索能力，并能评估和调整

围绕上述目标，学校具体实施了以下安排：

健康教育。健康是学生核心素养的基础。学校把"开展体育活动，增强学生体质，促进学生健康成长"作为学校教育的基本目标之一。一是认真上好体育课，使学生掌握体育锻炼的技能与技巧，有良好的健康知识结构。二是坚持每天不少于 1 个小时的"阳光体育活动"，活动形式多样（跑步、做操、跆拳道、体育舞蹈等），奉行"我运动，我健康；我拼搏，我坚强；我参与，我快乐"的体育锻炼主旨。每年一次的体育艺术节，学生根据自己的特长选报运动项目，既为同学们提供了展示特长的舞台，又为有意报考体育院校的同学搭建了锻炼平台。三是开发体育课程，学校开设了门类多样的体育选修课，有跆拳道、体育舞蹈、太极拳、排球、足球、篮球、乒乓球、羽毛球、健美操等，极大地丰富了同学们的课余生活。学校的学生体质健康监测结果在全市一直处于领先水平。学生参加省、市级各项比赛，均取得优异成绩。四是将心理健康教育纳入课程，学校还设有心理健康咨询中心，分别建有心理健康咨询室、"心灵鸡汤"阅览室，开办了"让成长与阳光漫步""飞扬的青春"等栏目，帮助学生解决青春期易出现的心理问题。

人格培养。通过活动与课程群进行。高中阶段是人格形成的关键时期，这一阶段人格教育的主要任务是唤醒自我意识，提高自我认同感，树立人生目标，陶冶道德情操，增强社会责任感等。

社团体验。学生社团是学生实现自我价值的平台。社团也是很有效的德育渠道。曲靖一中的学生社团发展到现在，经历了由自发组织到学校规范两个阶段。从目前的情况来看，社团是校园生活中学生的最爱，社团中学生的角色是自然形成的，社团能让学生跨班、跨级广交挚友，让学生远离网络游戏，使学生健康、阳光、向上，并学会包容，快乐成长，终身受益。

能力培养。学生在校学习不能仅仅被动地获取知识，而是要形成在各学科知识之上的一种学科素养，如语言素养、数学素养、逻辑素养、科学技术素养、人文素养、信息素养、艺术审美素养和批判创新素养等。素养是学生的智力、能力与特定学科的有机结合的具体体现。为有效提升学生的综合素养，学校建构了必修课、选修课、活动课"三位一体"的课程体系，分类——学科课程、选修课程、活动课程，分层——基础课程、拓展课程（包括奥赛课程、特色课程），分群——学生根据自己的兴趣自由选择课程。到每一门具体学科，又有学科的课程设置，如语文的分类阅读，数学与其他学科的整合等等。这些探索和实践，不仅培养了学生的学习能力，也促成了教研课题的开花结果：学校多个课题先后结题，其中语文《亲近经典》获国家级自然科学成果二等奖；英语《阅读与理解》获省级课题一等奖；数学《数学与其他学科的融合》获省级课题一等奖。

方法提升。学习方式是学生学习的生长力，主要包括知识与经验、策略与反思、意志与进取、实践与活力、协作与交往、批判与创新等。结合新课程理念，从2009年起，学校积极推进学生的"自主学习、合作学习、探究学习"，教师的课堂教学方式有了极大的转变。课堂的总体要求是：学生已懂的，教师只检查；学生原本不懂但通过看书可以懂的，教师概括提炼；学生不懂的，提交学生讨论；学生讨论了还不懂的，教师要讲授与阐明；教师讲了学生还不理解的，教师要采取活动和再示范的教育方式。强调教师要在学生思维的"最近发展区"着力，引导学生解决问题。课程实施注重预习、注重互助、注重质疑、注重创新。

规划人生。在深化课改与"新高考"改革的背景下，生涯教育被再一次提上学校的工作日程。唤醒学生的自我潜质，培养学生的规划能力，是学校的又一重要任务。曲靖一中每届学生在进入高中学习的第一周，都会接到学校印制精美的《人生规划》卡片，内容包括近期（高中三年的自我规划）和中期（理想大学的设定）及远期（将来欲从事的职业）规划，这其中有学科知识介绍、职场演讲、生涯咨询等，但重点是放在高中三年的近期规划上——我要做一个什么样的高中生？

学校对学生的成才观，渗透着润泽教育的内涵，给了学生一片自由生长的空间。

（四）实践四：高追求——实现"自由生长"的目标

党的教育方针为学校指明办学方向，"五育并举"，实现学生德智体美劳全面发展，是润泽教育的目的。突出德育实效，提升智育水平，强化体育锻炼，增强美育熏陶，加强劳动教育，是学生同时起跑的"五条起跑线"。

突出德育实效。实现学科教学的铸魂育人。长期以来，中国教育形成了自己的表达：教书育人。教学的实质、核心、境界全在这四字中。学科育人要厚植家国情怀，教师心中要有一盏明灯，自然科学学科要用学科思想和理性精神滋养学生，让学生感受到人类对真理的追求和探索是永无止境的；人文学科更能依托丰富的文化素材，发挥资源育人优势，提升学生文化认同。

提升智育水平。点燃学习热情，导师陪伴引领，以智慧成就未来。首先是明晰的育人理念，更加注重面向人人的因材施教；更加注重学生学习力的培养，开发学生的智力，挖掘学生内在的潜能，激发学生的内在动力，启迪学生的智慧，点燃学生的求知欲望；更加注重学生创新意识的培养；更加注重学科核心素养的渗透；更加注重共建共享；更加注重多元融合。其次是"全员导师制"助力：以"陪伴·引领·成长"为主题，进一步深入推进原来的师生结对工作，使其惠及所有的学生。本学期正式推出"全员成长导师制"，力求形成全校性的全员、全方位、全过程的"三全"育人格局，促进学生全面发展，健康发展，个性发展。让老师成为学生人生方向的导航者、心灵健康的护卫队、个性发展的辅导师、成长成才的引路人。最后是探索分层分类的课程体系。2020年云南省将进入新高考模式，高校的"自主招生"改成了"强基计划"，我们要思考建立分层分类的课程体系。标准体系：专注高考，主要强调常规教学；实验体系：聚焦创新，主要尝试拓展式的项目化学习；荣誉体系：超越自己，以学科竞赛、科技创新等荣誉课程为核心。三大课程体系，主动适应国家战略发展的要求。

强化体育锻炼。体育是沟通个体身心协调发展的桥梁。一是通过"育体"功能的发挥，强筋健骨；二是通过育人功能的发挥，为其他"四育"的开展奠定基础。体育的功能不只局限于身体，它对学生精神世界的构建以及劳动能力的发展也具有显著影响。从体育与德育的关系看，体育能提升学生的道德素养和身心健康水平，能够磨炼学生的意志品质、培育学生的责任感和荣誉感，能激发学生的爱国热情，增强民族向心力、凝聚力；从体育与智育的关系看，体育能够有效促进学生神经系统的发育，能够使学生的大脑得到恢复和休息；从体育与美育的关系看，体育能够塑造人的形体美、姿态美、动作美，能够培养学生的审美情趣及创造美的能力；从体育与劳动的关系看，体育能增加学生的身体活力，提高动作的准确性和协调性。体育还可以使学生产生"超越身体本身""一切皆有可能"的卓越意识。在具体落实中，要进一步策划学校"阳光体育"活动项目，改变体育课的教学目标落后、教学内容陈旧、教学资源不足、教学手段单一、评价方式片面等问题，体育课要思考怎样做能帮助学生养成锻炼习惯，培养长期运动意识，营造角色体验，树立良好的健康心态，使学生走向积极与阳光。

增强美育熏陶。美育不是一门具体课程，而是贯穿在整个育人过程中。校园环境，学校文化，丰富多彩的活动，是美育的外显形态，而学科课程中的美育教育，才是润物无声地浸润到人的心脾。例如语文学科推出的课本剧，将文本研读、学生体验、艺术设计、舞台表演等有机结合，让学生对所学知识进行自主建构，将学识、品质、行为融为一体。事实上，美育的最高追求是提升学生的人生境界，让学生在审美过程中感受有价值的人生。

加强劳动教育。陶行知先生说过，"滴自己的汗，吃自己的饭，自己的事情自己干"。这是任何一个健康社会都要遵守的基本价值原则。劳动教育一方面理解为劳动形态，对学生进行劳动知识、技能、体能等的培养，树立劳动观念，参与体育劳动，生产劳动；另一方面，理解劳动教育的外延，"教育与生产劳动相结合"这一命题已表明劳动与教育在逻辑上是相互结合的，劳动教育更重要的是要树立劳动价值观，通过德育、智育、美育、体育等日常教育活动去实现。劳动教育包含价值观教育，也包含创造力、美感、身体素质的锻炼，是人的基本素养到真正社会实践的"中介环节"。因此，劳动教育要渗透到教师们教育教学的每个环节，它是一个成人教育，如果我们培养的人好逸恶劳，追求不劳而获，那就是失败的教育。

润泽教育下的"自由生长"，催生了一大批成绩优良、素质全面的优秀毕业生，这不仅仅体现在高考升学率的逐年攀升，更体现在学生成长的方方面面。高质量可以有千种面孔，让学生在一个致力于发挥每个人潜能的学校环境中成长，这才是我们所企盼的。

曲靖一中每年有数百人在国家、省级各类科技创新、书法美术、学科奥林匹克比赛中取得一、二等奖的好成绩。特别值得一提的是，我校学生自编自排的舞蹈参加中央电视台全国校园春节晚会获得一等奖；校足球队是云南省中学生体育传统项目冠军的保持者。所有这些，充分映射出"润泽教育""自由生长"耀眼的光彩，也使得曲靖一中稳固地保持着高端的办学水准。

（五）实践五：淡功利——涵养"自由生长"的心境

"润泽教育"理念，使学校形成了自己的核心价值观，也提高了师生的素养。曲靖一中百年来一直坚持正确的办学方向，以培养师生的社会责任感、创新精神和实践能力为重；坚守教育的使命，把学生培养成具有健康体魄和健全人格、讲文明守礼貌、有较高审美情趣、有强烈学习愿望和较好文化科学素养的全面发展的人；坚定不移地追求着自己的教育梦想，立德树人。学校以打造自身的综合实力来赢得学生、家长的信赖，教师以师德、学识来赢得学生的爱戴。

学校的教师能淡泊宁静，敬业乐教，更多的是追求自我价值的实现和精神的富有。几十年来，极少有跳槽、经商、办辅导班等行为的教师；学校的学生能养成诚信、谦和、大气的个性品质。学校致力于培养学生的社会责任感、人文底蕴、科学精神。学校提出高境界做人——志存高远、品德高尚、情趣高雅；高水平教学——高效率、可持续、讲人本；高品质生活——好身体、好行为、好心态。遵循有教无类，因材施教。慢慢地、静静地等候花开。校园里弥漫着特有的氛围：祥和、宁静、简单、有序、共远。

五、润泽教育理念的践行体悟

在提出以"润泽教育，自由生长"这八个字为学校办学思想的过程中，我真切地体会到了奋斗的艰辛和成就的喜悦。润泽教育促进学生的自由成长，引领教师充分享受职业的幸福，推动了学校的全面发展，让教育充满了快乐与幸福，让做校长的我每天都充满了工作激情。

（一）坚守"润泽教育"，让学生自由生长，需要校长具有良好的信仰

教育信仰就是教育者坚定信奉的教育观念和主张。没有良好信仰的民族是可悲可怕的民族；没有良好信仰的教育是没有灵魂的教育。一个教师

如果没有良好信仰，就会在培养学生的终端出现问题；一个校长如果没有良好的教育信仰，就会将整个学校的教育事业带入歧途；一个学生没有理想信念，就支撑不了他的人生之路。苏霍姆林斯基在谈及办学理想时，并未提出"领先""一流"等宏大目标，他只想办一所值得孩子们留恋的学校，以孩子们的情感作为办学的最高取向。

作为一名校长，多年来我始终坚信：

第一，以人为本是校长的职业操守。学校的"人"是两种人，即教师和学生。我多年来始终将师生的发展和幸福作为学校一切工作的出发点和归宿点，贯穿于教育管理过程的始终。工作中时刻把师生的冷暖、幸福感放在心头，把学校的每一个"事件"、学生的每一封信、教师的每一条建议，当作"大事"来对待；真心诚意为师生的幸福着想，常常为解决教师两地分居、子女入学难、看病难等"小事"操心。

第二，信任师生是校长的职业境界。相信老师们"不用扬鞭自奋蹄"；相信学生们会规范言行、反思得失、改过从善，在自由生长的道路上成就自我。我信奉"无为而治"，善于给师生"留白"，在成长的路上静静等待，等待学生发现自我、完善自我、超越自我，最终成就卓越人生。

第三，为学生提供多元发展平台是校长的职业追求。多元发展是"自由生长"的先决条件。多元发展的教育更能体现学校的办学水平和校长的治学境界。有教无类，因材施教，人尽其才，校园才能繁花似锦，才能实现教育的终极目标——培养出适应社会发展的合格人才。

第四，为国育才是校长的职业使命。在教育急功近利的今天，校长更要克服浮躁的心理，保持淡定，默默坚守那份对教育执着的爱，树立起强烈的社会责任感，立志为国育才，在教育理想与教育现实之间找寻一条适合的路径，在应试教育与素质教育之间探寻一个完美的结合点。这些年来，曲靖一中的理想教育、科技教育、实践教育、国情教育、法治教育都有了长足的进步，培养出来的学生得到广泛认可，并为学生的终身发展奠定了基础。

(二)"润泽教育"要让学生"自由生长",要求校长敬畏教育规律

敬畏,一个肃然的词语。敬畏生命,敬畏自然,敬畏成长,敬畏天地……敬畏之心,表达了对一切神圣事物的态度。教育是培育生命,引领人成长的活动。作为教育人,应常怀敬畏之心,敬畏教育规律,遵循教育规律。作为校长,应该是最懂教育规律的人,最尊重教育规律的人。

敬畏教育规律的最好表现,是按教育规律办事,要根据不同阶段学生身心发展特点,循循善诱,犹如涓涓细流,润物无声;又如小船般清净,谦逊,调和,利生。一段教育历程,便是一段生命历程。多年来,不管教育环境和风向如何变化,我始终重视以下四方面的工作:一是坚持教会学生先做人,后做学问,德育是智育的支撑,智育是德育的彰显;二是重视学生的多元发展,坚持德智体美劳多育并举,严格执行国家课程计划,将素质教育与应试教育有机结合;三是重视教法和学法的研究,着力提高课堂效率,努力减轻学生学业负担;四是关注师生生命安全,教育学生珍爱生命,学会生存,热爱生活。

一所好学校,一定是尊重教育规律的学校,能充分体现出"讲人本,可持续";一个好校长,一定是敬畏教育规律、教育自觉的校长。

(三) 坚守润泽教育需要校长的不懈努力

学校建设是一个动态过程,"最好"只是一时的标志,"更好"才是永恒的追求。作为校长,要有"崇尚一流、追求卓越、拒绝平庸、超越自我"的胆识和气魄,带领全校教职工,使学校一步一步走向"更好"。

(1) 让学校更有朝气。营造"让学生自由生长的晴空",不断提升师生的人生目标和精神追求。我这里所说的卓越,是指卓越学校必须要有卓越的校园精神,改变一所学校,就要改变这所学校的校园精神;改变一个教师,就要改变他的价值追求;改变一个学生,就要改变他的人生目标。唯有如此,学校才能朝气蓬勃。

(2) 让师生更添智慧。教育是一个传递智慧的过程,也是一个循序渐

进的过程。提升学生的智慧，就是要关注学生的每一步发展，只有踏实稳健地走好每一步，学生的健康成长才有保证。同样，只有教学的每一环节都按设定好的目标发展，教学质量才能得到保证。

（3）让学校更具美感。学校应该是最美的世界，因为学校是成就人的地方，"美"最能使人性得到升华。学校的美在于继承与创新相结合，教育性与艺术性相结合，硬件建设与软件建设并重相结合，校长引领与全员参与相结合。方方面面达到良好状态，便能呈现出校园精神之美。

（4）让校园更富创造力。

当教育超越了知识传递这个单一功能时，学校要做的工作就是实现文化的融合，精神的建构。现代教育改革强调对人的关注，重视学生个性的发展，因此，学校各项工作要在创新上下功夫。

（5）让校园更加和谐。

和谐的校园才能成为师生的精神家园。构建和谐校园，首先要做到善待学生、崇尚宽容、善于妥协、学会等待。作为社会文明的传承者，"等待"意味着等待成熟，等待机会。等待是一种心境，等待之中蕴含着高尚，蕴含着淡泊，蕴含着超凡脱俗。

（2019年3月25日修改）

1.3 润泽生命·健全人格

我作为一个从事学校教育教学 30 多个春秋的教育工作者，一直在不断厘清和明晰许多教育概念。例如，常在说的"贯彻党的教育方针"，例如学校的"守正创新"；例如"学科核心素养"；例如"教育的新常态"，等等。社会发展日新月异，教育应紧跟时代的步伐！今天侧重跟大家交流对"党的教育方针"的再理解以及"学科核心素养"如何落实。

我们所从事的是"太阳底下最光辉"的职业——教师，教师的使命是润泽孩子生命，健全孩子人格，让每个生命之魂达到德与智的统一，让生命臻于完美！教师是向孩子播撒美好情操的种子的人，是使孩子明确人生奋斗方向，明确人生的意义和价值，既懂得做人底线，有追求的理想，又全面发展，有生存的本领，具备日后踏入社会所必备的核心竞争力的人生导师。

一、人的核心竞争力是什么？

知识，能力，道德，习惯。

1. 知识

（1）基础知识：学习中基本的知识，包括常识，简单实用的、容易记忆的。

（2）专业领域技能：有过硬的本领和专业知识。

（3）跨领域的思考和行动者：能够在全面运用多个专业的知识的同时，娴熟运用跨学科思维解决那些涉及多个维度的复杂问题。

2. 能力

（1）学习能力：一个人离开学校以后的继续学习能力，包括如何安排学习时间、利用什么手段与方法，如何学习。

（2）实践能力：动手操作能力，规则目标、确定任务。

（3）创新能力：发现问题、研究问题、解决问题的能力。

3. 道德

（1）目标动力：一个人所选择的正确理想信念，具体明确的奋斗目标。

（2）道德勇气：在面对耻辱、诋毁、妨碍、大众反对或个人失败的时候，能够正当行事的能力。

（3）高尚的品行与情趣：个人修为与调适，高雅情趣与审美。

4. 习惯

（1）身体心理素养：强壮健康的身体与阳光积极的心态。

（2）劳动品质：自己动手，丰衣足食，幸福生活靠劳动去创造的劳动观念。

（3）辨析、评估、判断、应对。

二、润泽生命，健全人格

我们培养的是应对明天的人，要使今天培养的人具备适应未来的核心素养。

人的一生中有很多条跑道，但最主要的至少有五条——德、智、体、美、劳。作为学生，这五条跑道都要花时间跑，这才是全面发展的教育观，才能有健全的人格。但是，我们现在最大的问题是大部分学生都集中在第二条跑道——也就是"智育"这条跑道上，家长的关注点，社会的关注点都集中在"智育"这条跑道上，其他的跑道都被忽视了，比如，有的孩子想要自己洗洗衣服，洗洗袜子，家长赶紧接过来说："你不用管这个，赶紧抓紧时间去做数学题，去背英语单词去。"于是，孩子们本来应该花在其他跑道上的时间都被花在"智育"这一条跑道上了。

事实上，德智体美劳这五条跑道每条跑道都有一个起跑线，这五个起跑线的位置其实是不同的。

比如我们研究最多的"智育"这条跑道，无论是从人的身心发展规律来说，还是从教育教学的规律来说，最佳的"起跑线"应该是6周岁左右，这也是为什么小学一年级的入学年龄设为6周岁，因为一般来说，这个年龄的孩子才开始具备了系统学习学科知识的能力。但现实情况却是，大家拼命争先，让孩子在幼儿园阶段就开始提前学习拼音、算术、写字等小学才要学的知识，智育跑道"抢跑风"十分严重！

相比"智育"这条跑道上大家竞相抢跑的"热闹"景象，另外几条跑道"起跑线"则要冷寂很多。虽然大家最关注的跑道是智育，但这五条跑道之中，智育这条跑道对其他跑道的促进作用恰恰是最微弱的，哪怕孩子在智育这条跑道上跑得再快，也很难带动孩子在其他跑道上的表现。反之，在其他四条跑道上跑得快，则会明显促进孩子在智育这条跑道上的表现。

我们从来没有听说过，因为我的一元二次方程解得好，所以我就特别乐于助人，跑步速度就特别快，劳动能力就特别强……事实上，其他跑道对智育跑道的促进作用是有很多研究和实践证明过的。比如体育，已经有脑科学家的研究证明，人在运动时会分泌出一种促进大脑神经细胞发育的物质，会直接作用于大脑。此外，运动带来的多巴胺会让人感觉身心愉悦，还能够间接提高学习效率。再比如劳动，哈佛大学一项长达75年的著名研究发现，那些从小做家务的孩子，拥有更多的幸福感，人到中年时，他们的失业率、犯罪率，甚至是离婚率，都低于小时候不做家务的孩子。明尼苏达州大学的一项研究也发现，那些从小（2~3岁）就开始做家务的孩子，更容易获得成功。

党的教育方针提了很多年了，现在国家非常重视"立德树人"和执行党的教育方针，我们应认真分析德、智、体、美、劳对育人的作用。

1. 德是做人之魂，德育教育如何做到"知"与"行"合一？

德是做人之魂；德育，是教育之魂，"知"亦是"道"，"行"是"实践"。曲靖一中的校训就是"知行合一，止于至善"。基础教育是一个人终身发展的根基，新时代德育应理解为：树立学生理想信念，厚植爱国主义情怀，提升学生道德品质修养，弘扬中华优秀传统文化。如果"育人"仅停留在空泛的标语和说教而无所依托，就失去了价值。为此，构建学校德育体系，找到抓手，使其润泽生命，才能实现"知"与"行"的合一。

（1）化"虚"为"实"——课程为载体。

任何一个学科不能见术不见道，更不能见术不见人。学科育德引领了正确的方向，专业能力保证了课堂实力，教材本身的内涵是德育的家园，也是进行德育的依据。在整个学科教育的过程中，老师们以过硬的专业能力，敏锐地捕捉到学科知识与道德教育的融合点，育人于无痕，实现"术""道"合一。从"学科教学"到"学科教育"再到"学科教育"与"人文素养"融合，无不体现着持之以恒的浸润，让学生在丰富多样的学习过程中不断体会学习的快乐、成长的幸福，并为之心甘情愿付出艰苦的努力。

思想政治课堂因事而化，因时而进、因势而新，遵循规律，以结合学生实际、联系国家目标、符合国情和时代要求的教学内容；以问题为导向、形式多样、案例鲜活的教学模式，进行理论说服和价值引领，赢得广大学生欢迎。提升了亲和力和针对性的课堂，坚定了学生对中国特色社会主义的理论自信、道路自信、制度自信和文化自信。

综合素养课堂升级为感受中国自信的育人大课堂。"把理论融入故事，用故事讲清道理，以道理赢得认同，以悟道取代灌输"，积极回应学生关注的理论问题、社会热点、人生理想、时代命题，润物无声地将价值追求和理想信念传递给学生。

学科教育课程上出情怀担当，让学生在收获专业知识之外得到人格的历练与提升。既重视宽度、又重视深度；既掌握知识，又形成见识；既把握特点，又洞悉规律；既勤于学习，又敢于创新、勇于实践，求真理、悟道理、明事理。面对每一位学生，了解中华文化变迁，触摸中华文化脉络，感受中华文化魅力，汲取中华文化精髓。与此同时，关注世界形势和发展变化，开阔学生视野，培养学生的责任感、坚强意志、吃苦耐劳精神。立鸿鹄志，做奋斗者；志不求易，事不避难；敢于担当，不懈奋斗；刚健有为，自强不息。

（2）化"整"为"零"——无处不在的育人氛围。

国学特色：读经颂典、课本剧表演、文明礼仪、行为规范；

诚信教育：无人监考、诚信小商店；

环保教育：曲靖一中作为"全国公共机构节能减排领跑者"，积极开展"垃圾不落地，分类我先行"、低碳环保、节水节电节粮等教育活动。

主题月：三月文明礼貌月、四月法制宣传月、九月尊师重教月、十一月学习生活规范月等。

（3）化"育"为"活"——校园活动涵养品性。

活力一中：二月紫薇文化交流节，三月校庆、文明礼貌月，四月读书节，五月"五四"合唱节，六月毕业典礼、教职工子女及初中学生儿童节，七月"感恩党恩"节，暑假国学夏令营、社会实践研修，九月谢师恩、新生入学教育，十月"庆国庆"演讲比赛，十一月体育艺术节、课本剧展演，还有团结杯足球赛、辩论赛、黑板报、优秀宿舍评比、文化专栏评比等。

（4）"三心相约"——家庭、学校和社会共建。

学生是：家长养育、学校培养、社会关爱。而老师则是：家长喜欢、学校放心、社会敬重。

（5）"预"则立——生涯规划，名师导航。

生涯认知：学校指导团；

自我认知：认识自我，完善自我；

社会认知：校友、大师讲坛；

决策与行为：建立"学生生涯档案"，三年规划。

（6）多元评价，助推成长。

尊老爱幼之星、诚信之星、志愿之星、示范之星、行规之星、社团之星、每月之星。

2. 智是立业之本，学科育人如何做到"道"与"术"合一？

智育是德育的彰显，学生在学校学习科学文化知识与技能，增长本领，形成能力，是基础教育的又一根本任务。新时代的智育应以学习知识为本职，以立足国情为使命，以全球视野为站位，以奋斗精神为动力。如何让知识、能力、方法等成为学生发展中必不可少的营养，能够不断地让学生保持对知识的浓厚兴趣，不断地激发学生的自信心和对事物的探索欲望？教师的教学理念起着关键的作用，润泽教育，从"点滴灌溉"到"深度学习"，是润泽教育理念的不断实践探索。

如何让学习更有效？

一是让学习在学生各自的"最近发展区"内发生。学生的学习存在两种发展水平，一种是现有水平，是学生能够熟练解决相关问题的发展水平，如果学习的任务在这个区域内，学生不需要进行学习，利用已有的知识就可以顺利解决；另一种是潜在的发展水平，是通过教师的教，学生有可能获得的潜力。如果学习任务超出了这个水平，学生就会感到恐慌，即使在教师的引导下，暂时也很难处理得好。两种水平之间的区域叫"最近发展区"，学生的学习任务只有落在这个区域内，才具有高度的针对性，才有可能让学生拾级而上。

二是教给孩子解决问题的基本思路。教师的精讲既要关注学生的认知规律，又要注重学科知识的内在脉络。对那些比较复杂的问题，需要将基本思路分成若干步骤，让学生逐项反复训练，直到烂熟于胸。比如说，有经验的足球教练会将防守分解为如下几个步骤：首先，当你所防守的人接近持球者时，渐渐地靠近他；其次，在你确定能够拦截的情况下，绕前防守；第三，如果被防守队员正要把脸转向球门一边，要防止他转身；第四，如果他已经转过身来，把他控制在边线附近；第五，如果必须的话，铲球，否则就让自己处在他和球门之间的位置。学科知识的学习，也需要明晰思路，这正是教师的责任所在。

三是及时进行反馈。学生为什么玩游戏的兴致比学习要高很多？一个很重要的原因就是玩游戏能够得到及时的反馈。每一次冲关成功，都会有分数、升级等各种类型的反馈让人感受成就；每一次高难度的动作，都会带来设施设备的更新换代。这种快速、及时的反馈，加上一次次的反复训练，最能培养出作为一个专家的直觉，让其做出即时的判断。学习最需要的也就是这样的及时反馈，特别是在出现错误的情况下，借助学生对错误比较敏感的心理状态，及时给予反馈，学生就会不断调适自己、反复训练，直到改正为止。如果学生进行训练但得不到反馈，或者得不到及时的反馈，这样的练习是没有多大意义的。在学生对所学知识知之甚多的大背景下，给学生提供及时的学习反馈，正是教师的价值所在。

四是在一定的时间内保持注意力的高度集中。进入互联网时代的人们，在无形之中被网络"绑架"，早晨起来第一件事情，就是看看手机里有没有什么重要事情发生；走到办公室里，一边打开电脑，一边关注好友的微信推送，同时脑子里还在想着今天要做的事情。每个人都会同时处理几件不同的事情，但每一件事情都浅尝辄止。这样的生活和学习状态，对学习和理解知识是很不利的。要成为某方面的高手，必须要在无干扰的情况下沉浸其中，将注意力集中在一个问题上，专心致志地进行探索。上课前，脑子里要整理好这节课教什么、给什么、怎么教，课堂上怎么实现学生从"这里"到达"那里"。高度集中注意力不是轻易就可以实现的，却是可以训练的。卡尔·纽波特认为，对于新手而言，每天 1 小时左右的深度工作似乎已经是极限了，而对于专家而言，时间可以长达 4 小时左右，但也不能再长了。

五是培养学生可持续发展的能力，要逐渐形成学生创新能力、迁移知识的能力以及跨学科的能力。跨学科思维和能力是 21 世纪人才必备的技能组合中最关键的一个维度，能够在充分运用多个专业的独特视角的同时，娴熟运用跨学科思维解决那些涉及多个维度的复杂问题的人才，是未来的 T 型人才。为什么跨学科思维和能力如此重要？从宏观上来说，全球问题需要复杂、多学科的解决方案，今天我们遇到的很多全球性问题太过于复杂，以至于无法通过唯一、专门的学科来予以解决。比如全球变暖和人口过剩的问题，这些多方向的问题需要跨学科的解决方案。纳米技术就将分子生物学、生物化学、蛋白质化学和其他专业紧密地结合在一起。"一精多专"是未来人才培养模式的一个战略转向。

3. "体"是成长之基，体育教育如何做到"力"与"志"合一？

体育不仅仅针对运动员，孩子们不常谈论健康，是因为他们拥有健康，我们这些上了年纪的人就会时常抱怨腰酸背疼，念叨着吃什么药。

体育是培养健康体魄和意志力的教育，体育教学要讲授健体方法，督促学生坚持体育锻炼、养成锻炼习惯；体育课程中还加入了社会与情感技能的训练，比如团队合作、与人协作、顽强拼搏、坚韧意志力等。

体育课堂是一个有运动天赋的学生大放异彩而体质一般的学生奋力追赶的地方；体育课是一个学生走出教室，抛开书本的地方，也是一个教师与学生一起站在操场上而不是教师远远站在讲台前的地方。

体育教学要跳出传统模式，要针对学生特点，注重个性化的教学，例如一种长期以来深深困扰学生的体育运动：长跑。

在旧的长跑模式中，运动能力最强的学生跑到前面，其他人远远落在后面，因为学生的体能水平各不相同，传统模式便会削弱一部分学生接受挑战与赢取进步的动力。

在新模式中，学生佩戴心率监测器，他们的长跑任务不再是完成多少里程数，而是保持一定的心率。这就意味着每个学生的跑步速度也许并不相同，但是他们都在自己的体能基础上接受挑战、赢取进步。

这样一来才算公平，成就不是跟别人比出来的，而是每个人朝着各自的目标奋斗赢取的。

4. 美是修身之源，美育教育如何做到"表"与"里"合一？

美育从胎教开始，比如听莫扎特的音乐等，但可惜的是"优生"之后似乎大家却忘记了"优育"过程中美育的重要性。家长们当然也希望培养出的孩子自信、阳光、快乐、有毅力，会审美，有特长……但又觉得重中之重还是学习成绩好。美育更应该贯穿人的整个教育过程，它能够让孩子们有更强的记忆力、观察力、思维力、想象力和创造力。一个喜欢画画的孩子可能形象思维能力更强，学习几何等科目时可能会有帮助。

美育滋润人生，让人追求美好，改善性情，培养高尚情操和文明素质。美育直接关系人的精神生活、情感生活，关系灵魂塑造和人格培养。以美润善，让学生不再把道德规范当作外在的强制，而是视为愉快和享受；以美树信，即以美的形象、品质去帮助青少年培养信仰和信念的种子，直到它成为参天大树。运用美育资源——读诗词歌赋，拥抱大自然等，可以唤醒青少年的心灵世界，提升艺术修养。学校应通过多种活动方式，让学生具备初步的感受美、鉴赏美、表现美、创造美的意识和能力。美育教育让学生品德高尚、彬彬有礼、谈吐高雅、着装得体，真正做到表里如一。

5. 劳是生存之需，劳动教育如何做到"实"与"善"合一？

"实"，是指要求学生承担力所能及的家务劳动，帮助父母打扫卫生，如扛煤气罐、米袋，做饭，洗碗，洗衣服等；要求学生负责校内的教室、宿舍、清洁区等的卫生清洁；要求学生到社区参与服务，参加植树、清理河段淤积物等。

"善"，是指通过劳动，让学生实际体验"谁知盘中餐，粒粒皆辛苦"中的"辛苦"，真切体察劳动的价值和意义，从而学会爱惜粮食，珍惜他人的劳动成果，培养勤劳节俭的品质。

劳动是正义的基础和最高要求。从这个意义上说，劳动精神也可以看成是维护劳动正义的精神和气魄。

劳动精神是一种用劳动创造作为价值判断标准的精神。追求劳动幸福，崇尚劳动，敬畏劳动，因劳获益，是这种精神的核心，也就是要信奉"幸福是奋斗出来的"这个道理。要坚信美好生活不是别人施予，而是靠自己的双手创造出来的。劳动创造了人类，创造了人类世界，劳动的快乐不仅会在成果分享的环节上显示出来，而且还会渗透在整个劳动过程中。

劳动教育作用很大，劳动教育的核心意蕴，就是教育与生产劳动相结合，并提高人的精神境界。包括掌握劳动技能、尊重他人劳动成果、树立劳动光荣的意识。劳动教育具有自我意识意蕴、情感意蕴、审美意蕴、自由意蕴。学生学习之余，做家务，做义工，打扫教室、校园卫生，做一些力所能及的劳动，有助于调节情绪、缓解压力、增强动手能力。学校应在学生中弘扬劳动精神，培养学生劳动观念，提升学生劳动能力，激发学生劳动热情，使学生学会劳动，学会勤俭。

劳动光荣，劳动是我们生存的需要。劳动就是认真做实事，怀着一颗善良的心，人人为我，我为人人，主动为家庭、为集体、为社会做事；全力以赴，精益求精；堂堂正正做人，实实在在做事。

"润泽生命，健全人格"就像苹果树，知识能力相当于苹果，过程方法相当于苹果树的枝干，情感态度价值观则相当于我们看不见的土壤下的根。苹果每个人都看得见摸得着，我们都希望苹果长得大，一看情况不对，马上打点药水，苹果就长大了，好看了。但如果根系不够发达，枝干不够茁壮，我们再怎么围着苹果花力气，也只能让苹果面子好看一点儿，吃起来却味如嚼蜡。要想让苹果长得好，必须让苹果树枝繁叶茂；要想苹果树繁茂，必须让根系发达。

三、守正出新：责任与使命同行

曲靖一中的"正"是：教育信仰（坚守正道、尊重规律、敬畏真理、崇尚科学，"不拘一格降人才"）；价值观念（自律自尊、知行合一、淡泊名利、追求卓越);成才标准(视野宽广、人格健全、基础扎实、适应社会)。

曲靖一中的"新":办学模式的创新;管理方式的变革;育人理念的完善;教学手段的更新;办学领域的拓展。

学校发展的关键因素中,最重要的仍然是教师队伍,造就"可持续胜任"的专业教师队伍。为此,一是重师德师风建设。做"精师"容易,做"人师"难,为人师者,当为人之模范。何为人之模范?有理想、有情怀,勤于思考、勇于实践,做"四有"好教师,成为学生成长的引路人。二是深化学科核心素养在课堂中"落地"。指向学科核心素养的教学即让学科教育"回家",那就是建立学科素养目标体系,明确"家在何处";把深度学习设计出来,让真实学习真正发生;采用大单元备课,提升教学设计的站位;将教材内容进行教学化处理,以实现教学内容的有趣、有用、有意义;探索与新目标匹配的学科典型学习方式;实施教、学、评一致的教学。

总之,新课程需要新教学,新目标需要新学习,指向学科核心素养的教学变革充满着无限的创造空间。

教育,需要有"静待花开"的自信;办学,需要有"春种秋收"的淡定。一方面是传承与坚守,以教书育人为己任,坚持自我提升,这是我始终践行的一种自觉要求。在治校方略中,我把这种自我要求融入办学理想:培养可持续发展的学生,造就可持续胜任的教师,创办可持续攀高的学校,实施可持续提升的教育。另一方面,找到自己和学校新的生长点,激活学校的内动力,使"润泽教育"更好地实现学生的生长,使学校办学向更高品质迈进。

1.4 知行合一·止于至善
——曲靖一中办学纪实

和着时代的步伐，曲靖一中已走过 95 个春秋，悠久的办学历史，丰厚的文化底蕴，自强不息的奋斗精神，使这所学校崛起于珠源大地。

在市委、市政府及市教育局的正确领导和关心支持下，学校全面贯彻党的教育方针，在继承和发扬优良传统中不断改革创新；在坚持使学生全面发展中注重发展学生个性和创造性；在尊重教学常规中鼓励突出特色；在坚持科学管理中体现人文关怀。一年一个发展主题，一步一个脚印，走出了一条符合学校实际、符合教育规律之路。

一、背景与困惑：改革的年代

世界上没有放之四海而皆准的发展模式，也没有一成不变的发展模式。从 20 世纪 70 年代后期恢复高考制度，到 80 年代提出反对"片面追求升学率的应试教育"，到 90 年代提出"实施素质教育"，再到 21 世纪进行的"减负"和"高考模式改革"，教育领域先后进行了多项重大改革，原有的教育思想、教育理念不断被冲击，从教育资源配置、人才培养模式、教育管理体制、办学体制到课程均有不同程度的变革，昔日政府重点扶持的优势，将会随着教育资源的均衡配置而逐渐消失。

曲靖一中面临着前所未有的挑战：

一是学校的历史责任和日益增大的应试压力。作为一所历史老校，人们既希望它能够继承最优秀的传统，又希望它能在基础教育改革中探索出新路；既希望它能满足人们在文化上的一种愿望，又期望它有高升学率。一方面教育得到社会全方位重视，但另一方面，教育也在一定程度上陷入一种非理性状态。无论是自身的追求还是外界的期望，都赋予我们重大历史责任。

二是基础教育的普及和教育资源配置呈"均衡化"发展。高中阶段入学率的迅速上升，基础教育原有的格局被打破，其中最核心的是生源质量，在生源竞争的背景下，学校保持高品位的办学定位与特色尤显艰难。

三是自身扩张和优质资源的稀释。学校一方面为了满足人们享受优质资源的愿望，另一方面也出于自身发展需要，同时还考虑到为地方经济服务，扩大了办学规模，扶持民办教育，使原有优质师资被稀释。

面对种种变化与挑战，中学校长的时代使命，从某种意义上讲，就是在面对改革时代出现的种种严峻挑战时，所应有的自觉承担以及执着的教育追求。

二、思考与实践：我们的追求

"发展是硬道理"，不管有多少困惑，教育必须适应新形势的变化，必须寻求突破和发展，顺应人民对教育的新期望。这里向各位汇报我们的一些思考与实践。

1. 探求学校发展的科学思路

多年来，我们把办学育人、教书育人作为坚守的使命。我们有这样一种信念：基础教育为人的可持续发展奠定基础。一所一流的学校，校园不一定是最大的，校舍不一定是最新的，设备不一定是最先进的，教师学历不一定是最高的，但一定要有最先进的教育思想、教育追求，要让今天的教育培养的人能够适应社会未来发展的需要。为此，我校始终坚持全面贯彻党的教育方针，坚持按教育规律办学，始终坚持把人的全面发展作为一切工作的根本和最高追求，坚持把"让更多的学生得到更好的发展"作为办学的基本理念。把"身心健康、人格健全、基础扎实、素质全面、德才兼备、适应社会"作为学生的培养目标。把"厚积淀、重慎独、、宽视野、高追求、淡功利"作为办学特色。把"四个结合"作为办学的指导思想：①坚持继承优秀传统与改革创新相结合；②坚持使学生全面发展与发展学生个性相结合；③坚持教学常规与教育科研相结合；④坚持科学管理与人文关怀相结合。把"以德育为首，以教学为中心，以科研为先导，以后勤为保障"作为学校管理的运作模式，积极推动学校教育教学改革的深化。

2. 寻找应试教育与素质教育的结合点

从某种意义上说，应试教育与素质教育，是教育价值取向截然不同的两种教育模式，但高中教育责无旁贷地要承担这两种教育的责任。既要完成为高一级学校输送优质生源，满足学生能上一个好大学的愿望，又要为社会培养高素质的合格公民。

多年来，我们始终坚持按教育规律办学，以学生的全面发展作为追求，把"属于教育的时间用足用好，把属于学生的时间还给学生"。国家的规定性教学计划和统一性课程设置，只是面向全国所有学生的基本要求，而无法满足培养学生个性特长的特殊需要。为此，学校通过实现以学生的主动学习和课堂教学效益的提高为基础，坚持每周五天半的教学时间，同时开设了门类众多的选修课、活动课共80多门，为学生发展提供平台，为教师提升专业、学术专长提供舞台。

德育教育是贯穿学校教育的主线，德育是智育的支撑，智育是德育的彰显。学校始终保持教育教学质量的高水平，努力探索一条素质教育的本真之路，历年高考，无论是高分人数、上线人数还是平均成绩，在省内均保持领先地位。同时，学生因发展全面、特长明显、潜力大、后劲足而得到高校和社会各界的认同和赞誉。我校学生足球队自1981年成立以来，多次参加省中学生足球赛，是全省中学组冠军保持者；校学生篮球队、学生合唱团、辩论队、演讲队等多次参加市里大型活动，均取得优异成绩；学生科技创新小组参加省机器人大赛，获省一等奖第一名。目前，学校有学生社团20多个，每年有上百人在国家奥赛中获奖；学生在校刊、文学社等各类刊物上发表文章数百篇，学校课外活动丰富多彩。同时，学校加强对外合作交流，与国外三所学校结为友好学校，经常有双方的学术交流和学生、教师互访等活动，扩大了学生的国际视野。

3. 在教育管理中不断寻找新的突破点

一所学校，必须始终保持旺盛的发展活力。这些年来，我校一是逐步完善现代学校制度，二是采取了"点、线、面"相结合的管理策略。

现代学校制度的核心是人的发展，现代学校制度建构要以人的发展为出发点和最终归属。学校的人包括学生与教师，首先是和谐校园的建立，其次是学习型学校的建立。围绕这一核心，学校建立了行政、学术、监督三支队伍，三支力量之间相互平衡与制约。

行政力量是以校长为首的学校领导集体，是学校决策机构。有人认为，"一位好校长意味着一所好学校"，但我认为，好校长离开了，这所学校仍然是一所好学校，这取决于学校好的制度和运行机制。

学术力量，指广大教师。教师是日常教学的执教者，因此质量立校应先强教师，教师的职业规范、专业素养至关重要。

监督力量，指督促与调节学校内部各项工作的一支力量。它指纪检督导、教代会等。

上述三支力量的制约与平衡需要通过学校制度的建设来保障实现。为此，学校建立了符合现代学校管理的具有适应性和民主性的学校制度，制定了《曲靖一中质量管理手册》，完成了校内人事制度改革、分配制度改革和教职员工聘任上岗以及评价机制，从而充分调动了教师的积极性，激活了教师的工作热情。

学校采取了"点、线、面"相结合的管理策略。所谓"点"，就是在每年的工作中寻求"点"的突破。这个"点"既是学校工作的创新点，又是学校发展的增长点，也是展示学校工作的新亮点，如学校 2006 年的主题是"质量·名师·团队"，2007 年的主题是"高效·团队·文化"，2008 年的主题是"文化·多元·协力"。所谓"线"，就是学校发展的一条总的思路。所谓"面"，就是要立足于整个基层开拓工作。以"点"连"线"，以"点"带"面"，通过一个个"点"的突破促进学校教育教学质量的稳步提高，保证学校办学目标得到一步步落实。

4. 寻找教育要素的最优组合

学校教育由几个要素组成：教师、学生、教材、教法、课程、时间、管理、制度和教育设备。根据学校不同时期的不同状态来改变原有的、约定俗成的组合。

学生和教法的组合：不能给学生一模一样的，合适的才是最好的。中国的教育和发达国家相比，从观念上说，差异在于我们喜欢进入教育无差别境界。我们的教育现状是学校挑选适合教育的学生，而不是创造适合学生的教育。我们的教师都喜欢"好学生"，优秀的学生是国家发展的希望，也是支撑学校"门面"的主力军。但我们还得明白：科教兴国，一个学生也不能少。今天学校多一个失败者，说不定将来社会上就多一个消极因素。实际上，适应差异的教师才是能力强的教师。我们要求课堂一种教材三种进度，20% 的同学瞄准 140 分，60% 的人瞄准 120 分，20% 的人瞄准 90 分，最后每个学生都提升了一定高度，教学质量就上去了。

课程和时间的组合："圈养"出规范，"放养"出个性。对曲靖一中的学生，只是"圈养"是不够的，"放养"解决了学习过程中的学习状态问题，解决了教师与学生的感情问题。当这些要素被调动起来时，学生的学习积极性就会被激发。今年，我们对学生奥赛作了一些新的尝试，一是"导师制"，二是把时间还给学生。这样，结果出来了，今年已知晓的全国高中物理竞赛，89 人进入复赛，在第三轮筛选中，我们进了 9 人，最后全国一等奖有两位同学进入获奖名单，刷新了纪录，这就是因为改变了组合。

课程和学生的组合：给学生以选择，将会出现人才辈出的局面。智慧的发展需要时间、空间，在校园里需要课程来提供保证。虽然现在云南省的情况让我们无法做到自由选择课程，但可以调整，让学生不只是服从，而是既有服从的一面又有选择的一面。例如，在高一高二的课程设置上做一些调整，文科和理科的侧重点不一样，可以进行教材内容的调整，以及高三学生选修课的调整等。这些做法，只是改变一下原有的学生和课程的组合。

教师和教师的组合：让教师群体面对学生群体。为使每个教师都能扬长避短，学校抓集体备课，评选优秀教案、开设示范课，让教师们站在别人的肩膀上去实现教育目的，而不是站在平地上。这样，教师就不是以个体面对学生，而是以教师群体面对学生群体。

给要素组合以制度保障。我们花了一年的时间，制定校园管理文化——《曲靖一中质量管理手册》（简称《手册》），它是学校教学管理的一个纲领性文件。这本手册出来以后，我吃惊地发现，没有管理文化的时候，校长是最高权威，有了管理文化，《手册》是最高权威，它使许多事有了依据、有了公平、有了章法、有了规范，管理文化建设使我自己获得了解放。

5. 促进教师的发展

要办好一所学校，关键要有一支德才兼备的教师队伍。如果说学生成才是教育工作的着眼点，那么教师成才就是教育工作的着力点。发展优质教育，对教师发展提出了新的要求。今天的社会，思想多元，在这样的大环境下，教师怎么当？值得研究。

首先，要凝聚一支有理想、有才华、有奉献精神的团队。曲靖一中对教师的管理注重以人为本，使教师的个性得到发展，人格受到尊重。曲靖一中的教师有选择工作方式、发挥个人特长的自由，有选择教什么课的自由。学校现已开设80多门选修课、活动课，其中就有教师根据个人兴趣专长申报的课程，如化学教师开设戏剧小品课，后勤行政人员开设书法课等。学校没有硬性要求教师坐班，教师上课不打考勤，教师教案、上课方式不搞一刀切。老教师充分发挥示范性，如"同课异构""异课同构"等设计，包括学术引领与智慧启迪；青年教师搞三次备课二次讲课，等等。

其次，创设激赏教师成才的机制，"激"是激励，"赏"是欣赏、奖赏。

再次，为教师提供发展机会，包括学习、进修、出国深造等。

最后，开展形式多样的教师培训。培训能让教师关注教育改革发展动态、趋势，引领教师发展，帮助教师成才。方式有：①举办科研年会；②开展假期教职工培训；③开展项目培训；④选派到高校或出国培训；⑤名师工程、青蓝工程、基础工程的历练。

曲靖一中有一支坚强的骨干教师群体，他们稳定、务实、爱校、勤奋，他们中没有一个人在外办班、代课或从事第二职业，他们是学校发展的脊梁。

6. 突出办学特色

原国家教育总督学顾问陶西平指出：特色是学校价值取向、教育创新、教育传统的集中体现。立足学校实际，独特、优质、稳定的办学风格与优秀的办学成果是特色学校的重要特征。曲靖一中在注重提高学生文化成绩的同时，开始开设选修课的探索，构建了学科课程、活动课程、选修课程三位一体的课程体系，通过特色课程的建设，凸显了曲靖一中以培养高分、高能、高素质人才为优势的办学特色。今后，学校将在保证学生基础素质发展的基础上，进一步为所有学生创造适合的教育。

三、理想与目标：我们的使命

不同的社会角色，以不同的方式承担着社会的使命，但都有共同的目标，那就是造福社会。教育工作者的使命就是"办学育人""教书育人"。教育势必要适应新形势的变化，顺应人民对教育的新期待，教育资源的配置一定会向"均衡化"的方向发展,基础教育一定会切实推进教育公平,真正做到教育机会的公平——有教无类;教育过程的公平——因材施教,教育结果的公平——人尽其才。总之,我们需要提倡一种"大气"的教育,这种教育应当视野广阔、目标长远、底蕴深厚、品位高雅,能够真正成为一种为学生自身发展奠定基础的教育。这就是我们坚守的使命!

(2008年4月16日)

1.5 坚持科学发展·打造教育品牌
——曲靖一中"十一五"工作总结

"十一五"期间,曲靖一中在曲靖市委、市政府及市教育局的亲切关怀和指导下,以科学发展观为指导,认真贯彻落实党的教育方针,坚持正确的办学方向,以"面向未来,全面育人"为办学理念,恪守"知行合一,止于至善"的校训,以把学生培养成"人格健全、心理健康、素质全面、能力较强、适应社会、成绩优异"的人才为办学目标,形成了"厚积淀、重慎独、宽视野、高追求、淡功利"的办学特色。五年来,学校每年以年度主题为中心,分别落实了"制度·管理·谐调""质量·名师·团队""高效·团队·文化""课改·活力·求是""规范·课改·创新"的发展目标,使学校在这五年间先后获得"云南省教育科研示范学校""云南省文明学校""云南省心理健康教育实验示范校""全国中学生文明礼仪示范基地""全国教育系统先进集体"等荣誉称号。

一、"十一五"期间硕果累累

1. 高考连年捷报频传

曲靖一中连续 9 年高考成绩各项指标名列云南省的前列,高分段学生及一本上线率年年攀升,先后培养了多位全省文、理科状元及众多成绩优异的学生。截至 2010 年,应届毕业生上线率从 2006 年的 90% 上升到

100%，一本率保持在70%~80%之间，为各级高校输送了大批优秀人才。

2. 人才培养亮点频闪

学校积极开展重视学生多元发展的实践活动，以"陶冶高尚情操、培养审美情趣、历练拼搏精神、提高综合素质"为出发点，让学生个性特长得以充分展示。五年来，数名学生参加省级各类科技创新、机器人大赛、书画、美术、演讲、辩论等比赛均获得可喜成绩。中学生数、理、化奥赛获一、二等奖；参加音乐、舞蹈、体育类省市级比赛均获团体二等奖；2006年我校学生参加中央电视台全国校园展播获一等奖；苏舒、张青等同学代表云南省参加全国奥赛集训等等。

3. 规模与质量协调发展

五年间，学校在校生从2006年的3 600人增至2010年的4 600多人，教学班由60个增至74个，年级负责制得以很好实施，年级管理探索出新路子，规模与质量相结合，各阶段学生教育各显特色。

4. 教学基本建设成效显著

学校高度重视教学基本建设，使课程建设、课程设备建设取得较快发展。

（1）课程建设质量提高，特别是近两年结合新课程理念，健全了必修课、选修课、活动课三位一体的课程体系。

（2）教学装置和设备极大改进：实验室、通用技术教室、电子白板、教师办公室计算机配置、校园广播系统、校园网络进一步完善，为教育教学提供了必要的条件。

教学改革与管理稳步推进。学校成立了新课程领导小组，出台了新课程的系列指导性文件，成立了高考工作指导小组、学术委员会以及相关的各种教学管理机构，使组织保障、教学管理进一步规范，教学质量监控体系进一步完善。

5. 师资队伍建设取得显著成绩

（1）通过五年的努力，学校教师的职称、学历结构明显改善，基本满足教学科研需要。截至2010年8月，学校共有教职工261人，其中特级教师14人，高级教师129人，享受国务院特殊津贴1人，省政府特殊津贴2人，国家级骨干教师6人，省级骨干教师、学科带头人5人，市级学术技术带头人5人，硕士45人。

（2）五年间，学校共培训教师600多人次（省内外培训）。

6. 教科研再创佳绩

（1）五年间，省市级科研课题共结题6项。其中，《亲近经典》获全国参评一等奖，教研论文发表于国家、省、市级刊物共24篇，校刊《教育实践与研究》办出特色，教师出版教辅资料20个种类，其中，《曲靖中高考冲刺卷》畅销全国。

（2）通用技术、信息技术、实验室、社会综合实践课程为学生提供了科研平台。

7. 文化建设的再生

（1）百年老校文化积淀，爨文化再生，凝练了校训、校风、教风、学风，学校先后出台了《曲靖一中教师行为规范》《曲靖一中学生行为补充规定》《文明班级评比方案》《文明宿舍评比细则》《校园之星评选规定》等多种文化建设的纲领性文件。

（2）各类活动丰富多彩："五四"合唱节、体育艺术节、"薪火相传"紫薇文化交流节，等等，全面发挥了育人功能。

8. 现代制度建设有创新

（1）五年来，学校不断完善各项规章制度，管理水平有了很大提高，先后出台了《曲靖一中质量管理手册》《校务公开实施意见》《曲靖一中管理流程》等制度文件。

（2）加强纪律监督，严格资产管理，规范大宗物资采购、基建工作、财务管理，实施内部审计等，使学校健康发展。

9. 校园基础设施建设明显改善

学校克服资金困难，积极争取各方支持，顺利完成了原曲靖师专校园改造工程，新建了学生食堂、学生宿舍、塑胶球场，争取到经济适用住房的建设，还建成了教职工羽毛球、乒乓球活动中心和地下停车场。同时，积极推进后勤改革，明确职责、加强管理，为学校教学科研提供了优质的后勤保障。

10. 对外交流与合作不断拓展

（1）成为国防科学技术大学等 6 所高校的生源基地。

（2）分别与苏州中学、澳大利亚 Launceston College 等多所学校结成友好学校。

（3）夏令营学生多人次赴英国、澳大利亚、加拿大等国家参观学习。

（4）与西双版纳傣族自治州对口帮扶取得显著成效。

（5）与富源县委、县政府联合创办的"胜境分校"成绩显现。

11. 党建工作进一步加强

五年来，曲靖一中党委认真贯彻执行党的教育方针，带领广大党员干部和全校教职员工倾心于学校的教育教学，保持了党员教师的先锋模范作用。五年来，发展了学生党员 803 人，教师党员 10 名，壮大了党的力量。

二、办学理念及实施

1. 发展观——立足现实，着眼未来

曲靖一中作为一所百年名校，一方面承载着教育的历史使命——传承、示范；另一方面要与时俱进，适应社会发展的需要。学校的管理以"高效率、讲人本、可持续"为基准，刚性与和谐并济。第一，从保障教育资源的合理配置，有效运转到教育要素（教师、学生、教材、课程等）的合理结合应用；第二，以精细化的管理来规范师生的言行；第三，适应新课改的要求，借鉴现代企业的管理模式，从决策、执行到服务三个管理层面采用"流程管理"，使得对学校的人、财、物有一套完善的管理流程和评价机制，这是办好一所学校的前提；第四，充分尊重师生的人权和民主权利，关注教师的情感，尊重学生。

2. 主题年——将课堂置于真实中理解

曲靖一中实行年度目标管理，每年确定一个发展主题，如 2009 年的主题是："课改·活力·求是"，2010年的主题是"规范·课改·创新"。新一轮基础教育课程改革，其目的就是要在21世纪构建起符合素质教育要求的基础教育课程体系。新课程理念要求真正实现学生的自主学习、自主探究、自主实践、合作探究，培养学生创新能力。学校教育中，课堂是主阵地，曲靖一中将传统的教学方法及教学经验与新课程理念有机地整合在一起，在实施新课程中，以"导学案"为基础，充分调动学生的学习热情和参与意识，构建能真正促进学生自主、个性、全面发展的教育，形成课改下的活力，创新课堂教学模式，遵守教育规律，尊重学科特点，对不同的学科区别对待，对新课程中的必修、选修教材细致深入研究，做出符合学校校情和学生实际的课程设置，改变原有的一些与新课程不适应的排课，充分利用现有的教育资源，提高学生学习的成绩。

3. 硬道理——师资队伍是学校发展的支撑

作为学校办学的三个要素之一，教师起着支撑整个学校发展的作用。曲靖一中拥有一支勤奋踏实、爱岗敬业、专业水平较高的师资队伍。第一，学校非常重视师资队伍的建设，对常规管理中的"三大工程"（青蓝工程、名师工程、基础工程）常抓不懈，校本培训卓有成效，行政领导听课、评课、教学竞赛、论文评比，"同课异构""异课同构"，各种研讨会等教研活动的开展井然规范。第二，学校充分认识到，学校的任何改革，教师都是主力军，必须充分尊重教师，调动其积极性。教师的观念决定教育教学的质量，教师要把解决的问题与教育教学有机融合，创设适合学生的教学方法。第三，学校坚持改革开放，采取"走出去，请进来"等方法，提高教师的素质。教师每年源源不断的"教学反思""教学日志""教学案例"等，使教学经验不断积累，形成优化教师教育教学的宝贵财富。第四，学校搭建平台，尊重教师的个性特长，为教师成长搭建平台。这些年来，曲靖一中始终不断探索师资队伍建设与办学要素的有机组合，将学生、教师、课程、时间有机组合，例如对成绩较好的学生着重培养能力，对成绩中下的学生侧重行为、学习习惯养成，重在传授知识。"适合的才是最好的",这是学校教师较为明确的一点。第五,学校教师注重团队协作,以教师群体面对学生群体,使教学质量大幅度提高。近年来,我校教师参加省、国家级"课堂教学竞赛",屡获一等奖。

4. 练素质——让教育彰显其内在魅力

(1) 曲靖一中重视学生的全面发展,寓德育于日常教育教学活动中,学校能意识到:真正对学生负责的教育,应当是能够促进学生全面、自主、个性发展的教育。

学校的价值观引领着全校师生价值观的形成和学校的发展方向,支持全校师生共同奋进,成为全校师生心中的一种理念和自觉遵循的准则。"润物细无声",学校坚持德育首位,探索了一条将德育生活化、细节化的学校德育新思路,通过丰富多彩的活动,让师生在细节中实现德育的具体化。学校每年都有许多"节日"和活动,如"五四"合唱节、"体育艺术节""紫薇文化交流节"、各类演讲、辩论比赛、"团结杯"足球赛等等,以这些节日及活动为载体,学校进行了课程设置、开发与建设。

一是在课程设置上,坚持必修课程与选修课程相结合、学科课程与活动课程相结合、显性课程与隐性课程相结合。学校充分利用音、体、美等非高考科目的特点,为学生打造更大的活动空间:学校常年开设合唱、舞蹈、器乐、戏剧、小品创作、体操、武术、太极拳等活动课,并成立了许多教师、学生社团。二是定期举办单项艺术竞赛活动。三是把艺术美术、体育教学渗透,把它们当成启迪人的思想,陶冶人的情操,培养人的素质的一种有效途径。《荀子》中指出:音乐可以"正身行,广教化,美风俗"。学校的选修活动可以不断拓展学生的视野,提高学生的品位,不断发展学生的艺术特长,也培养了学生战胜自身弱点、不怕吃苦的精神,加强了合作意识,愉悦了身心,使学生在活动中健康成长。

(2) "体育艺术节"为全校师生提供了施展艺术才华的空间和舞台。本着丰富校园文化生活,提高学生的艺术修养,充分展示学生的聪明才智,培养学生动手能力、参与意识、竞争意识和团队协作精神,增强学校凝聚力的目的，以学生的全面发展为设计目标，学校在艺术节期间举行了许多丰富多彩的活动，从内容上设计了"三独"（独唱、独奏、独舞）比赛，以及书画竞赛、各类体育项目、集体比赛、文艺汇演等等，力图让每一个学生找到施展自己独特才能的机会和舞台，提升每个学生的人生价值，同时也让更多的同学参与活动，激发大家的兴趣。同学们在各项体育赛事及活动中不仅锻炼了自己，而且提高了竞争意识。学生会的作用也在活动过程中充分体现出来，充分锻炼了我校的学生干部，使其逐步走上了自我发展的道路。小品、话剧甚至国粹京剧等文艺汇演的节目很多都是同学们自编、自导、自演的。活动为广大同学提供了一个展示自我的机会，也充分锻炼了我校广大同学的创造能力。最难能可贵的是，每届体育艺术节都注重团队协作精神，过去那种一个人独当一面的情况少了，我们看到更多的是"人心齐，泰山移"的集体协同参与的场面，这正符合了时代对人才培养的要求。

通过具体的实践与探索，学校深刻认识到素质教育对人才培养的作用极为重要。中学生正是形成人生观、世界观、价值观的重要时期，也是可塑性最强，接受能力最快，最具创新精神，好奇心最重的时期。素质教育是根据人的发展和社会发展的实际需要，遵循教育规律，着眼于全体学生的全面、持续发展，培养学生高尚的思想道德情操，使学生具有丰富的科学文化知识，良好的身体和心理素质，较强的实践动手能力、审美能力以及健康个性，使之成为能适应新时代需要的各种类型、各种层次人才的一种整体性教育活动。素质教育包括两个方面，一方面是在人的天赋素质在教育实践中逐渐发展和成熟的同时，使先天素质上的某些缺陷或不具备的方面通过教育和实践，获得某种程度的补偿；另一方面，是让人的后天素质获得充分的发展，以达到人的整体素质全面发展。

艺、体、美活动对学生的影响力表现在：

①包括思想道德、政治素养，用艺术教育来进行道德教育，能提升人的审美艺术情趣，给理智以心理的力量；②体育竞技培养学生战胜自身弱点的信心和吃苦耐劳、顽强拼搏的精神；③体、艺、美结合，在实现心灵

净化健康的同时，也促进了知识拓展和智力开发；④科技节为学生创新思维提供平台，使学生插上想象的翅膀，结合新课程"通用技术"的开设，从手工制作，到航模，到"机器人制作"大赛，无不展示了学生的创造能力。连续几年，曲靖一中率领学生参加云南省"机器人制作"大赛均获一等奖，并代表云南省参加全国比赛。

5. 美誉度——和谐校园谱新章

在长期的办学实践中，学校形成了"高分·高能·高素质"的办学特色，使学校在全省乃至全国具有一定的信任度、知名度和美誉度。2008年，曲靖一中一个理科班59名考生全部超过600分，被一些媒体称为"史上最牛高考班"，这个成绩是实干出来的，且在全国产生了巨大的轰动效应。天津人民出版社主动免费出版了《曲靖一中高考复习指南》，被人们称为"曲靖一中高考8套卷"，在全国畅销。学校充分利用学校优质资源，全力扶持贫困县富源的一所公办的教育资源较为薄弱的学校——富源胜境中学；全力帮扶西双版纳傣族自治州提高教师队伍素质，开设高考辅导专题，为当地许多县、校送教下乡，指导教学。

教育的真谛是"教真育爱"，应"致力于人的发展"，教育处于社会进步之中，具有鲜明的时代烙印。曲靖一中力图让教育尽显其内在魅力，让校园展现出这样的风采：它始终基于人的发展，讲人性、讲人道、讲人权，有成人教育之美；它始终能基于社会发展的要求，讲感性、讲理性、讲超然，有全人教育之美；它始终能基于未来发展的趋向，讲淡定、讲厚重、讲创新，有励人教育之美。

坚持科学发展，坚持高效率、可持续、讲人本，真正做到家长满意、学生成才、教师成功、学校发展，这是曲靖一中全体师生永恒的追求。曲靖一中没有最好，只有更好！立足本职，放眼未来，曲靖一中将立足自身优势，克服不足，进一步解放思想，坚持和谐发展，凸显品牌效应，满足社会日益增长的教育需求，让优质教育走进千家万户。

2010年8月23日

1.6　承上启下·步履铿锵
——"十二五"时期学校发展回顾

一、"十二五"时期学校发展取得了来之不易的成绩

"十二五"时期是学校发展很不平凡的五年，其间经历了 2011 年教育改革的新旧交替，经历了 2012 年新课程的第一轮教育教学的实践、探索与检验，经历了 2013 年的百年校庆，经历了 2014 年党的群众路线教育活动；经历了 2015 年"三严三实""忠诚干净担当"专题教育实践活动。不同的年代与时期，曲靖一中日益彰显出耀眼的风采，展现出历史担当、家国情怀和教育使命。

五年来，学校坚持正确的办学方向，学校党委严格履行党风廉政建设"两个责任"，全体教职工坚守教育理想，敬业博爱，用实践诠释了师生们与教育共命运，与开拓并肩行。

（1）德育工作取得实效。师生的精神面貌、文明礼仪发生了可喜变化，良好的行为习惯逐步形成。学校活动、学生社团、心理健康教育、班主任管理水平等，彰显出创新与活力。

（2）教学成绩实现新突破。2011 年至 2015 年期间，学校高考成绩各项指标一直保持全省领先，本科率从 2011 年的 96% 上升到 2015 年的 100%，一本率从 2011 年的 84% 上升到 2015 年的 90%，600 分以上人数每

年都居全省前列，使学校的信任度、知名度、美誉度大幅提升；同时，学校的中考成绩也每年位居全市前列，各类奥赛成绩喜人。

（3）教研工作扎实推进。学校立足于打造骨干教师群体的校本培训，开展了"请进来，走出去"的校内课程专业研修、青蓝工程、教研活动、做课题、写论文、强教学常规，年轻教师得到快速成长，学校教师队伍整体素质提高，一些学科如数学、语文优势凸显，许多教师形成了自己的教学风格。

（4）后勤服务工作扎实有效，保障有力。处室人员服务意识增强，工作主动性明显提高，竭尽所能为师生提供方便，为学校开源节流。教师职称、工资、养老保险得到充分落实，通过多方筹集，使教职工福利待遇有所提高；食品安全、校园安全得到良好保障；教职工体检形成制度；学校的节能减排、绿化美化工作成效明显。

（5）校园面貌焕然一新，新建了南大门、学生食堂、校园广场、学生宿舍、爨文化博物馆、教职工经济适用房和7个塑胶球场；教师人手一台电脑，教室安装了功能齐全的数字化一体机，彻底改善了教师办公条件；更新并增加了计算机教室；行政办公初步实现数字化；紫光楼排危工程顺利推进。

（6）学校品牌日益凸现：名师工作室做了卓有成效的工作；国家、省、市的骨干教师发挥了很好的引领示范作用；学校优质资源辐射的范围愈加广泛；学校持续领办富源胜境中学，新创建领办单立学校，两所帮扶学校——经开区一中、陆良北辰中学，以及长期对西双版纳傣族自治州、潞西市的教育对口支援，取得了良好的社会效益。

（7）扶贫攻坚稳步推进，并初见成效。

二、"十二五"期间存在的不足与问题

在肯定成绩的同时，我们也清醒地看到学校还存在很多的问题：

（1）学校硬件（包括占地面积、生均公用房、实验设备、教学活动设

施等）还远远达不到省一级一等完中的标准。

（2）师生比严重超标，大班额现象得不到缓解。

（3）处室主任和工作人员任务重，许多都是双肩挑，没有足够精力考虑工作创新；部分员工主动为师生服务的意识还不到位。

（4）教师教学水平（专业水平、课堂教学能力）还需大力提高。

（5）教师教研能力还不强。

（6）德育工作缺乏创新，实招不多。

（7）学校体育、艺术工作缺乏生机，学生社团与活动还处于自由化、低层次状态。

（8）离数字化校园还有很大差距。

（9）学校办学特色还需进一步探索实践。

（10）调动社会、家庭共同关心支持学校发展还显得思路窄、办法少。

1.7 百年传承新启程

——曲靖一中"十三五"工作巡礼

2016—2020"十三五"期间,曲靖一中以习近平新时代中国特色社会主义思想为指导,深入贯彻党的十九大和十九届二中、三中、四中、五中全会精神,增强"四个意识",坚定"四个自信",坚决做到"两个维护",全面贯彻党的教育方针,认真落实"立德树人"根本任务,学校各项工作朝着高质量发展的目标稳步推进,办学效果日益彰显。

(一) 党建注入精神灵魂

"十三五"期间,学校党建工作稳步推进:

一是顺利完成党委换届,配齐了各支部班子,完善了组织建设;新建了党建展室,开辟了党务政务公开栏;构建了思政大课堂课程体系;拓宽了学习教育渠道。二是坚持正面宣传,把握正确舆论导向,聚焦学习教育内容,有效把握方法措施,推动解决突出问题。三是加强理论学习,提高政治觉悟;加强警示教育,筑牢思想防线;建立工作台账,引入积分管理,推进"两学一做"形成常态化。四是落实党委主体责任和纪委监督责任,做出承诺,接受监督,加强监管,严格考核,健全机制,完善制度,推进学校廉政文化建设。五是落实"三会一课",开展了"严肃政治生活""增强文化自信""加强师德师风""守纪律讲规矩""坚定政治信仰"主题学习活动。六是"不忘初心,牢记使命"主题教育有声有色,

"专题党课""述职考核""主题党日""万名党员进党校""观看警示片""签订责任书""精准扶贫"等专题活动扎实开展;党章党规进课堂,筑牢学生思想基础;开启"爨园好老师生命成长营""党员教师生命滋养营"和"追逐青春理想生命成长营",开办"业余党校",壮大红色阵营,渗透爱党教育,植入红色基因,传播正能量。

(二) 办学条件不断改善

曲靖市委、市政府及市教体局高度重视学校的建设和发展并不断加大投入,学校办学条件得以持续改善,为曲靖一中的高质量发展注入了强劲动力。

2016年:排危重建紫光楼,高三教学楼、实验楼、阶梯教室和多功能报告厅的投入使用,缓解了教学用房紧张的状况。

2017年:新建高一、高二学生宿舍宁静楼、致远楼。

2018年:加固修缮逸夫楼。

2019年:3月,完成教室节能护眼灯改造,并被评为"全国公共机构能效领跑者";6月,重新铺设塑胶篮球场和足球场;7月,提升改造校园道路、铺设三个塑胶停车场;9月,建筑面积3 982.5平方米的紫薇花文体活动中心(包含可容纳1 200人的礼堂)落成并投入使用;10月,原实验楼改造为图书馆工程开工建设。

2020年:3月30日,作为曲靖市推进区域教育中心建设的标志性工程——曲靖一中新校区建设项目正式开工。新校区项目占地面积约200亩,建筑面积11.97万平方米,计划总投资8.99亿元,按照云南省一级一等现代教育示范高中建设规模和标准进行一次性规划设计,以严格标准、控制成本、适度超前的原则,建设满足2 500至3 000人,60个教学班的高级中学。项目于2021年9月建成后,将进一步提升曲靖市中心城区教育设施的空间布局和资源配置,建立覆盖中心城区多层次的教育服务体系,适应中心城区教育事业跨越发展的需要。

11月:学校东南角"临街形象提升工程"之东大门落成。

"十三五"期间,在曲靖市委、市政府的关怀下,曲靖一中的基础建设可以说一年一个新台阶,校园环境和办学条件不断得到改善,学校品质得到进一步提升。

(三) 学校管理凸显效能

(1) 行政管理:学校以"高效率、讲人本、可持续"为基准,采取"点—线—面"的管理策略,通过"点"的突破,"线"的带动,促进教育教学质量"面"的稳步提高;第四次修订了《曲靖一中质量管理手册》,建立健全各项制度,保证办学目标得到进一步落实。

(2) 教学常规管理:一是学校党政一把手作为教学质量第一责任人,统筹教育教学工作,班子成员各联系一个年级,把各部门的主要精力集中到教学工作和教育管理、教学服务上来,把质量意识落实到学校工作的每个环节。二是严格执行国家课程方案,严格考试与评卷纪律,认真完成每学段的教学内容和课程计划,探索与国家教育改革和招生考试改革相适应的教学模式,探索多样化人才培养途径。三是探索国家课程校本化实施途径,体现学科内整合与跨学科融合,实现学科课程的校本化再造,通过课程重构,形成校本课程,提高教学效能。四是对新高考模式进行研究,积极做好迎接新高考的准备。

(3) 安全管理:一是学校安全教育制度化、常规化,加大宣传,每周五坚持开展紧急疏散演练,使学生增强安全意识,掌握必备的逃生知识及应变技能,提高自护自救能力。二是签订安全管理目标责任书,实行责任追究制,使校园安全管理工作落到实处。三是建立健全各种安全管理制度和突发事件处理工作应急预案,落实应急反应机制。加强人防、技防,高清视频监控覆盖全校园。四是严格落实校园24小时治安巡逻和巡查制度,建立工作台账,逐条进行落实整改。五是与综治办等部门集中开展校园周边环境整治,净化育人环境;协同公安等部门完善防治办法,坚决杜绝校园欺凌和暴力事件的发生。六是与辖区派出所建立警校联动机制和"护学岗"群防群治机制,努力化解各种矛盾,从源头上预防和减少矛盾纠纷,形成稳定安全的工作局面，实现零事故目标，创建平安校园。

（4）后勤管理：致力于打造集自然美、艺术美、科学美于一身，充满艺术氛围和人文精神的书香校园；强化服务宗旨意识，树立服务育人理念，做到"三爱""五心"，建立健全服务评价机制、监督机制、反馈机制，旨在让教师、学生、家长、社会满意。

（四）坚持立德树人导向

1. 塑造师德师魂

学校注重引导教师以德立身、以德立学、以德施教，加强引领、注重感召、弘扬楷模，形成强大正能量。举办"爨园好老师生命成长营"，开启新时代师德教育新征程，涵养师德、固本培元，强化教师个体对品性养成的自觉、对教育规律的敬畏、对育人使命的担当，激发教师争做有理想信念、有道德情操、有扎实学识、有仁爱之心的"四有"教师；争做学生锤炼品格、学习知识、创新思维、奉献祖国的"引路人"。

2. 构建德育体系

学校坚持以德立校，通过入学教育、新生军训、主题班会、升旗仪式、业余党校、团队活动、评优评先、学生社团、社会实践等多渠道、多形式、多角度、全方位构建德育教育体系。

一是注重核心价值观引领，以课程设置为载体，全方位贯彻核心价值观的要求，课堂思政、以德润心、以文化人。文科课程，融入榜样力量、文化自信、爱国情怀；理科课程，体现责任担当、理性睿智、实践创新；活动课程，践行感恩互助、陶情冶性、审美提升。二是抓牢课堂主阵地，寓德育于学科教育之中，使学生有国家意识、政治认同、文化自信，有全球视野、有科学精神和审美情趣。三是强化和规范班级管理，落实《中学生手册》和《中学生日常行为规范》，使德育生活化、细节化。加强共青团和少先队建设，加强对学生宿舍、社团和活动的管理，培养学生的团队协作意识和自我发展能力。四是拓宽德育渠道，以系列活动为载体，培育学生的诚信友善、合作担当、法治信仰、生态、热爱劳动、问题解决等意识。五是加强青少年生理、心理教育，让学生懂得珍爱生命，健全人格，适应发展。

（五）打造骨干教师群体

曲靖一中始终不断探索师资队伍建设与办学要素的有机组合，注重对教师的专业引领：

一是针对不同层次的教师，架梯子、压担子、搭台子。对新教师重点给予教法与专业方面的指导；对基本成熟的教师，注重先进教育理念的引导，确立新的发展目标；对于老教师，重点是鼓励创新课程设计、创新教学模式，形成个人风格。

二是拟定"跨越临界点"教师培育计划，让每个教师都能找到自己"恰到好处"的发展点，顺利跨越自己的"临界点"，实现教师"二次成长"，高位突破，成为有自我成长意识的人。

三是以主题教研补齐教学短板，在常规听课中发现教师的教学短板并予以及时补齐，向教师征集教学中的难点和盲点，在系列化教研中提升教学能力，如跟进"连续课""同课异构""示范课""观摩课"等。

四是做好班主任分层研修，进一步落实分层培训，旨在建立一支综合素质强、管理水平高的班主任队伍。

五是设立"爨园孺子牛奖""晨曦突出贡献奖""春泥青蓝奖""杏坛园丁奖"等奖项，极大地调动了广大教职工教书育人、管理育人、服务育人的积极性。

（六）实践润泽教育思想

（1）润泽教育，教善若水——学校实践润泽教育：课堂，成为师生情感共鸣、思想融通、精神交汇的互动平台；学校，成为师生身心愉悦、生命舒展、灵魂安然的诗意家园。

（2）构建思政大课堂课程体系——将社会主义核心价值观融入教育教学活动。文科课程：融入榜样力量、文化自信、爱国情怀；理科课程：体现责任担当、理性睿智、实践创新；活动课程：践行感恩互助、陶情冶性、审美提升。

（3）创新云教学方式——充分利用互联网、人工智能、大数据的优势，把平板引入课堂，开启线上线下混合学习，使大规模"因材施教"成为现实。

（4）积极探索教育教学新实践——构建"大单元学习共同体"，实践"项目化学习"的教与学融合模式；实行"导师制"，实现"零陪衬"，致力于促进学生全面、自主、个性发展。

（七）营造自由生长晴空

学校致力于促进学生全面、自主、个性发展，拓展育人空间，尊重学生个性发展，顺应自由生长，让学生多层次、多角度成才。

1. 学生自立

为培养学生自立自强的品格，学校开办校园节日——"爨园涛声"合唱节、体育艺术节、紫薇文化交流节；组织校园赛事——"风采杯"辩论赛、"紫薇杯"篮球赛、"爨园杯"排球赛、"团结杯"足球赛；开展"阳光大课间"活动。丰富多彩的体育艺术活动不仅能够提高学生的身体素质和艺术修养，促进身心健康发展，更是提升学生核心素养的有效途径，让学生在活动中舒展身心、彰显活力、激发潜能、提升能力、润泽品质。

2. 学生自为

在学校营造的"自由生长的晴空"下，学生奋发有为，自发成立了文体型、科技学术型、理论学习型、社会服务型、兴趣爱好型等 40 多个社团。以社团为载体，学生在自我教育中提高了综合素质，培养了多方面能力。

3. 学生自律

学生的自强自为，产生了良好效应。学校先后被确定为"国家级体育传统项目学校""云南省青少年思想道德教育示范基地""云南省足球精英训练营""全国青少年文明礼仪教育示范基地"等。

（八）培植健康校园文化

我校文化建设主题鲜明，具有时代精神，富有校本特色，文化气息浓厚，凸显文化育人功能。

1. 载体文化建设完备

一是对校园整体布局进行重新规划，先后组织实施了校园绿化、美化工程，先后建起了学生文化活动广场、校史馆及爨文化博物馆，精心设计建设了艺术长廊、读书走廊、校园照明系统、校园音响系统以及各种文化、体育活动场所，为环境育人提供了物质保障。二是建立校园广播站、校园电视台、校园网站；设置专门的文化墙和宣传橱窗，创办立式滚动电子阅报栏、立式宣传栏、校务公开栏、壁报、墙报、板报、学习园地等。三是长期开放学校图书馆、阅览室、班级图书角和网络教室、云教学系统，为师生提供自主学习的文化环境。四是创办教师研究专刊《教育教学研究》、学生文学专刊《爨风》，给师生搭建交流展示的平台，培养师生创新实践能力。

2. 文化活动丰富多彩

一是以国家级课题《亲近经典》为龙头和抓手，积极开展书香校园创建活动，把师生说普通话、写规范字上升到文化传承、民族大义的高度加以重视。二是开设舞蹈、器乐、美术、科技、文学欣赏等30余门选修课，丰富校园文化生活，培养学生的兴趣爱好和实践能力。三是利用学校"五四"合唱节、体育艺术节、紫薇文化交流节、读书节、科技节以及传统节日，对学生开展爱国主义、传统文化、文明礼仪、遵纪守法等各类主题教育。四是广泛开展各类诗歌朗诵会、辩论会、演讲比赛、主题作文竞赛、书画竞赛、"三独"比赛、课本剧演出、文艺汇演等活动，引领学生开阔视野、陶冶情操、健康成长。五是以40多个学生社团为载体，让学生在自我教育中提高综合素质，培养多方面能力。

3. 校园校貌规范有序

一是致力于建设"生态校园"，绿化上档次；亮化有特色；美化显功能。校园内美丽的花坛、碧绿的草坪、错落有致的花草树木，陶冶着师生的情操，净化着师生的心灵；各种宣传板报、墙报、名人画像、雕塑、标语等，给人启示、催人奋进。百年的文化底蕴和现代文明的相互融合，展示着曲靖一中特有的风采和气质。二是校风、校训能在校内以不同的方式进行展现，师生人人了解、熟记内涵；学校各种形象、标志统一美观，校徽校旗按国家相关礼仪要求规范使用；师生衣着端庄大方、言行举止文明、行为规范自信。

4. 校园文化彰显特色

一是学校的校训、校歌、校旗、校徽等文化标识，有鲜明的辨识度，具有良好的品牌效应。二是文化建设主题鲜明，主导建设曲靖市爨文化博物馆、曲靖一中校史馆，将校园文化建设与本土的爨文化建设充分融合。三是校园文化富有特色，专题博物馆成了了解曲靖城市文化的重要窗口，校园文化内容丰富、形式多样，有良好的知名度、信誉度、美誉度和认同度。

（九）扶贫攻坚成效显著

按照曲靖市委、市政府对扶贫工作的统一部署和要求，曲靖一中于2015年8月启动"挂包帮转走访"工作，在学校扶贫攻坚领导小组的领导下，全校教职工牢记使命，强化责任担当，在人力、物力及财力方面给予富源县大河镇铜厂村大力支持。校领导多次到包村点调研指导扶贫工作，先后组织65名教师与铜厂村267户建档立卡贫困户结成帮扶对子，完成15次遍访贫困户任务，先后派出4名优秀教师长期驻村专职帮助铜厂村决战脱贫攻坚工作。协调通村道路项目资金434余万元，帮助修通铜厂村高山五寨通村道路共12.4千米，直接投入自有资金达113万元，用于扶持铜厂村发展村集体经济和开展脱贫攻坚日常工作，动员全校教师捐献物资共计价值16.64万元，携手爱心企业为铜厂小学捐赠优质图书1 095册。至2020年9月底，全村村民全部脱贫出列，贫困发生率由2013年的15.6%降至0，彻底消除了当地的绝对贫困现象。

（十）办公平而有质量的教育

1. 教师成长

经过多年的培养，成就了教师团队。现有特级教师 14 人，正高级教师 13 人，高级教师 133 人；全国劳模 1 人，全国优秀教师 1 人，全国"三八红旗手" 1 人；享受国务院津贴 1 人，享受省政府津贴 4 人，享受市政府津贴 21 人；国家级学科带头人 2 人，省、市级学科带头人 65 人；云南省先进工作者 1 人；云南省"万人计划"名师 5 人；云南省"云岭名师" 2 人，曲靖市"珠源名师" 2 人。国家教育部领航校长工作室 1 个。云南省"名师工作坊" 3 个。

2. 人才培养

"十三五"期间，曲靖一中高考成绩各项指标一直保持在云南省前列。我校学生参加数学、物理、化学、生物四个学科竞赛，荣获省级一等奖 223 人次、省级二等奖 751 人次。学生参加科技创新、机器人大赛多次获国家、省、市一、二等奖。学生活动丰富多彩，艺术、美术、体育、科技人才辈出。学校被指定为"全国足球精英训练营"实验学校。

3. 学校发展

"十三五"期间，学校先后荣获"全国教育系统先进集体""全国文明校园""全国节能减排领跑者""全国中学生文明礼仪示范基地""云南省一级一等完全中学""云南省教育科研示范学校""云南省心理健康教育实验示范校"等 100 余项荣誉称号。学校现已成为 72 所著名高校"优秀生源基地"。

4. 教育集团

2017 年 2 月组建曲靖一中教育集团。曲靖一中教育集团共有 21 所成员学校：领办型学校 5 所、帮扶型学校 2 所、支持型学校 3 所、教育部领航校长"李晶校长工作室"成员学校 10 所。

1.8 推动特色发展·提升学校品质

2015年，学校发展的主题是：求实·慎独·创新。

2015年，是曲靖一中发展中的一个高峰，教育教学工作取得显著成效，学校的知名度、信任度、美誉度得到广泛肯定，学校特色得到充分体现，学校品质进一步提高，学校品质中的"质量、内涵、文化、特色、信誉"更加彰显。一是先进的思想和正确的理念为先导；二是优秀的团队和敬业的教师主体；三是依法办学和规范管理；四是系统的课程和丰富的活动；五是优雅的校园文化和优秀的学生。

在一个新的起点上，如何在高峰处找到第二次曲线？假期期间我征询了许多教师的建议，认为：

学校厚重有余而激情不足。在过去的日子里，学校有不断攀升的艰辛，有光辉灿烂的辉煌，然而，学校如何在高峰处找到第二次发展曲线？

非常感谢一部分教师暑假期间献计献策，与学校同命运，共患难。学校的第二次发展曲线，那就是提升学校品质，推动特色发展。

结合学校实际和2015年工作要点，特制订本学期工作计划。

一、提升学校品质

品质是质量、信誉、文化的结合体，外在是品牌，内在是内涵。体现在以下几个方面。

（1）以先进的思想和正确的理念为先导。教育必须与生产实际相结合，与社会发展相适应，教育已远远不能满足于以身示范和强制规范，教学也早已走过了教科书加粉笔的时代。随着社会、经济、文化、科技的发展和人才需求的变化，教育更多的是尊重人的特质，发现、引导和促成。具体在学校办学中，教师的角色已发生了很大变化，学生群体每一届都不一样，在这一点上，我们要有充分的认识。

（2）规范的管理和敬业的教师。依法治校，依法执教已成为学校、教师的基本行为准则，校规、级规、班规，有规矩才能成方圆，以人为本不是迁就，更不是犯自由主义。没有规章制度的约束，人就会为所欲为，思想行为就会涣散。"教师是人类灵魂的工程师"，教师的职业特点与"敬业"两字是分不开的，因为我们从事的是培养人的事业，教师最基本的职业道德就是爱与责任，教学生做人做学问。做教师就必须敬业，不敬业的教师是不称职的。

（3）优雅的文化与独特的"三风"。文化看似务虚，实则与师生的一举手一投足、一言一行密切相关，无处不在。学校文化的本质是学校的一种精神力量，是一所学校的价值取向。学校品质提升的价值取向主要看：有多少理念已切实转化为促进学校发展的具体行动，落实到教师的"教"和学生的"学"上，落实到教师的工作、学习、生活方式上，落实到学校的发展模式上。一所学校选择什么，崇尚什么，追求什么，外显为教育的行为和校风，内隐的是学校的价值观念。学校的价值观念为全校师生指明了共同的向往和愿景，影响着师生和学校的日常行为、精神追求与发展方向。学校共同认可的价值观是学校取得成功的必要条件，愿景和价值观是规范教育行为，引导学校发展的强大推力。基于此，必须努力践行并发扬光大曲靖一中的"三风"。

优良的校风——学校致力于使学生拥有健康体魄和健康心理，有强烈求知欲，善于学习；拥有崇尚理性，认同多元强调实践和重视客观事实的科学精神和审美能力，公平与正义的人文素养；具备履行公民权利与义务的品格与能力和为国家社会担当责任的意识和能力。正确认识自我、社会和世界的关系，树立正确的世界观、人生观和价值观。

严谨的教风——教师不仅仅是专业技术人才，更多的价值取向在于有高尚的人格魅力，是心灵的工程师，明晰并自觉追寻道德目标，他们崇尚科学，敬畏真理，致力于学术素养、专业精神和实现教育之美的事业。在日常的教育教学中，爱岗敬业、乐于奉献、教学严谨、为人师表、恪守师德、树立师风、走向教育自觉。

踏实的学风——曲靖一中的学生从进校起就逐步形成"自觉约束、自律教育、自主成长"的学风，能勤奋学习、刻苦钻研、乐学善思、求实求是，努力使自己成为品德高尚、人格健全、心理健康、成绩优异、素质全面、适应社会的人。"三风"既体现了校训，也体现了学校每年的发展主题。

（4）系统的课程和丰富的活动。课程体现在学校课程设置与教师的课程观上，学校课程设置的科学性、合理性、前瞻性，决定了教育的方向；教师的课程观决定了所培养的学生的能力、灵活性与创新意识。学校开展丰富的校园活动，充分尊重了人的发展的多元，并为学生搭建平台，培养学生的意志品质，提升学生的审美情趣，促进学生的人格修养，历练学生的实践能力。因此，要一如既往地办好学校的各种活动。

二、优质特色发展

一所学校是不是在优质特色发展，有六个基本标志，也就是今后学校的工作方向。

（1）学生发展情况：是否有教无类，是否人尽其才，是否群星灿烂。要进一步细化德育目标，制定可操作的规章制度和管理办法，充分尊重学生。加强学生社团课程化管理，构建学生学习发展平台，发现学生的特长、兴趣爱好，注重对各类学生的培养。

（2）师资品质：师德、学识双优。加大教师队伍建设的力度、提升教师个体的职业道德修养和人格品性修养；提高教师对学校文化的认同感，对学校的归属感，加强教师选择性发展课程的研修，加快青年教师骨干群体的形成进程，加强教师钻研业务的意识，以期达到师德、学识双优。还要注重克服职业倦怠，消除松弛涣散倾向。

（3）课程水平：体现在课程的丰富性、常态性。一是学校总体课程设置，既能完成国家课程计划，又能切合学校实际。本学期的课程设置与上学期保持相对稳定，但更要充分重视心理健康课程。二是教师的课程观，经历即人（精神成长，丰富阅历），人即课程（育人观、教学方式），许多教师已积累了丰富的教学经验，有自己比较成熟的教案、学案、讲稿、题库、心得等，但缺乏归纳、提炼。提高教师课程水平，还需帮助教师形成教学风格，物化成教学成果并推陈出新。本学期将通过行政听课、备课组、教研组、示范课、同课异构等系列活动，打破教师发展的局限，探索科学教学方式。课程实施要注重预习（自习），注重互动（生生、师生），注重质疑探究（发现问题、提出问题、探究问题、讨论问题、解决问题），注重模式而不"模式化"。

（4）教学质量：保持高位稳定。虽然学校每年高考、中考各项指标均稳中有升，但我们的教育教学还有许多不尽如人意的地方，部分教师自我设限，"天花板效应"明显，备课组、教研组的实效性、创新性不够，教师们追求卓越的意识不强，积极性还没有充分发挥，尖子生培养还没有形成模式，对非尖子生、非尖子班的研究不够，指导、评价、激励不足，学生自我认识、自我定位、自主学习的精神还不够等等，所有这些，既是问题，也是潜力所在。本学期将会从以上所列问题中开展行之有效的教学教研活动。

（5）办学行为：体现规范性、实验性。学校的管理水平和方法还需提高和完善。学校管理、行政管理、年级管理、后勤管理等还需要进一步探索出切实可行且行之有效的管理方法。教学管理：如行政听课的规范，备课组、教研组活动的规范，教学各个环节的检查与落实等。现阶段存在的问题有：每学期对集体备课、公开课的次数没有提出明确要求；每年高考结束后教师做题并分析高考规律、整理收集资料，没有形成相应的规范流程。行政管理：对各处室工作人员的管理与考评，对学校各项工作的指导检查，学校校园网、数字化平台的优化，学校评价激励制度的建立等。年级管理：年级教师，学生档案，学生中各类学生的教育方式与学生成长记录。后勤管理：校园系统的充分利用，学校各种设施的合理应用和最大化利用，如学生管理智能化、图书馆开放时间的合理性、食堂和宿舍管理的优化等。

（6）学校文化：学校文化体现出一种精神力量。学校文化是学校的软实力，它的本质是一种精神力量，是全校师生共同的价值追求、精神状态，也包括了学校已为社会公认的形象、特色、声誉与品牌。要使学校文化弥漫在校园中，积淀在师生的意识里，外显为师生的行为，学校只有真实地拥有了这种深刻的校本文化，才会充满生机并具有特色发展的动力。学校将致力于使教师的精神风貌积极向上，释放正能量并以此去感染学生，使师生忠实践行"厚积淀、重慎独、宽视野、高追求、淡功利"的办学特色，共同打造出大放异彩的曲靖一中校园文化。

办好教育，归结为爱、责任、担当。教育需要付出与坚守，教师在传播知识的同时，也在传播思想。时刻追求卓越不是理想，而是必须。唯有如此，学校明天才会更加美好。

1.9 "核心素养"之思考

2016年,我国基础教育改革最热的一个词就是"核心素养",《中国学生发展核心素养(征求意见稿)》的发布,在中小学引发了深度思考。

21世纪到来,每一个国家、国际组织都在思考到底要"培养什么样的人"这一问题。美国提出"21世纪技能",日本采用"能力",法国提出"胜任力",那么,中国学生需要拥有什么?

目前,基本将学生发展核心素养确定为9个素养(社会责任、国家认同、国际理解、人文底蕴、科学精神、审美情趣、身心健康、学会学习、实践创新),25个基本要点,75个关键表现。接下来,就将根据这样的框架,进一步设计不同阶段的课程标准。教师、学校也将基于这个框架来设计教学、命题、作业、考试。下面,与大家交流三个问题。

一、为什么要提出"核心素养"

核心素养指学生在接受相应学段的教育过程中,逐步形成的适应个人终身发展和社会发展需要的必备品格与关键能力。它突出强调个人修养、社会关爱、家国情怀,更加注重自主发展、合作学习、创新实践。

提出"核心素养"的原因,概括来说,有以下六个方面:

一是为了深化课程改革,贯彻"立德树人"、社会主义核心价值观和党的教育方针,深入回答"培养什么人,怎样培养人"的问题。

二是为了体现国际课程改革新趋势，适应信息时代和知识社会对人的发展的新要求。比如美国提出的"21世纪技能"，其实也是核心素养的概念，归根结底，就是在新的世纪，我们究竟要培养孩子什么能力。

三是为了转变育人模式，实现从学科本位、知识本位到育人本位、学生素养发展本位的根本转变。这是一件我们原本就要做的事情，只有实现这样一个转型才能够适应时代要求。

四是为了实现课程内容的转化、整合与优化，在这个过程中确立以学生素养发展为指向的跨学科整体育人观念。

五是为了实现学习方式和教学模式的根本转型，转型的核心是让学生在真实问题情境中培养和体现自主、合作与探究精神，促进学生素养发展。可以理解为，今天的教育与学习应该是对学生主体性的培育。

六是为了构建基于素养的评价体系，让评价过程成为促进学生素养发展的过程。

二、什么是"核心素养"

核心素养的三个维度：文化基础、社会参与、自主发展。

文化基础是个体有效参与社会和自主发展的基础；个体的自主发展和社会参与，反过来又能够激发学生更强烈的学习文化的兴趣与动机。

"素质"大多是先天的，只有一部分"素质"是后天的，但"素养"可以通过教育形成，主要是后天的。

素养是指在教育过程中逐渐形成的知识、能力、态度等方面的综合表现，其对应的主体是学生。素养首先是在学科里面养成的，因此更强调后天的习得。

核心素养是整体方向，但每一门学科在培养学生的核心素养过程中起着不同的作用。

什么是学科核心素养？一是学科育人价值的集中体现；二是核心素养在特定学科（或是学习领域）的具体化；三是学生学习该学科（或特定学习领域）之后所形成的，具有学科特点的关键成就。

（1）某一门学科的核心素养，比如数学，通过数学方式、数学符号的学习，去解决数学问题，在此过程中形成了数学的思维模式，以及数学的建模能力。

（2）跨学科的共通素养，比如说批判性思维能力和创造性思维能力、合作能力与交流能力、自主学习能力等等。

（3）自我成长的素养：人生观、价值观、世界观问题。

三、我们怎么做

核心素养要落实，首先是教学的改变：学科课程是基于学科的逻辑体系开发的，是学科中间接经验的学习；而跨学科课程是基于学生的直接经验，以获取探究学习的直接经验，形成创新精神和解决问题的能力。如果没有学科课程的知识铺垫，没有积累，跨学科学习就没办法进行，教学活动需要关注这两类学习，两者相互作用、相互渗透。

其次是教师的改变："核心素养"要求随时提醒每一位教育工作者，思考任何教育问题，都要源于学生。核心素养使学校、教师面临的最大挑战是什么？第一，需要我们的关注发生转向，即如何从关注知识的讲授转向素养的养成？如何从关注"教什么"转向关注学生学会什么？第二，需要我们的课程观发生转变，重新认识课程的经典问题。19世纪，课程的经典问题是"什么知识最有价值"；20世纪，课程的经典问题是"谁的知识最有价值"；21世纪，经典问题成为"什么知识最有力量"。随之而引出的问题是——教师角色的变化：

（1）由学科教学者变为育人者。教师一般来说都是执教某一学科的，常以为自己把特定学科知识掌握了，能够把知识点详细讲解并让学生掌握，也就完成任务了。这种角色定位适应了单一知识教学的要求，但在全员德育、一体化德育的背景下已不符合要求。

（2）教师要有信息收取与识别的能力。今天我们生活在一个信息化社会，信息像空气一样无处不在，教师要能够较为自如地对获得的信息进行辨别和分析，正确地评估、选择，并能有效地与学生一起利用信息。

（3）教师要有创新意识。教师在教学上要有一定创新，不能单一地注重知识传授。教师的创新能力表现在：对教育教学具有挑战心、好奇心、想象力；能鼓励学生创新，宽容学生失败，鼓励学生探索；在教学中为学生提供空间，激活学生创新的潜能和欲望。

（4）跨学科素养。教师不仅要掌握本学科专业知识，而且还要有意识地提高自己在人文、生活、时政、乡土人情等方面的知识素养。

（5）社会参与和贡献。教师不应将自己限定在学校围墙之内，不关心政府，不关心时政。事实上，教师应主动了解世界的变化，主动承担社会责任。

（6）提高自我管理能力。教师自我管理的内容很多，如目标，明确自己努力的方向；如时间，能够区分任务的轻重缓急；如沟通，善于采取不同方式与学生沟通；如情绪，不在情绪激动时失控；如健康，认识自己的身心状况。

未来教师的新要求：①把政治纪律和规矩放在重要位置。②把适应变化作为常态。③把学习当作生活方式。有人在形容当今社会的变化时说，6年前是古代，6年后是未来，虽偏极端，但也反映出信息社会的变化特征。与专业水平高的教师打交道，总是给我们留下这样的深刻印象：他们热爱学习，酷爱读书，学习欲望强，持续学习能力强，善于反思，并能改过迁善。④把育人与传授知识紧密结合。

教师尤其需要关注的问题：一是学生的文化学习过程是智力发展和道德成长统一的过程；二是学科知识应该成为学生精神成长和德行发展的智力基础；三是教学组织形式应该对学生形成合作、包容的心理品质起到潜移默化的作用；四是教学过程中所营造的自由、民主、平等的氛围应该有利于形成创新精神和追求真理与正义的品性；五是教师在教学中严谨的治学态度和敬业精神，在学校生活中体现的人生准则和处事规范应该成为学生的示范和榜样。

由此，学校办学思想的转变，教师承受的压力，是减负还是增压，将会是今后一个时期我们需要探索的问题。

1.10 教育与时代同行

今天我们的主题是"教育现代化与中学育人方式的变革",这是很有现实意义和面向未来的话题,教育既要与现代生产生活相适应,还要有未来的眼光与时俱进,跟上教育现代化的步伐,培养适应和创造未来的人,教育任重道远!

一、教育现代化的内涵

教育现代化就是基于传统教育,积极吸收国外优秀教育成果,创造现代教育的历史变化过程,它是多样的、开放的大系统,教育与生产劳动相结合,与现代生产的要求相适应,具体包括以下几层含义:

(1) 教育现代化是一种历史变化过程;

(2) 教育现代化实质是创造适应大工业生产和社会化生活方式的教育;

(3) 教育现代化是基于教育传统的现代化;

(4) 教育现代化也是在积极吸收国外优秀教育成果的过程中实现,教育现代化是教育全方位的现代化,主要包括:教育观念现代化、教育目标现代化、教育内容现代化、教育方法手段现代化、教师队伍现代化、教育管理现代化、教育设备现代化、教育制度现代化。

二、教育的功能使命与教育现代化的关系

教育的功能是：把有遗传的潜能转化为现实可能。具体表现为知识的传授、能力的培养——教书；实现人类的社会化生存（社会化情绪、社会化交往、社会化规则、社会化认知、社会化价值）——育人。

教育的使命是什么？那就是"为党育人，为国育才"，通过教育的功能，教育现代化将得以最好地实现。

一是教育观念的改变：教育要面向人人，奠基未来，公平是生命线，基础教育要确保公平为底线。教育的要义就是让每位学生获得适合自己的教育与发展。我们要以提高教育质量、升华内涵发展为不懈追求，在遵循学生身心成长规律的基础上，促进每一位学生健康快乐地生长，注重为学生打下扎实的知识基础，更加注重传授知识的效率，减少不必要的重复训练。把更多的时间用于培养学生的发散性思维和创造性的实践能力，为学生全面发展留出更大的空间。同时，在知识结构的传授上，我们还要注重让学生更多地了解科学前沿，跟上科技创新，处理好扬长与补短的关系，既要适当地补上学生们的学习缺陷，又要发现学生们的学习优势，激发他们的学习潜能，发展他们的特长。

二是教育目标的变化。联合国教科文组织在20世纪就提出了学会认知、学会做事、学会生存、学会共处这一国际教育界价值导向。我们要为学生的全面发展奠立基石，播人才之种，不仅要注重开发学生的智力因素，让他们具备良好的知识素养、创新能力，还要注重非智力因素的培养，让他们具有高尚品德、良好品质、向上的品性、健康的品位，牢固树立正确的人生观、世界观、价值观，使他们拥有健全人格、健康身心、扎实知识和生活素养，让每一位学生的个性特长都得以发展，让每一位学生愉悦学习，健康成长，全面发展。

三是教育内容的变化。贯彻党的教育方针，坚持"五育"并举，全面发展素质教育，在课程中体现学科核心素养，课堂教学更具育人功能，实

现从关注教学段到形成教学链;从知识灌输到价值引领;从学校"小课堂"到社会"大课堂";从中华优秀文化到放眼全世界。

以上三个方面,均是以发挥教育功能,实现教育使命为推动。因此,教育现代化是教育的功能和使命的方向;教育的功能和使命是实现教育现代化的引擎与核心枢纽;学校育人方式变革是教育现代化的根本动力;教师是实现教育现代化的第一资源。

三、教师在教育现代化中的角色

教师是教育理念的落实者和发展者。从普遍与特殊的关系看,基础教育有很强的统一性,但是,统一并不等于千生一面。教师要根据学生的实际情况把统一的教材转化为具有特色的课程,从而形成阳光普照下的百花齐放。从理论与实际的互动看,教师们直接面对的虽然是众多成长期的孩子,培养的是一个个含苞待放的明日花朵,实际上面对的却是千万个家庭的期盼,塑造的是国家与民族的未来,可以说中小学教师处于社会与时代的最前沿,因而我们需要通过智慧与创造,为教育理念输送勃勃的生机,为教育发展探索广阔的天地。所以,我们每一位教师都要激发自己的职业激情与教学活力,促进每一个学生的发展。

教师是课程与课堂的具体实施者。一个好教师在课堂上具有画龙点睛之巧、点石成金之妙、头雁引路之效。一位好教师能把抽象的学科理念转化为清晰明确的培养方案、课程体系、工作计划,从而知道应该在哪里用力,在哪里用功,往何处用心,如何精准实施;一位好教师能够激活一个班级学生的学习潜能,点燃学习热情,启迪学习智慧,营造好的学习环境。如果所有教师都能这样,这就使校园有了家园的精神,这所学校的每一个学生都能增强归属感。

这些年,我们从强调"双基",到"三维目标",再到学科素养,我们看见了路,但却没有时间踏上去,让传统课堂看起来有新意,已经几乎忙坏了老师们,但学科的深耕还是"但闻楼梯响,不见人下来"。每年高考出现的新题学生不能应对时，都怪题难，实际上是我们的教师落伍了，没有跟上国家和时代的要求。当学校教育终于开始学会围绕根本任务，展开真实重构之时，我们的课堂就到了需要改变的时候！课堂之基是教研，每门学科的教师必须深度理解每门学科的特点，教师们走向研究、阅读、思辨，才可以带领学生更加明确学科的精髓，清晰地认识世界，形成可迁移能力，沉淀素养。然而，知易行难！为此，我们只能静心沉入学科中去研究，才能发现"立德树人"的真实愿景，使学校育人方式的变革成为教育现代化的有力推动。

四、教育现代化中教师的成长

要实现教育现代化，学校育人方式必然要有变革。而育人方式变革的实施关键在教师，教师是专业工作者，有明确而具体的专业标准，专业具有不可替代性。教师的专业性让教师有了独特的尊严。教师的教育观念、教学方式、教学手段直接影响到教育现代化进程，因此，教师队伍建设是促进教育现代化的关键要素。

1. 明晰几个概念

（1）"教课"是件怎样的事？——是组织学生学习的过程。

（2）如何来"教"学生？——精准分析学情，重视差异，才知道教什么，怎么教。

（3）教师是什么？——教师是创造性人才，教师每天面对的都是成长期的孩子，孩子今天想什么，明天想什么，都是不确定的，因而教师的工作每天都是创造性的工作，创造力应镌刻在教师的生命中。教师应该具有先进的教育理念、博爱的教育情怀、宽泛的知识、勤奋的思考、教育的智慧、良好的品质，这样才能应对变化的学生、变化的世界。

2. 教师应具备的基本功

课堂语言基本功、分析学生基本功、解读教材基本功、引导启发学生基本功、应用信息技术基本功、教学设计基本功、组织教学基本功、教学评价基本功、教育科学研究基本功。

3. 对教师的培养计划的思考

系列一：教师师德师风建设与升华。

深入学习习近平新时代中国特色社会主义思想，全面贯彻落实党的十九大精神，让有信仰的人讲信仰，着力打造高素质教师队伍，以"爨园好老师生命成长营"为载体，开启教师师德建设新征程。在"师德"培训的系列课程中，以"德"论道，让教师们回顾、学习、参悟为师之道，做"有理想信念、有道德情操、有扎实学识、有仁爱之心"的"四有"好老师，真正做到以德立身、以德立学、以德施教。

系列二：实施大单元备课

教师在备课时，要高屋建瓴，着眼于整个单元知识体系、能力培养、素养要求的整体架构，避免出现知识传授的碎片化、能力培养的单一化、素养提升的偏差性。

备课组在充分酝酿谈论的基础上，达成对知识传授、能力培养的共识；在编制导学案的环节，既有分工，又有合作，相互借鉴，相互印证；在单元学习过程中，统一教学目标、统一进度，避免教师教学行为的随意性、盲目性；在单元教学检测环节，有可比性，有对比度；在对单元教学整体进行总结反思环节，充分发现问题，由备课组统一进行矫正，有利于教师共同进步，有利于教学成果得以巩固、教学失误得到及时纠正。

系列三：活动设计的能力与创意。

设计体育、美育、劳动教育的育人模式。体育运动能锻造学生强健体魄，能培养学生协同能力、组织能力、合作意识与团队精神；美育能陶冶情操，培育学生对美的喜爱与追求，对美的事物的欣赏，有美的形象与气质，让生活充满意义。而劳动是人类生存的基本手段，劳动创造财富，劳动教育是学生成长的必要途径，具有树德、增智、强体、育美的综合价值。学校应设置丰富多彩的校园活动，因为每个人心底都有一个强烈的愿望：我要成才，我要用我最好的方面为大家服务。人的真正幸福来源于自己某个方面的卓越，用自己的能力来实现自身的价值。

系列四："互联网+教育"的建设与探索。

教育必须适应信息技术的发展需求，推动教育变革和创新，构建网络化、数字化、个性化、终身化的教育体系，建设"人人皆学、处处能学、时时可学"的学习型校园。构建新的学习场景；支持个性化测评和评价，解放教师生产力；实现我们想做而无法做到的因材施教，从信息记录中保存学生成长的印迹；从单一的学习方式转为多样化的学习方式，以学习者为中心，指向深度理解的个性化和多样化学习方式，转变教学观念，调整教学组织形式，弥补班级授课制存在的缺陷，随时随地，师生互动，及时获取学生学习信息。

系列五：班主任专业能力的创新与发展。

班主任是学生成长的陪伴者，是学生生涯的指导者，是家校联系的纽带和桥梁，基于"做中学"，突出"实践取向"，学习过程以"个人反思—经验重构—行动改进"三个环节交替进行，学习共同体研究，专业引领学习等方式，使班主任研修过程引发思考、改进行动、体验成功。在研修的具体组织实施过程中，主要方式为：立足于班主任自我经验的自主学习与生成；以案例、现场为支撑的情境学习与对话建构；以问题解决为基点的行动研究与体验；以同伴群体为基础的合作学习与专业思考。在研修的目标、形式、内容、载体上贴近其班级教育实践及问题，让研修帮助班主任研究、改进，破解班级教育难题，既指向专业发展，又是专业发展的现实载体。

系列六："菜单式""诊断式"提升与培养。

关于教师发展理论的再思考：人似乎不可能一直保持在一个发展高度或持续向前发展，人的生活更多是由于习惯和疲乏而被"损耗"，因此而陷入非其存在本意的退化状态。我们需要将教师事业发展置于人性过程中，关注人性、人生。

关于教师发展路径的再思考：教师专业发展的路径概括起来无非就是

读书、实践、反思、研究、调整改进、总结提炼等。但是，这些规定的路径，有些问题开始暴露和凸显，一是"路径依赖"，二是"新路径的寻找与创造"。

为此提出实施"选择性教师发展课程"的一师一策自我完善方法，让教师们从规范到自觉到自在最后到自为，树立终身学习的思想。另外，对教师的教育教学能力进行适应"诊断"，找到教师个体专业发展、课堂教学的优势以及缺点、盲点，有针对性地拟定教师个人提升与发展计划，使之更加有能力有信心做好自身的教育教学工作。

系列七：教研能力的研修与借鉴。

"终身学习"是教师职业道德规范的基本要求，正如于漪所说："一辈子做教师，一辈子学做教师。"教师需要在教育教学岗位上实践、反思、学习，不停地促进自己教育素养的专业化发展。

教而不研则浅，研而不教则空。问题即课题，教学即研究。教育教学实践中必然遇到许多问题，课程的、管理的，等等，都值得我们开展行动研究。我们要在做好教学工作的基础上开展教学研究，加强实践反思，重视经验总结，参与或主持课题研究，加强教育理念学习，提出教学主张并进行实践检验，并且物化教育经验和学习心得。教育教学的最高境界是：在做好教育教学工作的基础上，把反思、学习和写作变成一种生活习惯。

教育不是说教，当然说教也可能产生影响；然而教育更应是一种浸润，一种根植于师生心底的文化共鸣。

1.11　智能时代·青春校园

在迈向新时代的今天，国家的教育发展理念又提升到了一个新的高度，首先是党的十九大报告提出"公平而有质量的教育"，成为中国教育砥砺前行的新坐标；其次，教育现代化的进程，促使学校育人方式的变革。我们如何通过一些适当的方法和手段，来助推教育公平和教育质量的统一？其中一个有效的方法，是开展数据驱动的大规模因材施教实践，即充分利用新一代信息技术，为师生提供个性化支持和精准化服务。这是一个艰难的课题，但也是一个值得期待的未来。

一、信息时代已扑面而来

当前，新一轮科技革命和产业变革加速演进，人工智能、大数据、物联网等新技术、新应用、新业态方兴未艾，互联网迎来了更加强劲的发展功能和更加广阔的发展空间。现在的社会是信息社会、智能社会、数据社会，处于这样的时代，教育应该做什么？教育能做什么？我们都知道，教育是用昨天的知识，教今天的学生，解决明天的问题，那今天的教育，至少要让学生有信息意识、信息知识、信息能力和信息素养。人工智能将开启教育信息化新时代，教育信息化与教育的深度融合将推动育人方式的变革，育人方式的变革将助力育人质量的提升。

二、人工智能给校园注入新的活力

1. 人工智能开启教育信息化新时代

自2010年3月13日教育部发布《教育信息化十年发展规划（2011—2020年)》文件，到2016年6月7日教育部发布《教育信息化"十三五"规划》，再到2017年7月8日教育部发布《新一代人工智能发展规划》、2018年4月13日教育部发布《教育信息化2.0行动计划》，全国大中小学逐步将智能技术应用于校园的各个角落，为校园生活提供越来越多的便利。

曲靖一中从2010年开始加速校园智能建设，首先从主干网络建设，根据学校自身情况，按高平化、高速化的网络建设思路，整体上采用了二层网络设计、万兆主干、千兆到班，大部分服务器使用万兆直连，云端内部结点40G互连的方式架构网络。但由于学校信息化建设开始过早，很多系统的建设是相互独立的，处于数据孤岛状态。例如学校的监控系统、校园一卡通、录导播系统、网上阅卷系统、广播系统、一体机系统、数字黑板、虚拟演播室系统、数字化办公平台等，这些系统对学校高效、方便与安全的管理，以及对学校基础数据信息的采集都有着不可替代的作用。

2016年12月以后，随着《国家网络空间安全战略》的发布和《中华人民共和国网络安全法》的颁布，国家将信息安全上升为国家战略后，学校对信息化建设过程中的信息安全问题必须要重视起来。但在学校信息化系统的建设过程中，必然会出现更多的安全隐患和漏洞，一些知名或著名的学校更是成为网络攻击的重灾区。每天我校都会受到数次或数十次不同程度的网络攻击，由于自身技术实力和设备现状的局限性，我校原来的策略是系统尽量不连接外网，但这样也就造成了一卡通、校园监控等系统在使用上的局限性。然而，再多的困难也无法改变学校信息化建设依靠数据推进教育智慧化发展的步伐。

2. 教育信息化与教育的深度融合推动育人方式变革

从2018年3月起，曲靖一中将教育信息化与教学深度结合起来，引入了睿易云智慧系统，育人方式变革正在悄然发生：

（1）重构新型教育环境：教育信息化把我们引入了新的空间，人人皆学、处处能学、时时可学的学习型校园正在形成。学校展现出新的学习场景：支持个性化测评与评价，解放教师生产力，从单一的学习方式转化为多样化学习方式，以学生为中心的连接教育为学生创设了一个开放的环境，他们不仅跟老师学，还跟 AI 学，跟"慕课"学，"双师教学"悄然发生。

（2）重构课程体系：学科内课程重组已成必然，跨学科学习，也可以让人工智能渗透到学科的各个方面。

（3）再造教学流程：打破时空界限，打破课上课下界限，把课前、课中、课后进行流程重组，时时学习、处处学习已成现实。

（4）赋能教师挖掘学生潜能：以前，教师对学生的指导更多依赖于教师对学生的观察，依赖于教师的经验（像中医把脉）；现在，可以通过学生成长的大数据积累以及对这些数据的分析，对学生的兴趣、特长、未来发展方向以及身心健康进行评判，为孩子们描摹了一张张立体的"数字画像"，将更有针对性地帮助学生成长。

（5）便于学校评价与激励：在学校评价、学生发展、教师发展、学校管理、社会认同等方面，都可以依据校园数字化平台，改变以往的模糊评价状态，使评价激励机制更有说服力，更具客观公正性，从而起到很好的导向作用。

（6）大规模因材施教成为可能：大数据信息技术以为教师提供精准化教学和改进日常教学工作见长。从每次学生的考试成绩，每节课上学生的反映，接受知识的程度等构成的知识图谱，可以在学生对知识点的理解、掌握上，为教师提供精准分析，给不同孩子推送不同的作业和辅导，从而为学生提供个性化支持和精准化服务（像西医影像），知道从哪里用力，弥补了班级授课制存在的缺陷。

3. 育人方式变革助力育人质量提升

（1）大规模因材施教：使教育教学的针对性增强，使关注到每个学生成为可能，有利于学生在各自的最近发展区找到着力点。

（2）大数据评价实现对学生发展的个性化干预与指导：在"学生发展"几个维度上，可以根据相关检测点数据，例如肥胖率、近视率、心理方面各类情绪症状的测评，追踪分析学生体质监测数据、体育课堂教学数据，制定科学干预措施；还可以监测学生成长、自主管理等数据，把学生的成长过程记录下来，让学生可以自我反馈，让教师可以观察从而制定科学合理的指导建议。

（3）促进教师成为创造型人才：教育信息化变革的主阵地是课堂，课堂的关键"人"之一是教师，引入信息技术后，教师要有能力创建以教师、学生、教材、媒体四要素为构成的教学设计。无边界的课堂，多形态的教学资源，学生问题的频繁提出，都需要教师有多种本领，担任好教学过程的组织者、指导者、帮助者、促进者。教师每天辅以作业辅导与在线平台，基于智能化分析模型生成日报表、周报表、月报表的学习数据，为学生分析"把脉"，从而进一步优化因"生"施教，促进有效教学，知道在哪里用力，在何处用心，如何精准实施。

三、守正创新让校园永葆勃勃生机

校园的主人永远是学生，校园让学生终生难忘的，不是技能与知识，而是那些弥漫着芬芳的故事。我们不能因开了一扇门，而关上了所有的窗。

1. 关注学生精神成长，让学校成为学生心灵的家园

面对智能技术，教育更需要人的作为，教育是育人的事业。人性的养育、人格的塑造、道德的陶冶、思想的引领，必须靠人际的沟通、交流、互爱、和谐来实现，靠日积月累、潜移默化来完成。便捷的智能技术当然可以改善教育环节，提高教学效率，但永远无法取代教师在爱心传递和情感温暖方面的作用。这是我们必须坚守的理念。

2. 让选择与体验成为课程改革的主要方向

人工智能的技术发展，允许而且要求对学生有精准的观察、量度与干

预。这种精确度,是教师无法达到的。问题是,教育的过程,"精准"一定是方向吗?"精准"带来的,可能是结果的固化。学生的学习过程,往往带有不完整、不完美、不精确的部分,有经验的教师懂得如何在大体正确的过程中,允许学生有缺陷。我们应提供有选择的课程、有体验的学习,让学生从体验直接知识到体验问题意识,研究钻研的经历,发现问题的乐趣。

3. 让师生关系更加融洽,体现教学相长

在不少谈论中,人们都会不约而同提到传统教学里面教师的人性、情感。老练的教师,会从许多方面综合看每一名学生,而不是把学生看成是一堆指标的合成。

教师是课程与课堂的具体实施者,一个好教师在课堂上具有画龙点睛之巧,点石成金之妙。一位好教师能把抽象的学科理念转化为清晰明确的培养方案、课程体系、工作计划。教师在教学的过程中,往往是在不经意之中,通过语言与思维将学科知识的内在逻辑呈现出来,里面也会有很多创新。但机器人做不到这一点。

4. 让学生感受自然,多角度让青春的拼搏与奋斗彰显

与人工智能几乎同步发展的是虚拟技术。我们看过一些设计,让学生进入虚拟的自然界。但假如我们只是强调虚拟的经历可以替代现实的经历,学生是否就更加不必去接触现实的社会和自然界了?事实上,一篇散文,一首古诗,让学生用心灵去感受,比教师多媒体教案中的图片更有想象力。学生接触大自然,实地去感受与探索大自然的规律与奥秘,更容易激发青春的活力。

推进高中育人方式改革是一次智慧和担当的挑战。学校是否提供了多样化、可选择的课程,意味着是否向学生提供了多途径的成长机遇;学校是否进行了教育教学方式的不断改造,意味着是否寻找到了素质教育在课堂教学的正确途径;学校是否有一支高水平的教师队伍贯彻中央精神,具体实施改革,意味着改革能否落到实处。

教育要跟上时代的步伐,面对现代化、面向世界、面向未来,但更重要的是凸显教育的育人价值,让创新思维与增长智慧成为学校教育的目标。

1.12　做一个负责任有担当的教育人

  2019 年中共中央、国务院在《中国教育现代化 2035》中提出了推进教育现代化的基本原则：坚持党的领导、坚持中国特色、坚持优先发展、坚持服务人民、坚持改革创新、坚持依法治教、坚持统筹推进。教育首先要解决怎样培养人、培养什么人、为谁培养人的问题，要让有信仰的人讲信仰，教会学生扣好"人生第一粒扣子"，上好青少年"拔节孕穗期"这一课。《中国教育现代化 2035》还提出了推进教育现代化的八大理念：更加注重以德为先——德是做人之魂，要让学生做到德与行的统一；更加注重全面发展——贯彻好党的教育方针，实现"五育"并举，将体、美、劳作为育人目标落实到学校活动中、课程里；更加注重面向人人——"从一个都不能少"到"每个都很重要"，落实因材施教，真正实现人的个性化发展；更加注重终身学习——培养学生学习的能力，教给学生能带走的终身有用的东西；更加注重因材施教——尊重学生各方面的差异，针对学生个体能力、性格、志趣等具体情况施行不同的教育，实现学生个性化成长；更加注重知行合一——不仅仅满足于认知，更要注重践行，知中有行，行中有知，知行合一，致良知；更加注重融合发展——落实核心素养，有跨界学习研究的本领；更加注重共建共享——建立"学习共同体""发展共同体"意识，学会配合，学会团结，成为有大局观、全局观的人。

  教育需要有勇气、担当和判断。教育的背后是学校、老师、家长，还有社会的担当。如果我们要教给孩子们的是责任和担当，那么教育首先必须有责任和担当。我们要知道什么是真正为孩子们好，为孩子们一辈子负责任。

教育最大的挑战，不是知识，而是去应对未来的不确定性。在工业时代我们追求统一，AI时代则是大家都有不同，IT时代是赋能自己，DT时代是赋能他人，真正的教育公平是差异化。工业时代把人变成机器，数字时代把机器变成人。过去上课是教师给学生输入知识；未来，将是教师和学生一起学习。有些高中生，你问他的兴趣和目标是什么，他们回答还不知道，只想去上大学，去大学要干什么也不知道，他们觉得考了好大学，长大了能找到好工作。社会发展很快，大量的预测和证据都指向未来30年的一个现实：当前社会至少50%的人类岗位会消失，餐厅的送餐、医院的挂号拿药、快递配送、无人机驾驶都可由机器人完成，我们甚至可以训练机器人去抓坏人。因此，现在很多优秀企业招聘不看重你是哪里的毕业生，而是看重你愿不愿意学习创造，我们的社会需要那些真正会思考的人。

动物有本能，机器有智能，但人类有智慧。因此，教师的责任，是让每个孩子做最好的自己。未来你想成为什么样的人，追求怎样的人生，取决于教育。教育怎样，人类未来就会怎样，不管有一天机器人多么聪明。人工智能让机器会唱歌、跳舞、下棋、打球，但我们依然喜欢听孩子们的歌声、欢笑声。

要给孩子最好的教育，首先要给老师最好的教育。近年来，市委、市政府高度重视教育、重视老师，每年9月10号教师节的表彰大会，市"珠源名师"评选，名校长、名班主任、名教师的荣誉，给教师以极大鼓励。老师们潜心教书育人的干劲更足了。老师的眼界就是学生的眼界，老师的胸怀就是学生的胸怀。

一个国家教育的水平不能只看发达地区，一个社会的进步不仅仅在于有多少精英阶层，还要看底层如何。只有乡村教育好了，中国的教育才能真正好，只有所有的孩子都好了，中国才有希望，这就是教育的责任、使命与担当！

第二章　办学方向

怎样让百年名校一直保持青春活力，实现"始终奋进在基础教育前列"的使命担当，是我不断思考的问题。2016年，学校拟定了"百年传承·新后程"十三五规划，2018年初，学校围绕十九大报告提出的"办公平而有质量的教育"，形成了以六个方面为抓手的学校发展计划：把育人导向作为根本遵循；落实"润泽教育"理念；明晰核心价值观与教学过程深度融合；把教学改革作为重要引擎；把教师队伍建设作为重要支撑；引领辐射区域教育发展。

2.1 守正崇德·拓新致远

——学校可持续发展思路

曲靖一中办学 100 余年,历史悠久,文化深厚,励精图治,砥砺前行,为国育才,滇东榜样。特别是近 10 多年来,学校教育教学水平跨越式发展,也赢得了更多的社会知名度、信任度、美誉度与诸多表彰,一所良性循环的学校正昂首向前。

怎样让百年名校一直保持青春活力,实现"始终奋进在基础教育前列"的使命担当,这是我不断思考的问题。2016 年,学校拟定了"百年传承·新后程"十三五规划,今年初,学校围绕十九大报告提出的"办公平而有质量的教育",形成了以六个方面为抓手的学校发展计划:把育人导向作为根本遵循;落实"润泽教育"理念;明晰核心价值观与教学过程深度融合;把教学改革作为重要引擎;把教师队伍建设作为重要支撑;引领辐射区域教育发展。

一、把育人导向作为根本遵循

曲靖一中是一所有着"红色基因"的学校,当年曲靖县第一个地下党支部在曲靖一中成立,现在学校教师党员占学校教职工人数的 58%。学校一直坚决贯彻党的教育方针,弘扬与党和国家"同呼吸、共命运"的光荣传统,围绕"立德树人"的根本任务,始终把对"培养什么人、怎样培养人、为谁培养人"这一根本问题的解答作为办学的指导思想。一所学校的办学目标应该是对"党的教育方针"的回应，对"立德树人"的践行以及对教育规律的把握，学校需要传承的是优良的校风（风清气正的办学氛围，和谐人本的校园文化，慎独慎微的行事原则）；求实的学风（刻苦用功的学习风气，崇尚科学的行事原则和学习环境，敬畏真理的基本心态）；求是的教风（爱岗敬业的职业态度，学高为师的职业追求，身正为范的职业境界），学校需要创新发展的也是校风、学风与教风。

校风：更加强化对师生的精神的培育，在家国情怀、责任担当、使命感等方面，通过系列活动来渗透。

教风：更加强化教师个人的师德和品性的养成，对教育规律的敬畏，以文化人。

学风：更加关注健康人格的形成，创新实践能力的提高，自觉培养不畏艰难，顽强奋进的意志品质。

二、明晰核心价值观并与教学过程深度融合

社会主义核心价值观分为三个层面：国家层面、社会层面、个人层面。而对不同年龄阶段的学生来说，要求是一样的。从教育的本质出发，基于对教育规律的深刻洞察，从治国理政角度，审时度势，长远谋划，在新形势、新挑战、新任务下，当今社会提出了十大育人思想（价值育人、教师育人、家庭育人、文化育人、榜样育人、健康育人、创新育人、公平育人、实践育人、开放育人）。

就如何在中小学培养践行社会主义核心价值观提出了四个导向：记住要求——记住家、社会、个人的要求，明确内涵；心有榜样——向榜样学习；从小做起——从自己做起，从身边做起，一点一滴积累，养成大德；接受帮助——对自己做得不好的地方，要能虚心听取别人的意见，接受别

人的帮助，才能不断进步。基于此，学校要以课程设置、教育教学为载体，全方位贯彻核心价值观的要求，体现学科核心素养，深量思政，以文化人，让文科课程融入文化与自信、爱国情怀与榜样的力量，理科课程体现责任与担当、理性睿智与实践创新，活动课程践行，从小事做起，接受帮助，帮助别人，文明礼貌……

三、"润泽教育"理念

"润泽"，若水润物，恩泽他人。自由生长，人的成长要有良好的土壤，适宜的空气、阳光雨露的滋润，呵护学生发展的无限可能，是教师应有的基本心态，《国家中长期教育改革与发展纲要（2010—2020年）》提出，要关心每个学生，促进每个学生主动地、生动活泼地发展。"润泽教育"理念契合了十九大报告中"办公平而有质量的教育"的方向，并使之在学校的教育教学中落地与践行。这在一定程度上转变了教师的育人理念：学生的未来具有一切可能性，现在他所学的，以至考试的分数，不代表他今后能做什么，会做什么。教育要符合学生身心成长规律，要承认个体发展差异，每个学生成才的途径和方式没有确定的指向，每个生命都与众不同，营造一个"自由生长"氛围，就是以"生"为本，尊重教育规律，要带着敬畏心去做教育，才能促使学生取得成功。

四、把教学改革作为重要引擎

教学方式更加科学：开展教学方式重构研究，尊重学生的认知规律和思维习惯，激励学生自我学习的动机，耐心倾听学生的回答和见解，基于校情、学情和生源情况，整合学科知识，实现跨学科融合。

教学方法更加灵活：智慧课堂"云教学"的引入，已打破了上课下课的时间界限，颠覆了传统的教学秩序。因此，开展课堂过程重构研究，复式教学法与学生高阶思维的调动就显得特别重要。我们常常把方法能力当成知识直接传授给学生，然后让学生直接运用这些方法解答问题、进行实验，而缺乏方法的形成、探索、创新过程，学生常常把方法作为知识加以记忆，没有体会方法的价值，另外，在学生的"最近发展区"突破原有的局限性也是非常重要的。

教学价值取向更加明确：以提高学生的学习效能为目标，尤为关注构想的发展与问题的解决，让每个学生都参与进来，任务学习立足群体，顾及个体，让学生成为"有头脑的人"，避免将学生当作"熟悉的陌生人"，同时关注"差"和"异"，要关注"异"的学习，减少"差"的学习，让学生都能体验到成功的喜悦。

以项目研究推动教学效能的提高：坚持"教研训"一体化，如"有效习题教学研究""有效教学管理研究""'431'教学模式研究"等等，以任务驱动，在研究与探索中发现"真"问题，开展"实"研训，立足课堂和学生找准研究项目，以问题为导向。

五、把教师队伍建设作为重要支撑

新时代的教师，一定要做"四有教师"，即有理想信念、有道德情操、有扎实学识、有仁爱之心的教师。做好学生的"引路人"：教师要做学生锤炼品格的引路人，做学生学习知识的引路人，做学生创新思维的引路人，做学生奉献祖国的引路人。四有是基础，引路人是目标。

这是祖国和人民对教师的要求。

重新定义教师权威，那就是教师应具有学术素养（知识丰富者、深度探究者、问题解决者、理性批判者），专业精神，努力实现教育之美的实践（自觉审美者、积极创造者）。

六、引领带动区域教育

引领带动区域教育，这是学校的又一使命。国家精准扶贫战略中的一个重要内容，就是"教育扶贫"。学校积极响应市委、市政府，建设"曲靖区域教育中心"的号召，积极建设好曲靖一中教育集团，实现资源共享，集群发展。

2.2 教师大计·师德为本

党的十九大报告明确提出，加强师德师风建设，培养高素质教师队伍。2018年1月，中共中央、国务院印发了《关于全面深化新时代教师队伍建设改革的意见》，这是党中央出台的第一个专门面向教师队伍建设的重要政策文件，是今后相当长一段时期内我国教师队伍建设的纲领性文件。习总书记在北京大学师生座谈会上再次强调指出：（要）建设政治素质过硬、业务能力精湛、育人水平高超的高素质教师队伍。我们必须把握新要求，全面深化教师队伍建设政策，开启教师队伍建设的新征程。

人民对"上好学"的需求，要求有一批又一批的好老师，习总书记对"如何做一名好教师"提出了四点要求，即：有理想信念、有道德情操、有扎实学识，有仁爱之心。习总书记还指出，"师者，人之模范也"。在学生眼里，教师"吐辞为经，举足为法"，一言一行都给学生以极大影响。教师的思想政治状况具有很强的示范性。要坚持教育者受教育，让教师更好地承担起学生健康成长的指导者和引路人的责任。

一、道德的内涵

评价教师队伍素质的第一标准应该是师德师风，教师要做到以德立身、以德立学、以德施教。为此，曲靖一中"师德"培训课程评价中，先以"德"论道，让教师们一起回顾学习，参悟为师之道，明白"何为第一等事"。

"道德教育要把人引向何方",这一根本指向性的问题,无论是在道德教育的理论还是实践中,都是一个不可回避的核心问题。不同的人生观和德育观在这个问题上做出了不同的回答。引导和促使人去做一个"人",是生活论德育观所做出的回答。

《大学》《中庸》《论语》《孟子》这是中国人都要读的"四书",怎么读"四书"呢?我们用嘴读、用脑子读、更要用心读。古代圣贤指点人,不是权威说教,而是启发学生自己去领会,知行合一、身心合一。

《大学》最大的特点是什么?就是告诉我们作为一个学习的人,作为一个学者,先学什么,后学什么,重要的是掌握什么。大学是什么呢?大学即大人之学,讲个人修身、和谐家庭,再逐步扩大到治国平天下的道理。

什么是"道"?道,一个首,首就是头,一个走字,头代表人,人在走路,"道"本来的含义就是人在走路,现在加以延伸,翻译成规律、原理、准则、事理、精神和理念等等,我们没有"道"了,这个时代的意义、价值和方向就很危险了。

什么是"德"?德行、品德。我们常讲"明明德",第一个明是动词,为阅明、彰显、发扬光大的意思;第二个明是形容词,代表光明、闪亮和先天的善性,"明明德"的依据就是《孟子》的人性善,良心和人情是真情,求学、办教育,没有别的,就是把"心"找回来,这就是教育。

"亲民","亲"是动词,指亲近、亲爱;"民"是名词,指民众、大众,"亲民"用孔子的话说叫"安人",用庄子的话说叫"外王"。内圣和外王相对,内心像圣人一样纯净,这是讲道德,外者有王者的才干,王者的能力,孔子说:"己欲立而立人,己欲达而达人。"

"明明德"就是修己,是内圣之学,不断地彰明自己内在的德行,培养自己高尚的仁德,是一件自觉的功夫。"亲民"就是亲近,是仁爱,德治和亲爱民众,是外王之学。"止于至善"就是把两者结合起来达到最新境界，把修己安人，内圣外王二者结合达到最高境界。

"格物、致知、诚信、正心、修身、齐家、治国、平天下"八条目，即八个步骤，一环扣一环，环环相扣。八条目的枢纽是修身，修身之前的格物、致知、诚信、正心是道德修养的内圣之举；修身之后的齐家、治国、平天下是建功立业的外王之学，所以，修身是以道德自觉性的培养为根本要求。

二、怎样做一名好教师

抬头有清晰的远方，低头有丰富的故事。

1. 传师德：传道先明道

新时代的教师，要有坚定的理想信念。理想信念决定了一个人的方向，也决定了一个人的高度，理想信念是师德之魂，是我们播种未来的指路明灯。理想因其远大而为理想，信念因其执着而为信念。教书育人的岗位上，我们应清楚"培养什么人、怎样培养人、为谁培养人"，自觉践行社会主义核心价值观，自觉做到教书与育人相统一、言传与身教相统一、潜心问道与关注社会相统一、学术自由与学术规范相统一，坚持"四个自信"，弘扬民族精神、中华文化。最近看到习总书记推崇的英雄精神，英雄精神是"精忠报国"的爱国精神，爱国精神是民族精神的脊梁；英雄精神是"砍头不要紧，只要主义真"的精神信仰，英雄因为对理想的执着追求、对信仰的忠贞不渝而伟大；英雄精神是"死在戈壁滩，埋在青山头"的奉献精神；英雄精神是卧薪尝胆、百折不挠的奋斗精神。英雄精神是民族精神，体现时代的精气神。

2. 论师业：爱岗敬业铸师魂

我们许多的教师，严于律己，把学生的事当作第一大事，真正做到"把学生放在正中央"。

3. 讲师爱：无私大爱最神圣

师爱的性质是：不计回报的爱，是一种没有血缘关系的爱，是一种责任,是严慈相济的爱。师爱不容易,但一旦学生体会到这种爱,就会"亲其师,信其道"。对我影响比较大的几个教师有小学的语文教师,高中的数理化教师,还有就是我的父亲,爱生如子,不计回报,全身心投入。许多教师,真正让学生的人性得以升华,所以教师可以与"天、地、国、亲"并列,这也是对教师的尊崇与感谢。

4. 有师能:严谨治学守规范

学养厚实、育人得法、教艺精湛。师能是我们担当教书育人重任的基本前提,一个人遇到好教师是人生的幸运。

5. 立师风:学为人师,行为世范

为人师表,做学生锤炼品格、学习知识、创新思维、奉献祖国的引路人。

三、读懂伟大时代

党的十九大以后,中国进入了新时代,"两个一百年"的奋斗目标在鞭策着我们,广大教师生逢其时,也重任在肩,我们培养的人是国家的建设者和接班人。教育大计,教师为本;教师大计,师德为本;立德树人,为国固本。我们要以培养人才为己任,在三尺讲台上,为学生传道解惑,在一方校园里,无悔耕耘!

2.3　为党育人·为国育才

国无德不兴，人无德不立。落实立德树人的根本任务，培养担当民族复兴大任的时代新人，已成为关乎国家未来的重大命题。

浇花浇根，育人育心。近年来，曲靖一中积极探索思政大课堂与德育一体化建设，构建全员、全过程、全方位的育人新格局，为正处于"人生拔节孕穗期"的学生培土奠基，系统回答了"培养什么人、怎样培养人、为谁培养人"的问题。

2020年学校思政大课堂的主题是"厚植爱国主义情怀，以英模为榜样"。在新时代，家国情怀表现为个体对祖国和人民的一种深情大爱，对中国共产党的拥护和热爱，对国家富强、人民幸福以及个人自身发展的期待和追求。中国特色社会主义伟大实践为通过思政课进行家国情怀培育提供了生动的"教材"。

增强国家认同。2020年秋季入学的高一新生的思政课教材进一步凸显了制度优势、家国情怀、"四个自信"等方面的内容，深刻体现出思政课改革与时代要求的紧密衔接。因此要充分把握好课程改革的历史机遇期，深入挖掘思政课在新时代展示中国特色社会主义制度优越性方面的表现形式，提升家国情怀教育的亲和力与针对性，激活思政课的吸引力和引领力。要全力推进思政课教师的育德意识和育德能力，强化教师课程思政与国家情怀，打造一支"大思政"队伍。要坚持信仰与情怀相结合，教师首先要有信仰，要有家国情怀，关注社会，厚植爱国主义情怀，把爱国情、强国志、报国行融入教书育人的过程中。要坚持理论与实践相结合，要坚持丰富的教育内容与多元的教育形式相结合，既可以是情境案例的分析教学，也可以是理论知识的升华教学；既可以是师生辩论的活动教学，也可以是实地调研的教学活动；既可以是同课异构，也可以是同课接龙。

培育爱国之情。爱国之情，以国家认同为基础，国家认同需要爱国之情的融入。在以钟南山院士为代表的逆行者们抗击新冠肺炎疫情的过程中，我们看见了一个个感人的场景，听到一个个动人的故事，爱国之情油然而生。我们利用学科课程组织开展丰富多彩的校园文化活动，以情育情，以情化人，以情感人，使理性认同顺畅进入人的心灵，在潜移默化中滋养和增进爱国情感。

以英雄模范为榜样。英雄榜样是承载、传播和引领践行社会主义核心价值观的重要载体。英雄榜样与特定的社会背景、政治制度和文化环境紧密相连。中华人民共和国成立之前，无数革命先烈献出了自己的生命。中华人民共和国成立至改革开放时期，英雄榜样表现出为人民利益"公而忘私，舍生忘死""不畏艰难，全心全意为人民服务""舍己为人，大无畏"的精神，如雷锋、焦裕禄、王进喜、邢燕子等。改革开放至党的十八大，有时代先锋、道德模范、体育明星、科学家；党的十八大以后，英雄楷模呈现出新时代特点，代表行业精神和时代精神的杰出人物层出不穷，一批批获得"共和国勋章"的先进人物，抗击新冠肺炎疫情的逆行者们，将激励着青年一代奋发图强。习近平总书记指出，中华民族是崇尚英雄、成就英雄、英雄辈出的民族。让英雄模范的精神成为青年人成长的动力，是教育的责任。

实践报国之行，答好"你愿意中国好吗"这一问题。每一个中国人，每一个爱国的中国人都希望中国好，因为我们深深感觉到，只有国家好，我们在国际上才会有尊严，才会赢得别人的尊重，才会有地位。我们每个人的发展的好坏取决于国家是否强盛，国家是否强盛也取决于我们每个人的贡献的大小。所以青年学生爱国不能只停留在认识上、情感上，必须砥砺强国之志，把自己的发展与国家的前途和命运联系起来，实践报国之行，树立远大的志向，心无旁骛求知问学，成为有理想、有本领、有担当的时代新人。

2.4 上好"拔节孕穗期"这一课
——与时俱进的学校变革

上篇：教育的使命与教育现代化

在社会发展的历史长河中，教育的功能是什么？一是把有遗传的潜能转化为现实可能，具体表现为知识的传授、能力的培养——教书；二是实现人类的社会化生存（社会化情绪、社会化交往、社会化规则、社会化认知、社会化价值）——育人。教育从来都不能"独善其身"，因为教育是培养未来的人，教育必须要跟上时代的步伐，才能完成教育的使命。

当下教育的使命是什么？那就是"为党育人，为国育才"。

一、新时期教育的使命

1. 坚持立德树人，着力培养担当民族复兴大任的时代新人

（1）指导思想：坚持以习近平新时代中国特色社会主义思想为指导，全面贯彻党的教育方针，落实立德树人根本任务，遵循教育规律，完善人格，开发人力，培育人才，造福人民的工作目标，培养德智体美劳全面发展的社会主义建设者和接班人。

（2）基本要求：树立科学的教育质量观，着力在坚定理想信念、厚植爱国主义情怀、加强品德修养、增长知识见识、培养奋斗精神、增强综合素质上下功夫。坚持德育为先，教育引导学生爱党、爱国、爱人民、爱社会主义；坚持全面发展，为学生终身发展奠定基础；坚持面向全体，教好每一名学生；坚持知行合一，让学生成为生活和学习的主人。

2. 坚持"五育"并举，全面发展素质教育

（1）突出德育实效：深化课程育人、文化育人、活动育人、实践育人、管理育人、协同育人，大力开展理想信念、社会主义核心价值观、中华优秀传统文化、生态文明和心理健康教育，加强爱国主义、集体主义、社会主义教育，强化学生良好行为习惯和法治意识养成，突出政治启蒙和价值观塑造。

（2）提升智育体育：引导教师深入理解学科特点、知识结构、思想方法，科学把握学生认知规律。

（3）强化体育锻炼，坚持健康第一，开展学校体育固本行动，让每位学生掌握1~2项运动技能。

（4）增强美育熏陶，严格落实音乐、美术、书法等课程安排。引导学生了解世界优秀艺术，增强文化理解，推进中华优秀传统文化艺术传承。

（5）加强劳动教育。组织学生参加校园劳动和校外社区服务。

3. 强化课堂主阵地作用，切实提高课堂教学质量

（1）优化教学方式：教师课前指导学生做好预习，课上讲清重难点、知识体系，融合传统与现代信息技术手段，探索基于学科的课程综合化教学，开展研究型、项目化、合作式学习；精准分析学情，重视异化教学和个性化指导。

（2）加强教学管理，学校要健全教学管理规程，坚持集体备课，完状况集体备课流程。

（3）完善作业考试辅导机制。

（4）促进信息技术与教育教学融合应用，推进"教育+互联网"发展，

建立覆盖各年级各学科的教学教育资源体系，积极探索基于互联网的教学。

4. 按照"四有好教师"标准，建设高素质创新型教师队伍

实现教师队伍的专业化、标准化、均衡化、信息化、国际化。

专业化：包括教育教学思想理念、方式方法，师德素养、学科能力。

标准化：标准化是现代化的前程，是现代化是否实现的基本标志。

均衡化：均衡化是现代化的内核。

信息化：信息化是现代化的加速器，指教师具备应用人工智能水平。

国际化：国际化是现代化的表征。教师要有一定的国际视野、研究能力。

二、未来学校的特征

1. 未来学校的教师

作为人类文明传递者的教师，不再只是"传道、授业、解惑"，而是能提出正确问题的人，是为学生提供学习平台的搭建者，是学生学习的支持者、引导者、组织者。学生是探究者、发现者、合作者。

2. 未来学校的资源

多样化的交往空间；

支持创造的环境：实物、实验；

未来学校的课程（有利于人工智能时代人才的培养）。

3. 课程结构的调整

增加：与人工智能相关的课程，数据数字意识、编程的知识等；

改革：外语类课程；

加强：信息技术相关课程；

弱化：需要花较多时间记忆的学科。

4. 未来学校的管理

彰显差异和个性；

富养学生。

下篇：课程、教学落地的路径与实践

一、校长是办学的关键引擎和核心枢纽，改革是学校发展的根本动力，教师是学校发展的第一资源

基础教育的导向：从"有学上"到"上好学"；从"均衡化"到"均衡化高质量"发展，指向深度理解的个性化和多样化学习方式，促进教育个性化，关注学生不同特点与个性差异，发展每一个学生的优势和潜能，因材施教，为每个学生提供"适合的教育"已成为必然趋势！

二、厘清学校发展的新呈现，新特点

理念与思路、路径、实践、成果。

课程与教学。

学生与发展。

教师与科研（问题即是课题）。

管理与文化。

质量与评价。

社区与服务（没有边界的资源）。

三、立体化的质量意识

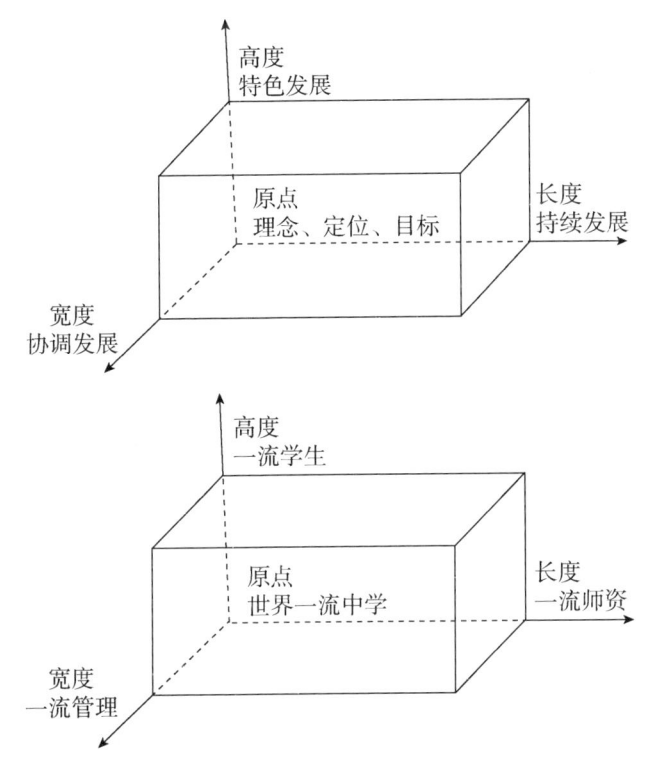

[图1：立体坐标图——高度：特色发展；长度：持续发展；宽度：协调发展；原点：理念、定位、目标]

[图2：立体坐标图——高度：一流学生；长度：一流师资；宽度：一流管理；原点：世界一流中学]

1. 检视现阶段的问题

教学理念：思政课堂，润泽教育，关爱学生，教学相长，尊重与敬畏，与时俱进等没有落地。

教学手段：一支粉笔，课件展示，动口不动手，无演示的实验课，无教具的课堂，信息手段运用弱。

教学方法：讲授式、谈话式、启发式、讨论式，以讲代学，以考代学，发讲义代学教学脱节；坐而论道，自谈自话。

教学认识：照本宣科，知识贫乏，语言枯燥，备教材不备学生，随意丢卷子给学生。

学情了解：不了解学生的思维方式，个性特征，学习基础与学习方法，缺互动、缺反馈，掩耳盗铃。

紧迫感危机感：盲目骄傲，不主动更新知识与技能，找客观多，找主观少。

2. 跟上时代的步伐

本学期持续跟进的实践路径：

（1）单元备课，助力个人发展——人人有事做，任务分解；人人有责任，不忘初心；人人有提升，专业思考。

（2）练内功，打牢专业基石——"两笔一话"、动手能力、操作能力，专业的深度与广度。实施"六个一"工程：每天写一篇钢笔字；每周听一节课；每周自己动手制作一个高质量课件；每周至少与一个学生深度交谈；每月有一个教研报告，在教研组分享；每学期读一本教育书籍。

（3）研究师生活动，愉悦身心——设置丰富多彩的校园活动。因为每个人心底都有一个强烈的愿望：我要成才，我要用我最好的方面为大家服务。人的真正幸福来源于自己某个方面的卓越，用自己的能力来实现自身的价值。

（4）智慧课堂，技术赋能教育。

重塑教学流程，优化传统教学。

时段	传统课堂	智慧课堂
课前	预习流于形式，监管难，统计反馈难	教师提前推送（PPT、音频、视频、资料）教师可掌握学生预习情况并及时反馈，及时调整教学内容，精准备课
课中	以教师为中心，强调知识传授，凭经验教学，"一张处方治百病"，互动差	以学生为中心，多角度交互反馈，实现全过程评价，关注每一个学生的个性化学习
课后	作业统一化，课后答疑辅导局限	实现分层教学，个体推送，因材施教，打破时空界限，随时自主学习，查缺补漏

教育不是说教，当然说教也可能产生影响；然而教育更应是一种浸润，一种根植于师生心底的文化共鸣。

2.5 给学生心灵埋下真善美的种子
——曲靖一中"思政课"建设实践

思政课是落实立德树人根本任务的关键课程，回应着"培养什么人、怎样培养人、为谁培养人"的根本问题。如何上好这门关系着立德树人的显性课程？如何破解与现实脱节的难题？如何让思政课真正入耳入脑入心？

长期以来，曲靖一中坚持育人为本，德育为先，积极构建以道德与法治、思想政治课程为核心，所有学科同向同行的学科德育体系，给学生心灵埋下真善美的种子。

一、从知识灌输到价值引领——悄然"变脸"的思政课堂

课堂是教育教学的主渠道、主阵地。首先，培育理想信念，光讲大道理没有用。今天的"00后"，伴随着网络化学习、形象化阅读、碎片化浏览成长起来，他们身上呈现出自我意识强、特立独行、思维活跃、勇于探索、多才多艺等显著特点。面对在网络环境下成长的新生代，思政课如果还是原来那副高冷说教的面孔，势必将与青少年学生渐行渐远。为此，我们一直在探索怎样使得思政课不是让学生死记干巴巴的理论，分析冷冰冰的数据，而是将情感注入课堂，创设情境、讲述事例，用感性的方式激荡学生心灵。其次，思政课要有价值引领，但并不是简单地用国家的大政方

针政策来引导，而是引导学生在运用学科知识观察和分析社会现实生活的基础上形成正确的价值判断。

课堂"变脸"的背后，隐藏着课程观、学生观的改变，正因为思政教材的编写以学生为主体，紧贴学生成长的实际，所以课堂教学也应注重贴近学生实际生活，创设情境、设计活动，让学生在有血有肉、情理交融的活课堂里立德铸魂。

针对初中生不适合接受概念灌输的年龄特点，我们引入"生活德育"新理念，将课程结构由标准式转变为生活化，让学生在学习生活常识和社会常识中获得品德的启蒙、情感的体验和能力的提升。

二、从关注教学段到形成教学链——构架初高中思政一体化课程体系

初中有思品课，高中有思想政治课，例如围绕"宪法与美好生活"的主题，同上一堂宪法课，初中讲规则意识、法律观念；高中讲宪法内容、法治精神；既体现了对学生法治意识和法治精神培养的连续性，又突出了学段教学重点聚焦和针对性。

多年来，曲靖一中积极构建思政一体化课程体系，不仅是思政课，其他学科也要求"课堂思政"。

三、从思政"小课堂"到社会"大课堂"——构建校内外融合立体化育人课堂

思政课堂不应止于三尺讲台，而应该引导学生在广袤的社会大课堂中，将"知"更好地内化为"行"。我们知道，中小学生所学的书本知识，大多是以间接经验和理性知识为主，接地气的感性知识始终欠缺。而思政课更是涉及大量政治学、经济学、哲学的名词或概念，与学生现实生活有一定距离。如何让抽象的理论知识走进学生心灵？

"绿水青山就是金山银山""大飞机、中国实力""传承中华优秀传统文化""携手共进'一带一路'""强军梦、中国梦""法治中国新进展"

"人工智能新挑战"等20个来自时代发展的热点热词,成为了教学主题,比的就是教师时事教育的实力,看的就是教师对当前习近平新时代中国特色社会主义思想的把握,以及将之融入课堂教学的能力,引导中学思政教师注重用鲜活的时政事例,结合不同年龄段学生特点,通过以小见大的精讲深析,落细、落小、落实十九大精神的学习和宣讲,引导广大学生树立中国特色社会主义的道路自信、理论自信、制度自信、文化自信。

单纯讲理论,学生没有感觉,课外生活经历对学生理解课内知识很有帮助。为此,老师们带领学生开展社会调查,分析调查数据,撰写研究报告,提出提案,最后模拟召开新闻发布会,模拟法庭等。

当学生能够将课本知识与实际生活真正地结合起来时,他们就会觉得政治课是非常有意义的一门课。中学生正处于人生观、世界观、价值观形成的关键时期,由于社会阅历有限、思维发展尚未成熟,他们很容易受不良信息的干扰。通过走进人大、走进政协这类实践活动,他们会发现原来中学生对于社会的进步和改善,也完全可以尽一份责、出一份力,正如一位高中生在参加了模拟法庭活动后所说,"我从一个愤怒的青年变成了一个理性的公民"。社会是一个大课堂,蕴藏着丰富的自然资源和人文资源,而这些资源恰恰是实施思政课程不可或缺的一部分。

如今越来越多思政教师打破传统教学空间束缚,走出"从文本到文本""从理论到理论"的封闭圈,不断拓展教育的边界,引领学生走出学校教室,走向更为广阔的天地,在真实的情境中成长锻炼,提升综合素养。

四、从善教者到乐教者——上好思政课关键在教师

要想真正在立德树人这个课堂上站稳、站好,今天的思政教师还面临很多挑战。教者不如善教者,善教者不如乐教者。"让有信仰的人讲信仰",如果教师不能真学、真信、真懂、真用,立足于马克思主义理论学科前沿,把自己塑造成学科内的"行家里手",我们的课堂就不能理直气

壮，就会缺乏说服力、感染力。而且随着互联网的发展，信息的传播越来越便捷，每天都会产生大量让人眼花缭乱的各类信息，缺乏理性思维的中小学生在看待周遭世界时难免会难辨真伪、难分是非。高度凝练的理论如何联系当下鲜活的实际？如何引导学生主动探究学习？如何引导学生在运用政治学科知识观察和分析社会现实生活的基础上树立理想信念？教学方式必须要改变，这对思政教师的专业素养提出了前所未有的挑战。

"要把书上的观点和孩子真实的生活联系起来，让他们发现一些问题，建立起解释性的逻辑，解决他们的思想困惑，这是专业，也是师德。"对思政教师的专业要求，不是认认真真地抄教案，不是布置教材中就能找到答案的简述题，而是要把政治学科应有的专业内涵体现出来。思政教师要有自己独特的对政治学科知识体系的认知架构，只有深入浅出，才能将理论知识内化到学生的认知结构中。

从关注学生知识学习转变为关注学科核心能力培养的思政课教学，有很多值得关注的课题。比如给小学生讲做人要诚信可以举例说明，给初中生讲公共设施的法律保障也可举例说明，那么给高中生讲中国共产党的领导还是举例说明的套路吗？"光靠举例子，思辨性不够。"高中思政课不能简单地一个例子对应一个观点，思政教师要将生活经验化为教学资源，让理论绽放生命光彩。

正因为有思政课教师在专业发展道路上的默默耕耘、潜心钻研，才会在今天的校园里看到一个个生动活泼、贴近学生的思政课堂。

2.6 感悟初心·正视差距·完善自我·乐育英才

党员同志们：

在"不忘初心，牢记使命"主题教育中，我们系统学习了《习近平新时代中国特色社会主义思想学习纲要》《习近平关于"不忘初心、牢记使命"论述摘编》以及《中国共产党重要党内法规学习汇编》。下面，就学习习近平新时代中国特色社会主义思想的心得体会，主题教育调研中的差距与不足，主题教育感悟以及对初心使命的感悟，如何完善自我，推动曲靖一中跨越式发展，结合学校与自己的实际，我与同志们交流四个方面的问题。

今天党课授课的提纲是：

感悟初心——领会精髓，启智厉行，学以致用；

正视差距——寻找差距，剖析原因，正视问题；

完善自我——师德修为，专业研修，完善自我；

乐育英才——坚守初心，牢记使命，乐育英才。

一、感悟初心——领会精髓，启智厉行，学以致用

（一）感悟初心，领会精髓

习总书记在党的十九大报告中明确指出："中国共产党人的初心和使

命，就是为中国人民谋幸福，为中华民族谋复兴。这个初心和使命是激励中国共产党人不断前进的根本动力。全党同志一定要永远与人民同呼吸、共命运、心连心，永远把人民对美好生活的向往作为奋斗目标，以永不懈怠的精神状态和一往无前的奋斗姿态，继续朝着实现中华民族伟大复兴的宏伟目标奋勇前进。"习总书记还告诫全党一定要"不忘初心，方得始终"。

——这个初心和使命，是中国共产党最鲜明的本质特征；这个初心和使命，是中国共产党最根本的力量之源；这个初心和使命，是中国共产党最崇高的责任担当。

——牢记初心使命，是我们党永葆生机活力的精神密码；牢记初心使命，是我们党不断奋进前行的根本动力；牢记初心使命，是我们党筑牢执政根基的内在要求。

习总书记指出：不忘初心、牢记使命，必须作为加强党的建设的永恒课题和全体党员、干部的终身课题常抓不懈。我们要认真学习贯彻落实习总书记的要求，自觉学习先进、锤炼党性、明确方向、增强本领，忠诚践行初心使命。

——我们要把坚定的理想信念融入血脉、植入灵魂；要把为党履职尽责作为追求，永不懈怠；要把为师生服务、为社会服务的宗旨铭记于心，永不忘本。

（二）启智厉行，学以致用

通过对"习近平新时代中国特色社会主义思想"的系统学习，我提高了自己的政治站位，灵魂上、思想上又一次受到洗礼，进一步明确了：

(1)《习近平新时代中国特色社会主义思想学习纲要》是我们学习、工作的指南。党的十九大把习近平新时代中国特色社会主义思想确定为必须长期坚持的指导思想，实现了党的指导思想的与时俱进，是中华民族从"站起来"到"富起来"再到"强起来"的丰富发展。中国特色社会主义是历史的结论，是人民的选择，我们必须坚持"四个全面"，坚定"四个自信",坚持以人民为中心,开启全面建设社会主义现代化国家新征程,全面推进依法治国,全面深化改革,推动构建人类命运共同体,实现中华民族伟大复兴的中国梦。

(2)《习近平关于"不忘初心、牢记使命"论述摘编》一书,明确了新时代中国共产党的历史使命,就是实现"两个一百年"的奋斗目标,我们必须用习近平新时代中国特色社会主义思想武装全党,坚定理想信念,不断增强"四个意识",坚定"四个自信",做到"两个维护"。具体到行动上,就是要勇于自我革命,同一切影响党的先进性、弱化党的纯洁性的问题做斗争,坚决整治形式主义、官僚主义,加强真抓实干的作风建设,加强学习,深入开展调查研究,全面增强执政本领,新时代有新气象、新作为。

(3)《中国共产党重要党内法规学习汇编》必须坚持学以致用。党章是党的总章程,集中体现了党的性质、宗旨,党的理论、路线、方针、政策,规定了党的重要制度和体制机制,是全党必须遵守的根本行为规范,是我们行动的纲领,作为一名共产党员,必须有党性修养,遵守党的章程,用实际行动做好本职工作。

二、正视自我——寻找差距,剖析原因,正视问题

作为学校,作为教师,我们的初心使命就是:为党育人,为国育才。可是,对照党和人民的要求,我们真的做到了吗?学校软实力中,最重要的一项,就是建设一支思想道德过硬、专业基础扎实、有理想信念的教师共同体。共同体前行的基础,是教师们的专业自觉,只有唤醒了教师的专业意识,突破各自的职业瓶颈,才能成就教师的专业人生。为提高曲靖一中的教师专业素养,按照上级的部署和要求,我开展了关于教师专业发展的调研。

(一)曲靖一中教师专业发展现状

目前曲靖一中教师队伍在专业能力上仍存在惰性、惯性,不同程度的职业倦怠,天花板效应较为突出,改革创新精神不强,自我要求不高,不

愿被改变，不愿接受新生事物，具体表现为：对学科专业钻研宽度深度不够，课堂教学方法还是以讲授为主，发挥学生主动性不够，没能关注到每一个学生。

曲靖一中教师结构情况：

教职工 287 人，特级教师 14 人，正高级教师 7 人，高级教师 133 人，一级教师 94 人。

享受国务院津贴 1 人，享受省政府津贴 4 人，享受市政府津贴 21 人。国家级表彰 24 人次，省级表彰 9 人次，市级表彰 74 人次。国家级骨干教师（学科带头人）2 人，省级骨干教师（学科带头人）4 人，市级骨干教师（学科带头人）61 人。

承建云南省名师工作室 4 个，校内紫薇名师工作室 18 个。

课题研究，已结题：国家级 1 项，省级 5 项，市级 3 项。专著出版：4 人次，4 部。参编丛书：16 人次，26 部。试卷编制：100 余人次，332 套。

课赛获奖：国家级 4 人次，省级 2 人次，市级 28 人次。论文获奖：国家级 8 人次，省级 48 人次，市级 10 人次。论文发表：国家级 71 篇，省级 183 篇，市级 321 篇。校本研发：开发校本教材 10 余种，研制资料 500 余份。

（二）曲靖一中教师专业发展滞后的原因剖析

教师思想认识不够，自我发展的路径不明晰，学校评价体系有待完善。

一些教师潜意识里认为：在中学当教师就是找到了一份职业，对职业的追求就是能胜任岗位工作，顺利完成任务，得到一份还算满意的报酬。他们也有进取心，但更多的是把精力放在认真、勤奋做好事情的职业态度的把持上。这样的教师只要能坚持，靠积累也能成为好教师甚至优秀教师，但在他们身上显然缺了点灵气。教学于他们而言可能会成为一种习惯性的重复劳动，只是越来越熟练而已，慢慢就会形成让他们自己都无法克服的职业倦怠感。

一些教师主动学习的动力不足，创新意识不强。此外，学校的检查督促不够，奖惩激励机制不够健全也是教师缺乏应有的积极性和工作热情的一个原因。

三、完善自我——师德修为，专业研修，完善自我

通过这次主题教育，我们不仅在思想认识上有了大的提高，更主要的是在行动上有了清醒的认识。通过调研检视问题，深入剖析后，提出以下行动方案：

（一）提高教师思想认识

通过专题讲座、教职工大会、年级组会议、教研组会议、备课组会议，多次反复耐心细致地做教师的思想工作，让老师们有紧迫感，能意识到专业素养的提升是"学高为师"所必需的；通过规范"大单元备课"，展示不同层次的"示范课""研究课""汇报课"等方式，让教师"人人都参与，人人有事做，人人有责任，人人有提高，人人见成效"。此外，学校将出台《曲靖一中教师课堂常规评价方案》，学期末公布每个教师完成各项指标的情况，并将考核结果纳入教师年终考核，引入教师绩效分配体制，进一步提高教师积极性，提高教师专业素养，打造教师队伍，从而全面提高学校教育教学质量。

（二）专业引领，让教师迈向专业自觉

学校将通过"走出去，请进来"，加大教师专业培训力度，让教师走向专业自觉，塑造卓越教师的丰满形象，引领教师在有理想信念、有道德情操、有扎实学识、有仁爱之心的"四有好教师"标准的基础上，更有责任与情怀，激情与爱心，使教师走向专业、走向卓越。

（三）曲靖一中教师三年发展规划

为适应新时代的飞速发展，学校需要建设一支思想素质过硬、师德高尚、业务精湛、目光高远，能担当培养未来人才之大任的师资队伍。曲靖

一中拟定了《曲靖一中教师三年发展规划》，为将此规划落在实处，使之形成常态化的研修模式，实现教师从自觉到自为，特制定以下具体系列实施方案。

系列一：教师师德师风建设与升华。

以"爨园好老师生命成长营"为载体，开启教师师德建设新征程，以"德"论道，让教师们回顾、学习、参悟为师之道，做"有理想信念、有道德情操、有扎实学识，有仁爱之心"的"四有好教师"，真正做到以德立身、以德立学、以德施教。

系列二：大单元备课的理论与实践。

指向学科核心素养的教学必须要提升教师的教学设计站位，课程设置要站得高，才能看得远，立足单元，上接学科核心素养，下连知识点的目标或要求。为此，学校决定在各学科全面开展大单元备课活动。

系列三：课堂教学的打磨与借鉴。

探索新课程教学方法，打造高品质课堂。课程科研处依据高级教师、一级教师、二级教师的顺序，统一安排研磨课的时间，授课人员参照安排表选择具体研磨课时间、地点，同备课组内教师必须参加活动。各行政听课组每学期听评新入职教师4~5次课，做好课堂评价及反馈。

系列四：教师专业素养的拓展与提升。

课堂教学技能竞赛。每学年11月开展一次智慧课堂教学竞赛活动、"讲题、解题竞赛"系列活动。每年3—5月开展解题竞赛（40岁及40岁以下教师参加）、讲题竞赛（40岁以上教师参加）。

练内功、打基础，全面开展"六个一工程"。按照校级领导、中层管理干部、任课教师、教辅人员行政后勤四个层面实施该项活动，考核落实依据谁分管谁考核的原则，校级领导由校长考核，中层管理人员由分管副校长考核，教师由课程科研处考核，行政教辅人员由相应处室主任考核。

（1）校级领导的"六个一工程"：

◇每学期思考一项改进学校工作的措施并写一篇调查报告；

◇每月对分管年级做一次指导讲座；

◇每周至少听一节课；

◇每周与一个教师深度交谈一次；

◇每周与一个学生深度交谈一次；

◇每天巡视校园一圈。

（2）中层管理人员的"六个一工程"：

◇每学期思考一项改进处室工作的措施；

◇每季度有一个有关处室工作的课题；

◇每月给处室工作人员做一次业务培训；

◇每周与一位处室工作人员深度交谈一次；

◇每周与一个学生深度交谈一次；

◇每周巡视校园一圈。

（3）教师的"六个一工程"：

◇每学期读一本教育书籍；

◇每学期有一个教研报告并在教研组或备课组分享；

◇每月研磨一个优质教学课件或教学设计；

◇每周听一节课；

◇每周至少与一个学生深度交谈一次；

◇每天写一篇钢笔字。

（4）行政后勤教辅教师的"六个一工程"：

◇每学期读一本教育管理书籍；

◇每学年学习研讨一项专业技能；

◇每月精细整理一项工作档案；

◇每月对负责工作做一次总结反思；

◇每周与一位服务对象深度访谈一次；

◇每天用电脑练习编辑一篇文稿。

系列五："智慧课堂"的探究与应用。

教育必须适应信息技术的发展需求，推动教育变革和创新，构建网络化、数字化、个性化、终身化的教育体系，建设"人人皆学、处处能学、时时可学"的学习型校园，与国家信息化教育发展同步，提前为新高考方案"选课走班"的实施做好相应准备，学校已全面推广使用智慧课堂平板辅助教学，为了保证教学质量，每位教师应不断学习研讨平板教学优势，促进专业技能发展。

系列六：名师工作室的引领与示范。

学校充分发挥名师的标杆作用，在本学年内，开展名师示范课，正高级教师、特级教师、紫薇讲坛工作室负责人、教研组长、备课组长为榜样群体，每位教师在全校至少上一节示范课。

系列七："菜单式""诊断式"教师能力培训。

结合前6个"规范性"要求，继续深化"选择性教师发展课程"的一师一策自我提升，让教师们从规范到自觉再到自在，最后到自为，树立终身学习的思想。另外，对教师的教育教学能力进行适应"诊断"，找到教师个体专业发展、课堂教学的优势以及缺点、盲点，有针对性地拟订教师个人提升与发展计划，使之更加有能力有信心做好自身的教育教学工作。

系列八：班主任三年研修方案。

研修思路及方式：对班主任提出专业化发展，基于"做中学"，突出"实践取向"，学习过程以"个人反思—经验重构—行动改进"三个环节交替进行，采取个人学习、年级小组集中学习、学校集中学习、专业引领学习等方式，使班主任研修过程引发思考、改进行动、体验成功。

系列九：教研论文、课题的写作与研究。

要在做好教学工作的基础上开展教学研究，加强实践反思，重视经验总结，加强教育理论学习，提出教学主张并进行实践检验，并且物化教育经验和学习心得，争取在公开发行的教育刊物上发表。

倡导老师们申报市级、省级、国家级课题开展研究，使得研究更规范、系统，多教师参与，团队合作，共同进步。

系列十：体育、美术、劳动教育的育人模式探究。

曲靖一中要在润泽教育思想指导下，不折不扣贯彻落实党的教育方针，在做好德育、智育的同时，做好体育、美育、劳动的教育，在教师发展三年规划中重视体育、美育、劳动的研究和实践，所有学科教师都要在教学中渗透体育、美育、劳动教育。音体美教研组要设计研究课题（规范的大课题，容易操作的若干小课题），加强音体美教育的实践研究，为曲靖一中素养教育提供科学方案。

四、乐育英才——坚守初心，牢记使命，乐育英才

曲靖一中是一所有着红色基因的百年老校，始终坚持中国特色社会主义办学方向，弘扬"与党和国家同呼吸、共命运"的光荣传统，贯彻党的教育方针，坚持立德树人，突出人才培养核心地位，深刻把握培养什么人，如何培养人以及为谁培养人的根本问题。

首先，学校课程设置理念是：课堂思政，育文化人。学校设置了必修课、选修课、活动课三位一体的课程体系，本着"立德树人"的思想，培养的人必须是有理想信念、有道德情操、有家国情怀、有责任担当的人。

其次，尊重差异，鼓励创新。曲靖一中历来重视对中学生创新意识和实践能力的培养。

我想，一所真正的好学校，就应该是"不拘一格培养人才、成就人才，努力形成有利于创新人才成长的育人环境，为人才成长提供知识帮助和品德养成的地方"。

习总书记曾引用"功以才成，业由才广"，并强调：要努力形成人人渴望成才、人人努力成才、人人皆可成才、人人尽展其才的良好局面。我们一定努力践行习总书记的人才观，为祖国的腾飞，为实现中国梦而乐育英才！

2.7 做立德树人的中国好教师

党的十九大指出,教育要落实"立德树人"根本任务。习近平总书记多次强调,把立德树人融入思想道德教育、文化知识教育、社会实践教育各个环节。这是衡量好教师的根本尺度。

立德树人来自中国文化深处,春秋时期"三不朽"中,就有"立德、立功、立言"的顺序关系,最上、最高的境界是树立德行。树人亦是中国传统文化的精髓。立德树人有三大命题:培养什么人?怎么培养人?为谁培养人?教师肩负的就是"教书育人"的重大使命!教书是手段,是过程,育人是目的,是结果。

一、做"四有好教师"是教师的根本追求

教育的核心任务是课程育人、学科育人、教学育人、活动育人,这也是教师要明确的主题。习近平总书记在不同时间、不同场合对广大教师也提出了一些殷切希望。其中好教师应具备四点特质:有理想信念、有道德情操、有扎实学识、有仁爱之心。

有理想信念:理想信念是源头活水,是好教师的不竭动力。做到"经师"和"人师"的统一,既要精于"授业""解惑",更要以"传道"为责任和使命,好教师心中有国家和民族,要明确意识到肩负的国家使命和责任。

有道德情操：道德情操是境界修为，是好教师的成长阶段。"师者，人之模范也"，一个教师只有在是非、曲直、善恶、义利、得失等方面有明确的立场，率先垂范，以身作则，处理好自己与他人、集体、国家的关系，成为一个不断自我提升的人，才能引导和帮助青少年"扣好人生第一粒扣子"。

有扎实学识：扎实学识是行动的利器，是好教师的实践工具。扎实的知识功底，过硬的教学能力，勤勉的教学态度，科学的教学方法，是教师的基本业务素质。老师们要与时俱进，刻苦钻研，严谨笃学，不断充实、拓展、提高自己。

有仁爱之心：爱是教育的灵魂，有一颗仁爱之心才会保证教师良好的生命状态，教师要做到尊重学生个性，理解学生情感，包容学生的缺点和不足，善于发现每个学生的闪光点，这样学生才能茁壮成长。

二、立德树人的教师行动——课堂思政

充分发挥课堂教学的主渠道作用，树立"大思政"理念，构建所有学科同向同行的思政教育体系，追求"知、情、意、行"的统一，实现思政课与其他课的"有效共振"。每个学科都蕴藏着丰富的教学资源，每个教师都可以挖掘素材并巧妙应用，潜移默化地植入国家、民族、文化等知识。

1. 思政课教师必须是思政的化身

思政课教师最应该对中国共产党高度认同，对中国特色社会主义高度认同，对社会主义核心价值观高度认同，对国家高度认同。思政课要与社会生活密切相连，讲爱国、讲责任、讲奉献、讲民族精神、讲中华传统美德，去触及心灵最柔软的地方，教育才会成功，学生才能学以致用。

2. 让家国情怀成为新时代育人起点

中共中央、国务院印发了《新时代爱国主义教育实施纲要》。我们要抓住三个着力点：一是课堂主渠道；二是丰富创新爱国主义教育形式，强

化教育的现实性、针对性、亲近性；三是从情感认同、价值辨析和实践体验入手，追求情、理、行的统一。

（1）从历史维度深刻认识家国情怀是中华民族的文化精髓与价值逻辑，学科教学要深入挖掘教材中的文学经典、非遗故事、科学文化、英雄榜样等素材和资源，充分发挥育人价值。

（2）从现实维度深刻认识家国情怀是培育立德树人的落脚点的重要方式。社会主义核心价值观将国家、社会、公民三个层次的价值要求融为一体，也将"修身、齐家、治国、平天下"内在贯通起来，教师要在形式多样的育人活动中引导学生以情致怀，在成长浸润中涵育爱国情怀。

（3）从未来维度深刻认识家国情怀聚起建成社会主义现代化强国的巨大动力。致力于完整育人，突破条线育人、符号学习、单向成长的边界，直面学习时间碎片化、知识来源多元化、个体经验差异化等学情，在多要素、长链条、全方位的教育过程中培养全面发展的人。

3. 爱国主义教育注重学科渗透

无论哪个学科，都可以通过"知、情、意、行"过程规律施教。语文：以文载情，以情育人。英语：让世界了解中国，让中国走向世界。政治：社会主义核心价值观之爱国。历史：感悟历史，以史鉴今。地理：爱国主义教育从认识国情开始。自然科学中关于我国的古代发明创造，现代科学的巨大成就。艺术：通过设计音乐、美术、书法、舞蹈等主题实践活动，渗透人文价值。

4. 培育有理想、负责任、敢担当的青年是教育责无旁贷的使命

要通过各种教育方式、教育途径、教育活动形式、教育载体让学生视野更开阔、更深远，对祖国有全方位认知，感受到自新中国成立以来，国家在经济建设方面的成就，如"西电东送""南水北调""西气东输""三北""治黄""青藏铁路"等工程，也要让学生认识到国家还有很多的困难和问题需要面对，如"环境污染""黄土高原水土流失"等。加强价值辨析，引导学生从理性上明晓"为什么要爱国、怎样才爱国、如何去爱

国"，我们要善于引导学生把自己的理想前途同祖国的命运、民族的命运紧密联系在一起，在日常生活学习中内化于心、外化于行，从点滴小事做起，将爱国之情、强国之志转化为报国之行。

要学习榜样。英雄榜样教育是青少年思想道德教育的重要部分，是青少年健康成长的精神食粮和道德宝库。作为一种社会和历史现象，在不同时期不同范畴，英雄榜样的具体表现不同，但英雄榜样具有共同特征。在道德和人格上，他们都是先进人物的生动符号；在精神追求上，他们都具有逾越个体现实的理想特征；在社会群体中，他们都是影响特定群体或个人的重要人物，他们生动的外在形象和事迹行为，彰显和传递着鲜明的价值精神与人格范式。英雄榜样对个体，特别对青少年有价值导向、精神激励、行为规范的作用。而在社会，英雄榜样是承载、传播和引领践行社会主义核心价值观的重要载体。

2.8 人才成就大业·群英助推发展
——紫薇讲坛工作会启动仪式讲话

曲靖一中"紫薇讲坛工作室""党员名师工作室"的建立,是学校教师队伍建设的一件大事。首先,学校有那么一群教育教学的骨干力量,他们是学校教师的优秀代表,有扎实的教学功底、深厚的专业知识、丰富的教学经验,有自己独到的学识素养和教学主张,有独特的人格魅力。其次,学校正处于跨越发展的关键时期,面临师资新老更替、生源弱化、新高考改革等挑战,要解决这些问题,要依靠广大教师特别是骨干教师的积极推动。作为一中人,每一个人都应该有为学校发展尽心尽力的奉献精神,而作为学校党委,要努力为教师搭建平台,营造教师干事创业的工作环境。借此机会,我讲两个问题:

一、把贯彻习总书记关于人才工作的重要思想与学校工作结合起来

党的十八大以来,习总书记强调,办好中国的事情,关键在党,关键在人,关键在人才。学校的人才是两种:教师与学生。一所学校,没有一支高素质的教师队伍,就培养不出优秀的学生。作为学校党委,有责任培养和造就一批名师,尊重人才,为教师们潜心教学提供良好的条件,既要用事业激发其内在能力与激情,也要重视必要的物质激励。学校将通过人

才政策、健全管理、考核评价、激励等方式，调动名师的积极性，让其"人尽其才，才尽其用，用有所成"；并带领一批年轻教师专注师德和专业的发展，传承并创新学校的教风，使曲靖一中师魂永铸。学校将以识才的慧眼、爱才的诚意、用才的胆识、选才的雅量、聚才的良方发现人才，让名师在学校各得其所，尽展其才。

名师成长既要靠个人努力，更要靠组织培养。学校将坚持党管人才原则。学校管人才，不是由党委去包揽，"管理"不是"管住"和"管制"，而是沟通、协调、服务、管方向。老师们要有正确的"立德树人"的教育理念，并且努力做政治上的"明白人"，如果政治不过关，本事越大，负面作用就越大。

二、真正的名师要拥有"四张牌"

第一张牌：要拥有较高的政治素养。

教师是传授知识的人，传递者自己要明道、信道，要讲政治。如何讲政治？最基本的有三点。

一是增强政治意识，坚持坚定正确的政治方向，贯彻党的教育方针，善于从政治上观察、分析、解决问题，保持政治清醒。二是真心实意拥护党的领导，坚持社会主义道路自信、理论自信、制度自信、文化自信，提高对中国特色社会主义事业的政治认同、思想认同、理论认同、情感认同，增强政治意识、大局意识、核心意识、看齐意识，在思想上、政治上、行动上，同以习近平同志为核心的党中央保持一致。否则，纵然你才华横溢、满腹经纶，也不能很好地教书育人。三是自觉自愿地为党工作、为学生服务。教学名师都是有深厚教育情怀的人，以教书育人为天职，是每一个教师的职业素养。

第二张牌：要拥有过硬的专业能力。

能力是人才最显著的标签，是衡量人才最基础、最可靠的标准。

如何提升名师的专业化能力？最重要的就是要做到"安、专、迷"，态度专一，干一行爱一行钻一行。做学问，要有"安、专、迷"的精神，安下心来、专注起来、迷恋至深。只有始终保持唯真务实、淡泊名利的态度，把时间和精力放在潜心研究教育教学上，才会不断取得新的成就，培养出优秀学生。如果不下功夫沉下心来专注教书，把各种社会活动、兼职任职、物质待遇都加到一起，就会趋于庸俗。

第三张牌：要拥有较强的学习和思辨能力。

梦想从学习开始，事业从实践起步。每个人的世界都是一个圆，学习是半径，半径越大，拥有的世界就越广阔。一年读 10 本书是保底，同类书都没有读完，就出书，那是笑话。

"有知"和"无知"是相对的。自以为独领风骚笑傲群雄，自我感觉良好，不注意更新知识结构，就会被现实所抛弃，"学会学习"才能"学会生存"。"会学"比"学会"更重要。工业时代是阶段性的学习，人的一生以前一阶段的学习来维持后一阶段的工作需要，勉强还可以应付。而到了知识经济时代，人可以离开学校，却离不开学习，只有主动学习、终身学习、快乐学习、创新性学习，真正做到"活到老，学到老"，终其一生对自己的知识库进行不断更新、升级换代，才能适应生存与发展。

关于学习和创新的问题，说到底就是自我认知、自我革新、自我提升的问题，在这方面，有三个问题非常重要。

一是正确定位自我。善于找到自我完善、自我提高的坐标，从坐标中找准自身的定位，从对标中找出自己的问题和不足。二是具备创新思维。一个人是否具有创新思维，是一流人才和二流人才之间的分水岭。要始终保持"不知足、不安分"的状态，敢于否定前人、否定自己、突破常规、挑战权威，在自己的研究领域上做出开创性的贡献。三是积极投身实践。实践出真知，实践出人才。

第四张牌：要拥有良好的个人形象。

形象就是个人品牌，是一个人的软实力。个人形象，是一个人内在品质的外部反映，是反映一个人内在修养的窗口。人之所以为人，不在于自然属性，而在于社会属性。

人才应当是什么形象？我认为，人才应当是学富五车的学者形象；知事明理的智者形象；道德高尚的个人形象；充满正义的公众形象；有强大内心的傲骨形象。

拥有良好的个人形象，要坚持以德立身。立身，顾名思义，就是树立己身。加强政治道德、思想道德、职业道德建设，做一个讲道德、重操守的人。要增强社会责任感。一个不了解、不关心社会的人，不可能在未来的工作中走得远，如果教师没有为党、为国家、为学生服务的意识，就不是一个好教师。要坚持求真务实的工作作风。求真务实即是一种精神、一种作风，也是一种品质、一种责任。功利是一个人成才的天敌，不要热衷于当"社会活动家"，有了点学问，就到市场上去赚钱。务实是一种责任、一种追求、一种境界、一种美德，要不断培养务实精神、务实习惯，脚踏实地、沉下心来，潜心搞教育教学。要保持谦卑的品格。伟大的科学家，深知天地的无穷和自身的局限。他们视野阔远，看到了宇宙的广袤，深知自己的渺小。他们身上的谦卑，并非虚伪矫饰，而是源于对自己的清醒认识和对科学的虔诚，正如苏格拉底所言："我只知道一件事，就是我一无所知！"

愿名师们不断充实自我，沉下心来，化作春泥更护花，注重团队建设，培养出更多学生，成就智慧人生！

2.9　课堂思政·以文化人

全课程育人，立足学科的学术内涵和传承脉络，发挥专业课程本身的特色，提炼出爱国情怀、法治意识、社会责任、文化自信、人文精神等要素，转化为核心价值观，教育是最具体最生动的有效载体。注重课堂传播的有效性，是高中课程实施必须的出发点和落脚点。曲靖一中的教育教学，提出了将社会主义核心价值观融入到课程中，落实到中学生的核心素养中，牢牢把握好"立德树人"的育人方向。

一、提升教师育人能力

引导广大教师坚持教书与育人相统一；言传与身教相统一；潜心问道与关注社会相统一；学术自由与学术规范相统一；努力成为先进思想文化的传播者、党执政的坚定支持者，更好地担起学生健康成长的指导者和引路人的责任。

二、构建校本课程体系

以必修课、选修课、活动课为载体，学校课程分为两类：一类是在课程设计时铺设好"跑道"让学生去跑；另一类是在具体教学实施中根据学生"跑"的需求搭建平台，例如：针对"社会责任"和"社会参与"部分，学生通过学生社团，开展了"青少年社区服务""帮扶贫困孩子读书""参与交警执勤"等活动，让我们看到了学生的社会担当和人格力量，又如：人文类课程，充分利用课堂与教材中的优秀中华传统文化，让学生体会到中国的道路自信、理论自信、制度自信和文化自信。

三、打造实效的课堂学习环境

课程实施关键在于课堂，社会主义核心价值观、学生核心素养的落实，不仅仅是对教学内容的选择和变更，更是以学习方式和教学内容的选择和变更为保障，课堂学习环境既要关注学生的认知规律，更要注重学科知识的内在脉络。例如：人文底蕴与科学精神等内容，主要是在问题情境中借助问题解决的实践培育起来的。曾经有一位物理老师这样解读物理课特点，"物"是事实证据，必须以实验为基础；"理"是理性思维，以思维为中心，培养学生的科学精神。

我们期望中学教育能体现其价值与传承，引导学生充实思想，上好影响人生的每一堂课。

第三章 教师成长

一个人一旦选择了教师这个职业，就同时选择了高尚，就必须用高尚的标准来要求自己，用一个人民教师的良知来告诫自己。首先要"知如泉涌"，其次要"行可表仪"，要有伟大的人格力量。教师，肩负着教育的大任，今天的教育就是明天的国民素质教育，教师的双肩一边挑着学生的现在，一边挑着祖国的未来。

3.1 做一个能"胜任"的教师

一个人一旦选择了教师这个职业，就同时选择了高尚，就必须用高尚的标准来要求自己，用一个人民教师的良知来告诫自己。首先要"知如泉涌"，其次要"行可表仪"，要有伟大的人格力量。师范学院的学生，肩负着教育的大任，今天的教育就是明天的国民素质教育，教师的双肩一边挑着学生的现在，一边挑着祖国的未来。（人生三境界：就业，职业，事业。）

一、教师是什么

韩愈在《师说》中说道："师者，所以传道受业解惑也。"这是古代对教师的定义，现代还将老师定义为"人类灵魂的工程师"。也有人将教师比作"春蚕""蜡烛"等，无论哪种定义，都说明了教师更倾向于从社会地位上而非经济地位上获得尊重与尊严。现在的教师，已在原有的"敬业""奉献"等定位上升华，如今还有引路人和实现自身价值的要求，教师的魅力在于活化了知识的积淀，形成了诸多的良好品质：个性、修养、风度、气质、幽默感、对人尊重以及对真理敬畏。

二、什么叫"能胜任"的教师

1. 丰富学术素养

（1）知识丰富者：广泛了解本学科与自然、社会以及其他学科的联系，精通所教学科的基础知识，了解本学科发展动向和最新成果，关注本学科与职业相关的要求，掌握丰富的知识，在构建个人广泛而均衡的知识结构基础上，形成自己的学科特长。

（2）深度探究者：有独立思考的习惯，在询问他人之前能有自己的答案，通过积极主动的学习，将好学品质贯穿终生。

（3）问题解决者：注重在学科的真实问题之间构建联络，具有在真实情境中跨学科思考的能力，善于系统地、有效地解决问题，设计环环相扣、引人入胜的好问题，将解题教学变为问题教学。

（4）理性批判者：理解和尊重已有的看法、意见或结论，但并不盲从；对自我和他人的评判持谦虚、宽容、开放的态度，能欣赏个人及他人的杰出表现，具有批判的原则、境界和能力，能将维护自身权益的愿望转化为追求更好目标的力量。

2. 提高教学能力

第一层次的教师教学生知识时，不解释为什么，不分析知识的来龙去脉和内涵外延，只是照本宣科，大抵讲清课本内容，然后要求学生死记硬背。

第二层次的教师会总结知识背后的规律，教学生掌握规律，并能举一反三，解答相关题目。

第三层次即最高层次的教师教的是总结规律的方法，即思维方式，让学生有能力从各种现象中找出规律来解决问题。

用个杯子来比喻：第一层次的教师会直接告诉学生如何拧开杯子，不会告诉为什么逆时针旋转就能打开，让学生记住即可；第二层次的教师会总结规律，让学生通过观察杯子是往哪个方向旋紧，找到旋开的规律——

逆时针旋；而第三层次的教师会把各种杯子放在学生面前，让学生自己不断探索不同杯子的打开方式。

在这个知识不稀缺的时代，学生自己总结规律就显得格外重要了，因此，思维方式的培训是最重要的。于是，如何成为第三层次的教师，便是我们努力的方向。下面从学科本质和教学本质两个方面来讲。

学科本质：所谓学科本质，就是源于生活，学科表达，回到生活。

源于生活，任何知识都是来源于生活，我们当然不可能让学生面对所有知识都回到原境，但教师教学一定要考虑创设情境，让学生在情境中去理解知识。

学科表达，虽来源于生活，但不能停留于生活层面上，要用学科语言、符号来表达（抽象、概括出）特征，表达事物之间的联系。

回到生活，最终要解决实际问题。

教学本质：所谓教学本质，就是源于学生，高于学生，尊重学生。

源于学生，我们课堂教学的起点必须来自学生，从学生容易犯错的问题出发，精心选择和设计课堂组织方式。

高于学生，就是学生在课堂中要有实际收获，也就是一节课之后学生要有提高，要有发展。教师在课堂上要善于抓住关键点，让学生思考，让学生用不同的思维来暴露问题（这也是我们许多老师常用的课堂组织方式），然后老师针对问题，找出解决问题的方法和步骤，真正做到让学生学有所得。相反，有不少老师在上课过程中总喜欢向优秀学生提问，学生回答正确，教师就顺理成章地进入下一环节。殊不知许多问题被优秀学生的正确答案掩盖了，并没有暴露出来，学生原有的问题依然还是问题，学生的问题没有得到解决，因此没有收获，更没有提升。

尊重学生，就是尊重学生的表达，尊重学生的思维，尊重学生的经验、经历。

尊重学生的表达，就是鼓励学生大胆说，鼓励学生用自己的思维方式来表达，鼓励学生大胆思考，大胆表达，勇于尝试。从某种意义上来说，学习就是试错，学生在不断的尝试中不断犯错，不断纠错，在这个过程中，教师必须保持一种宽容的心态。

尊重学生的思维，就是尊重学生的思维习惯。

尊重学生的经验，就是作为成人的教师，必须正视学生的真实状况。

3. 提升专业精神

（1）主动规划者：在清晰认识个人发展的优势及局限的基础上，设定较高的成就标准，具有辨识对个人发展重要且持久的事物的能力，能理智地做出恰当选择，并以有效的方式去行动。

（2）敢于负责任者：对应该去做的事心怀爱意，认同并践行一种信念：选择了怎样的行为，也就选择了怎样的结果。

（3）专注笃行者：找到自己热爱的领域，热忱、专注、竭力地完成任务；在遭遇挫折时，能挑战自我，表现出自律、坚韧、超越自我的能力。

（4）善于合作者：公平而富有个人修养，尊重集体规则，怀感恩之心，乐于分享并具有共赢意识。

4. 传播教育之美

自觉审美者：自然学科、社会学科、人文学科，分别指向三个维度：真，善，美。所以，我们的教育，是实现求真、至善、尚美的教育。我曾经在一次听课后问一位语文教师这样几句话："今天你为什么教这篇课文？""你的教学目标，比如说人物描写，为什么小学里有人物描写，初中还要学人物描写，高中是否还要学人物描写？它们有什么不同？"这些问题一旦追问，很多教师都答不上来。所以我说，如果把"今天你为什么教这篇课文"这个问题回答上来，说明这个老师的语文教学水平在课程意识里已经算比较好的了。许多老师的回答可能是"因为它编在这个教材里，所以我要讲这篇课文"。我再打个比方：大家知道我们中国的国画，水墨画较多，往往把自己心里的感悟直接画在纸上，但是西方的许多画家，他们一方面是画家，另一方面又是科学家、解剖学家、生物学家等。比如毕加索，他对人的整个身体结构是非常清楚的，他的绘画作品也充分体现了这一点，这跟我们中国画家的以画写意有些不同。所以我认为，教育还有一种美，就是理性与科学之美。人文科学要善于发现美，我们常常以为自己遇见了，但最后又常常发现"此情可待成追忆，只是当时已惘然"。

语文教材所选的课文有许多堪称佳作，课文中写物写人写景的词句，经作者推敲后，都具有很高的审美价值，词句美、人物美、意境美，教师要引导学生去仔细体会。在教学过程中，我们还得把握好节奏美、情趣美、交流美，同演奏乐曲一样，课堂教学需要把握好抑扬顿挫，与学生要有情感交流。第二，老师的教态美、情感美、语言美、板书美，都是构成课堂文化的重要因素，教师的一个眼神，一个微笑，一举手一投足，都能给学生留下深刻印象。教师真挚、强烈的感情、和蔼的态度构成教师自己的气质、风度、能力、水平，起到"无声胜有声"的作用。所以说课堂上的教师更美丽，教师的语言如能声声悦耳、字字珠玑，将会令学生如沐春风。还有就是教师的板书，如果字迹工整，结构严谨，布局合理，图文并茂，将会以独特的魅力给学生美的感受。

现在我们要注意的是，语文课不要越来越像解数学题。还有就是对记忆力的训练。比如古诗，我们有没有帮助学生去赏析，通过个人的体验去捕捉、咀嚼中国诗歌的精妙之所在。语文教学最应该做的，是唤起学生对美好生活的向往。我们的教师必须不断进行真正的学习，一个好的语文教师，首先应该是一个读书人，持续的阅读者，要不然，只能日渐粗鄙与怯懦，难以体会出文字所传达的善良与真性。

5. 教师应该是一个追求持续发展的人

教师要帮助学生发展，逐渐培养学生成为关注自身的发展、有发展自觉的人。从这个意义上，教师应该是一个追求持续发展的人。教师应对这个世界永远好奇，保持着发现的眼光，每逢接触到一个新的领域，他不是畏缩后退，而是积极地进入，去了解更多。在帮助别人完善的同时不断发展和完善自己。真正促进教师发展的，是教师对自己的实践不断地研究、反思、重建，越来越对自己的工作有一个系统的、整体的、深刻的认识，知道怎么去做才是有意义和有效的。

　　丰子恺先生评价他的老师弘一法师时讲过，人生有三个境界——物质生活、精神生活、灵魂生活。显而易见，最高境界乃是灵魂生活。我感动于我们一大群平凡而伟大的教师，他们对教育充满虔诚，满心愉悦，对培养学生充满幸福感，他们对教育事业育人本身的关注超过对物质的追求。教育也因为有这样的教师而真正成了灵魂的事业。选择教师这个职业就是选择甘于寂寞，乐于奉献，同时也就选择了幸福，选择了快乐，教师的工作不仅是辛苦的、烦琐的，更是美好的、幸福的、温暖的。

3.2 论教师角色的再认识

一、社会转型中基础教育的改革与发展

1. 社会的变化导致人才的变化

我们国家这些年进入了"转型发展期",社会财富在被重新定义和配置,社会生产结构在重构,新型工业化、再工业化,技术发展与社会创新仍然是推动社会发展的最重要的力量,众多领域被新技术"重新激活",成为新的增长点,社会竞争力体现创新化。如在美国,强调的是技术与动手能力,新的生活与生产方式正在形成,对人的能力重新定义,在教育与社会关系上,社会变革是自变量,教育改革是因变量,教育总是随着社会变革而不断改革发展,社会需要的变化是教育改革的根本动因。

当今,社会从"文凭短缺"进入"文凭相对过剩"的阶段,中国进入"文凭基础上的能力选拔"状态,劳动就业更多取决于人才供需关系,而不仅仅是教育水平。教育的根本意义在于社会化,培养适应社会生产和社会生活的人(储存知识已经让位给"云端"),"网络学习""在线学习"等在重新定义教育范式,"权威"不在。未来科学技术的发展将表现出两个相反趋势:创造和创新变得越来越困难和复杂,所需知识、能力准备越来越多、越来越深;另一方面,使用或应用变得越来越便利、简单,自动化作为使用者所要求的知识经验与能力越来越少,越来越低,为此,"精

英教育"与"大众教育"分化越来越明显，精英教育面临更大的学习压力，大众教育更加强调轻松活泼。由此，基础教育必须改革和发展。

2. 技术引领导致教育的创新发展

第一代技术为教育带来知识：纸张和印刷术的发明等。

第二代技术改变了教育的手段：黑板、粉笔、录音机、电子白板等。

第三代技术带来教育资源：教学资源的广泛应用，改变了教育的基本范式，教学的时空被打破，经历了限制时间—书籍出现—班级授课制—互联网、数字化—信息不断发展的过程。

知识从短缺到过剩再到溢出。

知识更多呈现出快餐式学习模式，知识来源变作开放的环境。

技术改变了生活与学习——快餐化、碎片化、无权威榜样、无交往限制、传统人伦关系淡化。

教师的工作方式变化——讲不好的教师也可以是好教师，只要善于利用教学资源。

由此，教师的角色应该重新定义。

二、课堂教学行为

我们现在的课堂教学有下列几种方式，各有利弊，只不过是看哪种方式更符合学生的发展。

1. 呈示行为（以教师为主）

以讲述、板书、声像呈示、动作示范等行为为主。我们有很多的名师，很受学生欢迎，其专业能力、敬业乐教精神和个人独特的魅力吸引着学生进入他的课堂。这类教师很眷恋课堂那种"教师尽情释放自我的专业能力和个人魅力"，把一个知识点讲熟、讲透，赢得学生"瞠目结舌"和那种"学生在教师亦步亦趋的引导下，踊跃发言、高潮迭起"的感觉。这类教师教得很出色，学生喜欢，学生满意度高，但带来的弊端是：学生一旦离开了这个教师，没有人教他的时候，他就茫然了，甚至惊慌失措。任何一个以自我为中心的教师，越爱讲，讲得越多，学生自主学习得就越少，教师讲得越清楚明白，学生自主研究、思考、探究的意识就越弱。

2. 对话行为（以话题为主）

方式：问答、讨论。

这种方式的课堂，教师走下讲台，与学生是平等的，教师通过精心准备（备课）、应用储备知识，将学生一步步引入，在较难的知识点上，展开讨论，最后老师讲解。这种教学行为，改变了教师以讲为主，关注了学生的思维活动，学生有了一定的思考空间与学习主动性。

3. 指导行为（以学生为主）

用以自主学习、合作学习、探究学习为一体的行为特点来组织教学，教师不只是单纯地承担任课教师角色，现在还要承担任课教师、导师、咨询师和分布式领导等多种角色，每种角色都需要一定的素养支撑。多重角色下教师的素质与发展路径对教师素养提出了更高的要求。通过课程标准细目将课程标准进行可操作化的分级分解，再配以相应的自学检测练习和诊断题库，给学生提供能抓得住的"拐杖"，让学生在自主学习时心中有数，课堂上学生自然就进行自查、练习、讨论等自主学习和讨论学习了，一旦放手给学生，老师的讲解自然就会慢下来。那老师干什么？此时老师的作用在于当学生遇到困难和问题时，随时提供咨询和解答，并作深入的归纳和讲解。

这样一来，过去，我们的职业尊严来自课堂上的侃侃而谈，教学设计得环环相扣、引人入胜，精妙的问题设计以及多年的教学经验积累的个人魅力等，这些基本上都是来源于课堂和讲台，当讲台"撤"下来，把课堂还给学生之后，长期建立起来的那种"尊严"被打破，我们再从哪里寻找职业尊严？其实，互联网的普及、信息资源的开放让我们时时体会到曾经的职业权威已出现危机，现在，如何在平等的状态下重新找回权威？老师没有权威是不可以的，今天的权威是什么？是教师的学术素养、专业精神、实现教育之美的实践。

三、课堂教学的重构

于是，我们从四个维度来看课堂：教师教学、学生学习、课程性质与课堂文化。它们的关系是：

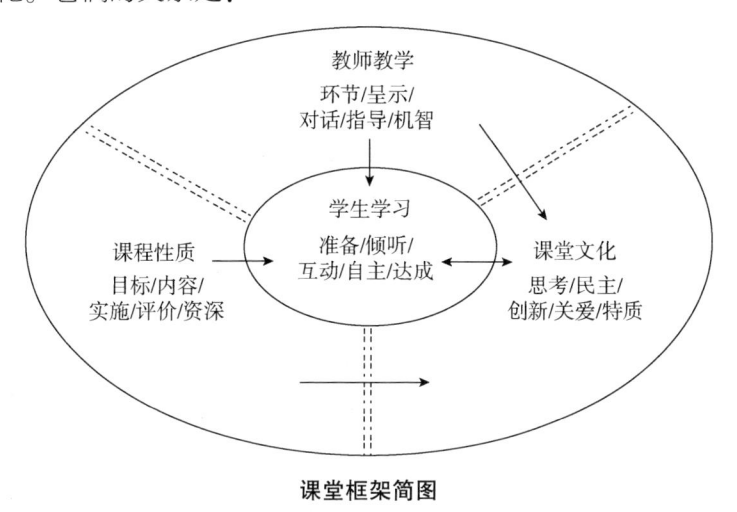

课堂框架简图

教师教学：环节/呈示/对话/指导/机智

学生学习：准备/倾听/互动/自主/达成

课程性质：目标/内容/实施/评价/资深

课堂文化：思考/民主/创新/关爱/特质

以上是对课堂教学的理论要求，在实际工作中，我以为最好的方式是"突出实践取向"，在"做中学"的专业研修。针对教学经验丰富的老教师，侧重于引导教师对已有的经验加以反思、分享，在研修中深化教育理论，激发专业自觉，提炼教学经验；对青年教师，则通过"调研以了解需求，基于目标以课程设置和任务驱动促行为改进"的方式来提升教学能力，整个研修过程"个人反思、经验重构、行动改进"三个环节交替进行。采取个人学习、集中学习、专业引领等方式，力求在过程中引发思考，改进行动，体验成长。在研修的整个过程中，要充分尊重和关注教师学习是基于自身经验与行为的基本特点：一是立足于自我经验的自主学习与生成；二是以案例、现场为支撑的情境学习与对话建构；三是以问题解决为基础的行动研究与体验；四是以同伴群体为基础的合作学习与专业思考。在研修的目标、形式、内容、载体上贴近其班级学生教育实践及问题，才能破解教学难题，实现专业发展。

3.3 教师的可持续发展

——用实践智慧滋养教学个性

合格教师靠培训，高级教师靠培养。教师的专业成长是呈阶段性的，初级的规范化发展，成为合格教师—中级的个性化发展，成为骨干教师—高级的核心化发展，成为学科专家、带头人，这应该是固化了的基本过程，任何一个想成为学科专家、带头人的教师，概莫能外。

大学毕业生一般会经历一段三至五年学做教师的职业生涯。一名合格教师应具备的对所教学科、教材的认识，教案设计，课堂管理，教学技能，班级工作，交流沟通，考评学生，教学研究等，都需要一一学起。至三五年后，这些基本技能已基本掌握，基本能胜任岗位工作后，许多教师就找不到继续发展的方向了，很难感觉到自己像前一个时期那样快速成长；总能保持中等状态，但再怎么努力也没有明显提高；工作内容和范围长期没有变化，自己也不知道有什么事情可以做；发现自己从同伴那里再也不能学到更多的东西，觉得同伴懂的自己基本上也懂了；工作热情明显下降，但也能够维持基本的工作状态；开始关心教学理论，但没有哪一种理论能完全说服自己……错误地认为只需要认真地把这些事一一做好，日积月累就能自然成长为一名优秀的高级教师，因而没有进行以下阶段的修炼，或者没能很好地修炼。这是一些教师终身成不了学科专家、带头人的主要原因，也是阻碍教师持续发展的第一道坎儿。

怎样解决这样的"高原期"问题，从而制定自我发展的路径，应该从以下方面思考：

做一名思考型教师。通过审视、解剖自己的日常教学实践不断提升自己的教育境界，不停地实践，不停地阅读，不停地写作，不停地思考，不停地超越。

不停地实践：全身心投入到课堂之中，投入到学生之中，踏踏实实做好教学常规的每一步。和纯粹"老黄牛"式的干活儿不同，作为思考型教师的实践，第一是"科研性"，把每个学生当做研究对象，把每个难题当做课题，以研究的心态对待实践；第二是"创造性"，在实践的过程中，从读懂课标，读懂教材，到超越教材，走向课程，直至超越学科，走向全人。

不停地阅读：思考型教师同时也是终身学习的身体力行者，把阅读当做生活必需的内容。第一是"专业性"，教育教学专著、报刊等都是阅读的对象；第二是"人文性"，读一些政治、经济、哲学、历史、文学等书籍。

不停地写作：搜集积累自己的教育过程，总结提炼自己的教育智慧、教育艺术。第一是"日常性"，通过每天点滴积累教育教学心得；第二是"叙事性"，写"原汁原味"的教育案例、教育手记，不必煞费苦心地"构建"什么理论框架，也不借时髦的"理论"和晦涩的名词来进行学术包装，让自己的教育故事保留着鲜活的气息。

不停地思考：教育者独具个性的思考精神应当贯穿于教育的每一个环节和过程。既有对自己的思考，也包括关注、研究、咀嚼、审视别人的教育实践、教育思想。如果这思考带有检讨、解剖、质疑的意味，它便成了"反思"，而这种反思的习惯和能力正是老师们走向成功必不可少的精神素养和职业品质。

不停地超越：有与时俱进的勇气，有"啃硬骨头"的决心，有"保持职业热情"的精神状态。在课程改革中不断前行，研究优质的教学设计。

设计好终点：教学目标。预判好起点：学情。沟通好起点与终点的台阶，也就是教学环节，从而制定具体的教学内容。

合格教师的可持续发展，在于对自己教学追求的提升，从满足于会教书到追求教好书。会不会教书是大多数教师的个人体验，而书教得好不好，得由学生说了算。当一名教师把学生的满意度纳入自己的视野后，就会关注教材教学中有没有学生不熟悉、不了解、不适应、不喜欢的地方，有的话，能不能通过自己的教育变成学生熟悉、了解、适应、喜欢的。任何教师在学校中都不能离开学科而存在，学科知识是每个教师都应具备的。但教师不是学科知识的简单传递者，而是学科知识的重要激活者；不是学科技能的机械训练者，而是学科育人价值的开发者。教师的智慧就在于把学科知识激活，让学科内在生命能量呈现出来。教师的能力，就是让学生得到活的知识，懂得人类个体的价值与意义。通过学科知识的内在力量，浸润心灵。这种对教材教学的修正效果好坏，取决于教师心中有没有教学现场的即时技能感，随着教学经历的积淀，这种教学现场的即时技能感，从点点滴滴逐渐成为一种走势。这是教师教学经验成熟，具有教学自信的标志。

从教学能手到学科专家，教师持续发展需要跨越的第二道坎儿，是能不能从自己所教的班级、课堂、教材里走出来，在一个区域引领同学科教师开展学科的实践改革和三思的研究，形成自己对所教学科的教学主张，包括学科理解、教材组织、教案设计、教学风格、导学技能和学科评价等方面的想法和经验，进而推动学科的教学实践和理论发展，成为名副其实的学科名师。

3.4　青年教师迅速成长

初入职教师的专业成长有其自身的规律性，呈现出阶段性发展的特点。在每个阶段，教师的认知、情绪、非认知特质和教学投入等都有很大区别。首先它是一个角色转换期，从受教育者变成教育者；其次它是一个快速生长期，面对新环境、新工作、新要求，新教师有着强烈的求知欲和上进心；第三它是一个优秀教师的奠定期，新教师在初入职六年内会出现专业等级的自动分层，能否在此期间脱颖而出，将是今后能否成为优秀教师的关键。

初入职教师会遇到各种各样的问题。第一是学科能力，主要缺乏两个方面的知识：一是学科教学知识；二是对所教学段学科知识的系统认识和理解。第二是教学能力，主要是重"教"轻"育"，容易把自己当做"知识的传授者"而非"生命的点燃者"，忽视学情和学科的育人价值，在课堂上感受不到"生命的成长"。第三是人际关系，如何处理师生关系、同事关系、与家长的关系等，也是巨大的挑战。第四是职业认同感，初入职的教师很容易受到外界的影响，难以迅速进行角色转换和明确自我定位，面对各种挑战和压力容易产生心理问题。

学校对青年教师的培训，也存在着许多问题。第一，目标不清晰，学校对青年教师的培养是凭经验在推进，指向其对应现有职业的适应较多，而为其终身发展的具体规划较少。第二，培育路径单一，多是师傅带教和听课，但如何让新教师在学习老教师成熟经验的同时而不被其相对僵化的思想所束缚，如何让新教师在听课时具有敏锐的思维和强大的反思能力而不被种种教育教学的陈词滥调所影响，从而能够具有专业发展的开放性和更好的成长性，始终是新入职教师专业成长的关键。第三，评价标准模糊，在对青年教师的培养过程中，评价没有融入学习全过程，只注重了终极评价。第四，培训内容对教师个性化发展需求不足。

青年教师自身的问题：第一，没有经验又不借鉴经验，新教师要睁大一双眼睛，看看老教师是怎么面对一个又一个具体问题的，认真听，多询问，及时记，学着做。第二，没有经验又不积累经验，新教师要坚持每天简单记录一下值得记录的事——尤其是出现的问题和困惑，失败了，及时反思，成功了，及时总结。第三，没有经验又不相信经验，新教师不受框架限制，喜欢创新是好事，但创新的时候容易不切合实际，好高骛远。因此，还是要先学习基本常规，坚守基本规律，相信经验，才能创造更多新经验。

设计符合师情校情的培养方案。

现在初入职的教师有"四好"：出身好，功底好，思维好，状态好。

出身好：他们中绝大部分人毕业于重点高中，以优异成绩考入重点师范大学。

功底好：他们在高中就养成了良好的学习习惯，在重点师范大学的培养下，拥有了相对系统扎实的学科知识，初步具备了担任高中教师应有的一些能力。

思维好：他们在重点师范大学里接受了应有的训练和打造，有名师引领，有自身清醒而自觉的学习，广泛接触中外教育思想和教育理念，思维活跃，视野开阔。

状态好：他们年轻，充满活力。他们走出大学校门，渴望着把所学知识应用于教学实际，精力旺盛，谦虚好学，跃跃欲试，摩拳擦掌，可以说，已经准备好了担任一名教师的最好状态。

当然，初入职教师，也难免热情有余，经验不足；在解决教育教学实际问题的时候，难免会出现一些差错，因此，学校在设计培养方案时，要充分考虑到他们的优势与不足。

有明确的培养目标：要有明晰的专业理想，要有强大的内驱力，要树立正确的职业价值观、教育观、学生观和团队观，通过专题式培训，逐步构建青年教师的专业精神世界，强化他们的专业内驱，让他们在初入职时就有正确的方向和充足的动力。要有爱，因为爱是专业道德的基本要求，教师对学生的爱是没有血缘关系的无私的大爱，爱是成为良师益友的前提；要有功底，因为专业功底是专业发展的基本保障，要树立"课比天大"的职业操守，要着重培养青年教师研读教材的能力，调研学情的能力，教学方案设计能力，课程整体实施能力，教学过程中指导帮助学生的能力以及贯穿于教学始终的评价能力。要找到专业成就感，学校重大活动考虑用"项目制、委托制"方式，从活动"总导演"的任命、"助理导演"的聘请，到活动方案的撰写、修改，再到活动具体实施和活动反思总结，这样做使青年教师通过系统、复杂的活动策划、实施，通过感性的体验、参与，理性的提炼、感悟，在活动中感受到教育的魅力，知道学生是谁，学生有什么特点和需要，从而了解如何用最适合学生的方式去实施教育。教师最大的职业成就感就是被学生爱，目标就是成为学生的良师益友。

设计"初入职教师培训课程体系"：首先是常识性培训，大概包含以下要素：

（1）及时了解"关于学校的基本信息"，包括学校历史，领导机构，职能部门等；

（2）及时了解工作中与自己相关的部门和老师的信息和联系方式，便于相互交流，相互帮助；

（3）知道如何利用"课程和教学资源"以充分发掘新教师各种潜力，提高教学效率；

（4）熟悉"学校规章制度和政策"，以便在工作中能够按章办事，按规矩施教，而不是想当然地随心所欲，我行我素；

（5）及时了解"如何使用学校的设备设施"，以便充分利用学校资源为教学服务；

（6）谙熟"学校的课程设置"情况，以便在教学中能正确处置自己的教学内容；

（7）正确认知自己的"教学角色和责任"，尽可能地使新教师及时校准自己的教学行为，不负学校、社会与家长对教师的期望；

（8）了解"教师的权利和法律义务"，知道作为教师具有哪些基本权利，肩负着什么样的社会义务；

（9）了解学校的"办学思想"，以使得新教师在岗期间能够把学校的办学思想理念贯穿于教学工作中，实现预期的教学目标；

（10）了解学生的社会或文化背景，以使新教师能够在教育教学过程中应用合适的方法，恰如其分地处理各种问题；

（11）了解学校的决策程序与"行政管理程序"，以便使新教师感受到学校决策的透明性，并提高自己办事的效率；

（12）了解教师"投诉程序"，以便新教师们知道有麻烦、遇障碍时如何获得帮助，如何使问题获得解决；

（13）了解"工资待遇"和"学校的绩效分配方案"，以便使新教师有心理准备，专注教学工作。

新教师培训要有系统课程安排，从整体规划、课程设计、内容结构、形式种类、资源开发、评估调整等六方面考虑。

整体规划：针对新教师的实际，要制订培训计划，有详细方案、有明确目标、有具体措施、有责任落实、有任务分解、有考核评价等。

课程设计：对新教师的培训课程，要有关于国家相关法律法规的普及，有教育教学理论的学习，有教学技能的指导，有教养教学案例的剖析，有汇报课的展示等。

内容结构：对新教师的培训，内容要有针对性，有对国家教育改革的解读，有对近年来高考价值取向的研究，有对教育教学成败案例的分析，有教学实践的反思，有对现代中学生学习动态的研判，有对已有知识技能与教育教学实际的磨合等。

形式种类：对新教师的培训，有集中学习，有个人自学；有"请进来"的专家指导，有"走出去"的观摩体察；有备课组的"磨课"，有教研组的研讨，有上"汇报课"的考核等。

资源开发：对新教师的培训，不能只停留于专家的"说教"，老教师的"指导"，学校的"考核"，学生的"评价"，还要不断开发课程资源，要有新教师自身"我就是课程"的自我研修、自我革命、自我拓展；要有新教师相互之间的切磋探讨、交流借鉴、共同提升等。

评估调整：对新教师培训的评估，应由单一考核调整为多元评价，包括新教师的出勤、学习状态、参与度；教学说课，汇报课展示；教学技能考核，教学成绩查验，同行评议，学生评价等。

要采取"双翼"培养模式：

自觉研修：通过对自我现状的严格剖析，有经过严格剖析后的自我发展定位；有按定位和实情而量身定做的自我发展规划；有按规划具体实施的自我专业实践；有对实践的及时研究和提炼；有对自我发展的一种务实反思反省；也有对自我发展的阶段性评估后再规划。新教师通过自觉研修不断研究修炼专业精神、专业学科能力和专业境界，因此有了明晰的起点、方向和过程把控。

团队研修：新教师借助导师指导、学科教研组平台，通过观课、议课、优课的课堂改进研究，包括从最基本的"三字一话"教学基本功，到教学仪态，教材研读，教学设计，教具准备，课堂管理，作业批改，考试命题等内容，提升自己的教学能力。

观课·议课·优课实施步骤：

（1）观课：设计出课堂观察点，课前确定告知观、议课教师需要帮助自己观察课堂中哪一个角度。

（2）议课：课后召开专题分享研讨会，针对各个教师的课堂教学观测，总结找出不足，并提出改进意见，同时还可以把学生调查问卷进行梳理，看这节课存在什么问题以及学生希望老师的这节课进行怎样的改进。

（3）优课：反思、总结形成优课方案，再到另一个班实践。

3.5　学习共同体建设与实践

影响教师教学质量的三个重要因素：专业基础、教学方式和教学效能。唯有三者并驾齐驱，才能从根本上促进学生学习成绩的提升，学习共同体建设和优秀思维系统培养的目的基于此。

一、学习共同体建设和任务

学习共同体是一个由学习者共同构成的一个团体，在学习过程中进行沟通交流，分享学习资源，共同完成一定的任务，侧重共同体成员间的互相影响和促进。我们要考虑建立的学习共同体大致有：学科共同体，班主任共同体、家校联合共同体、学生学习共同体等。今天侧重讲学科共同体的建设与实践。

学科共同体，可以以教研组为单位，也可以以年级备课组为单位，在现有教师活动的基础上，我们尝试在集团学校每月举办 1～2 次分不同学科的学习共同体活动，目的是充分发挥名师引领及每个教师的聪明才智，博采众长，倡导大单位备课，研讨不同课型的教学设计，突出单元知识重点，突破单元知识难点，最终达到提高全体教师的专业水平与课堂教学能力的目标，使教学效能整体提高。

二、具体策略及方法

1. 真情真境

学习共同体强调"自愿""自律""主动",目的是解决实际问题,促进真实发展,具体而言是指:其一,学习共同体活动直面教育教学中的真实问题,基于研究分析提出可行的解决方案,促进教学质量的提升;其二,教师在学习共同体活动中通过合作和反思不断吸取先进教学经验,转变教育观念、提高教学水平,实现专业发展;其三,通过教育教学的提升和改进,最终促进学生全面发展。

2. 行动研究

最好的学习方式:讲给别人听!每个人都是主角,都要分担责任,每个人都是实践者,也是学习者。教研组每次活动都围绕阶段性主题展开,我们提出大单元备课,强调将"文本""研究""计划"联系起来,系统地对本章节和单元进行设计,每次有一个主要发言人,其他教师提出不同修改意见及建议的教学方式。这里特别强调互动式参与,打破"沉默大多数"及"有发言无交流""被参与"等痼疾。

3. 反思跟进

大单元备课不仅要使学习共同体公共知识转化为个体知识,而且要养成课后反思的习惯,每个人的思考是不一样的。

首先,在我们课前预设的基础上,在课堂上发生了我们预料之外的想法,要反复追问:"为什么我没有想到这么做?"或"怎样更有效地解决学生的问题?"若教师个体缺乏对自己原有观念和组织的勇气,只是照猫画虎,简单关注他人提出的问题解决策略,那么只能是浅层次地解决部分情境中的问题,而不能从根本上突破和发展、形成自己的个体知识。

其次,教师要结合自己的实践进一步反思教材知识,在剖析自己的教育观念、充分理解教材的基础上,要不断反思"如何才能使这些知识适合我自己的课堂教学"。教师要结合自己的学科、班级和课堂的特点，对课本知识产生新的理解，使之成为可以有效指导自己实践的理论知识及"成熟概念"。

再次，教师在实践调整中形成自己新的认识和理解。教师一方面要不断尝试将其用于自己的课堂教学中，另一方面要基于自己的实践体验不断对教学进行调整，进而形成适合自己的知识体系，从而形成自己的特色，保证教学效能的提高。

学校不仅需要制定相应制度，从"外在"规范学习共同体的内容，确保其质量，更需要从"内在"要求教师积极参与，取得实质性进步，这是一个相辅相成的过程。

3.6 点燃职业热情·助力学校高品质发展
——学习共同体建设

学校永恒的话题之一就是课堂。这些年，我们从强调"双基"，到"三维目标"，再到学科素养，我们看见了路，但却没有时间踏上去，让传统课堂看起来有新意，几乎已经忙坏了老师们，但学科的深耕还是"但闻楼梯响，不见人下来"。每年高考出现的新题学生不能应对时，都怪题难。实际上是我们的教师落伍了，没有跟上国家的要求。当学校教育终于开始学会围绕根本任务，展开真实重构之时，我们的课堂需要勇气去改变！课堂之基是教研，每门学科必须深度理解每门学科的特点，教师们走向研究、阅读、思辨，才可以带领学生更加明确学科的精髓，清晰地认识世界，形成可迁移能力，沉淀素养。然而，知易行难！为此，我们只能静心沉入学科中去研究，才能实现"立德树人"的真实愿景。"指向学科核心素养的教学研究"，具体抓手是建设"教师学习共同体"，研究"基于标准的单元学习"。

一、找到从学科知识到学科素养的那架桥

什么是学科？——学科是认识客观世界的视角，是相对独立的知识体系。

每门课程都承载着独特的育人功能，也蕴藏着特有的学科思维与方法，而学科核心素养正是这些思维与方法的凝练表达。我们常有这样的困惑，从教走向学的关键是建立师生共识的学习目标，但是，如果瞄准知识，目标就仍会停留在技能层面，而如果瞄着素养，目标又常会落空。为此，二者中间需要搭建桥梁，这个桥梁应该是"学科标准"，学科标准的显著特征：

☞明确的，但并非指向学科具体知识的陈述论断；

☞居于学科中心，涉及学科主干与核心内容；

☞深刻地进入学科内部，具有广阔的解释视野；

☞在学生忘记非本质信息后仍能持续产生影响，具有超越课堂之外的持久价值与迁移价值。

作为课程、教学和评价概念的综合，学科核心素养是对上一轮课程改革中知识与技能、过程与方法、情感态度与价值观的"三维目标"的提炼和整合。虽然，我们有时可以清晰地看到"它们"的样子，但怎样才能让"它们"落到实处，却依然困惑着一线的老师们——也就是说，核心素养与具体的学科知识之间仍存在着断层，我们需要把两者有效连接起来的"桥"，这架"桥"应该是学科标准。这是"从教走向学"的有效路径的切入点。

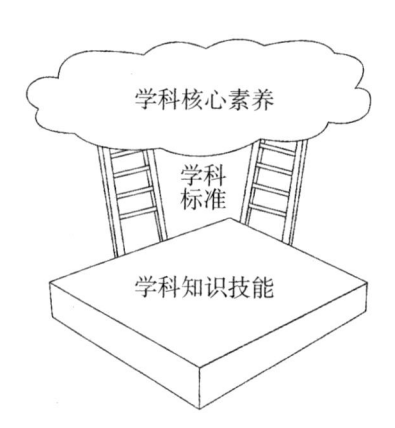

举例：

数学学科中有一部分内容是"代数式"，以往老师们设定这部分内容的目标时，通常会写：

（1）在具体情境中体会字母表示数的意义，理解代数式的有关概念；

（2）能分析简单问题的数量关系，并用代数式表示，会正确书写代数式；

（3）经历列代数式的过程，在探索现实世界数量关系的过程中建立符号意识，培养观察、分析和抽象的能力。

可以看到，这些目标仍会聚焦于知识和技能层面，虽然有些象征性的能力培养，但显得空洞而模糊。

数学学科的核心素养中有一个叫作"数学抽象"。课程标准对它的解读是：数学抽象是指通过对数量关系与空间形式的抽象，得到数学研究对象的素养。

当老师们意识到"代数式"这一单元是培养"数学抽象"素养的重要载体时，就必须要有一个确切的学科观点，让素养变得具体可见。"引入符号使数学具有更大的普适性"。这个大概念向上承接着核心素养，是"数学抽象"在某一维度上的表达；下又连接着这一单元的学习内容，成为游走在知识与素养之间的使者。

在学科内部层面，既有"代数式中的字母可以代表具体的数字参与运算"这样的略高于散状知识点但仍停留在知识技能层面的"小概念"，也有"引入符号使数学具有更大的普适性"这样的"学科观点"，还可以凝练出"符号语言是科学表达的重要基础"这一跨学科的观念，这个观点不仅适用于数学，也可迁移到物理、化学等。如果再往上表达，甚至可以进入"具体和抽象既对立又统一，在认识中相互联系和转化"这样的哲学层面。

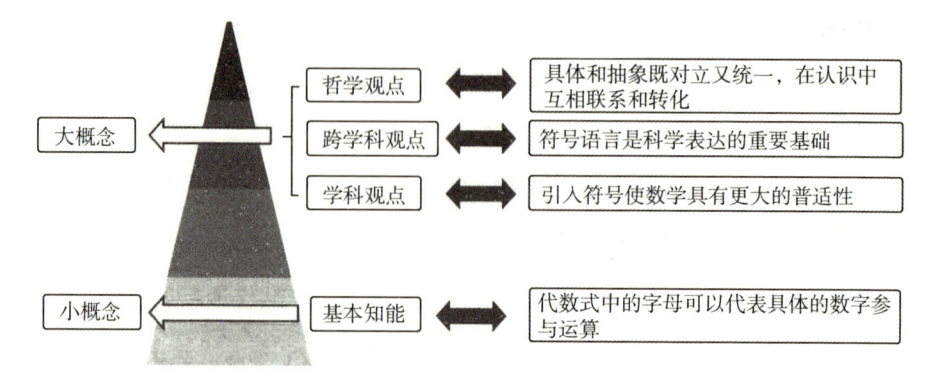

数学"代数式"梳理的小概念到大概念的建构层次

再如历史学科，历史事件和问题因为处于特定的时间和情境中才使得它们独一无二，这些事实性内容的确重要，但引导学生从特定历史知识的学习中掌握跨时间、跨文化、跨情境理解其他类似事例的能力，才能真正帮助学生习得有价值的思想方法，最终具备面对自我、社会与自然的观念与能力。

从知识传授走向学科育人的难题，必须得有抓手，那就是指向学科核心素养的具体学科标准。如何寻找"标准"？首先要分析该单元的学科素养。

关于学科素养：

怎样理解知识、技能、能力与素养的关系？下面用开车来举个例子。交通规则是知识，移库是技能。知识、技能要变成能力需要有真实的情境，所以需要路考，路考检验的是知识技能在真实情境中的应用水平，这就是能力。

有了能力不一定有素养。什么是驾驶素养？仍以开车做比喻，安全驾驶就是关键能力，礼貌行车就是必备品格，尊重生命就是价值观念。从能力到素养，一定需要学习者主体的反思，是主体发挥主观能动性的结果。因此，素养是靠学生自己悟出来的，不是靠教师教的。教师教的知识、技能或能力是学习的阶段性目标，是通向素养的手段，其本身不是目的。

现在国内考驾照越来越严格，我们的知识技能和能力越来越强。但驾驶素养依旧不是人人都具有。比如，遇到黄灯怎么办？如果是具有尊重生命价值观的人，他就知道，到了黄灯必须要停下来或做好启动的准备。再如，交通规则没有告诉你在没有红绿灯的十字路口如何开车，这是非常考验一个人的驾驶素养的。有驾驶素养的人，会主动减速，先观察，再做决定；没有驾驶素养的人，没有尊重生命价值观的人，就会快速行驶。所以，知识多不一定有素养，能力强也不一定有素养。这就是价值观跟知识与技能的关系。我们提倡课程育人，就是说，教师不只是教学生学会读书（知识与技能），还要教学生学会做事（能力），更要教学生学会做人（素养）。这就是我对素养与知识技能的关系的理解。

分析学科知识——建立学科标准的一条可行路径是自下而上，基于教材或学习内容，明确学科素养，并对教学内容做本质分析，从而结合二者进行提炼，这可称为"教者思维"；从素养要求出发，自上而下，也是一条路径，可称为"学者思维"。

二、"基于标准"（学科素养）的教学如何设计？

联系学科核心素养与知识技能的那架"桥"怎样建？

第一，建立学科素养目标体系，明确"家在何处"。

如果你是物理教师，一般来说你就是物理系毕业的，而从物理系毕业，只能说明你是个"学物理的人"。学物理的人只需知道物理学知识，而物理教师需要知道物理学科素养目标体系，即物理育人目标体系。

该体系超越了学科内容知识，它包含三层：第一层是教育目的，第二层是学科课程标准，第三层就是学期、单元、课时层面的教学目标。即目标体系是教育目的（想得到）、学科目标（看得到）、教学目标（做得到）的统一。

建立学科素养目标体系的关键技术是学会分解课程标准和叙写目标。教师不能随意写目标，甚至不写目标。教师叙写目标，必须依据课程标准，结合具体内容，将学科核心素养具体化。

第二，把深度学习设计出来。

"深度学习"有多种定义，其中有四个关键点：一是高认知，高认知的起点就是理解；二是高投入，即全神贯注；三是真实任务、真实情境的介入；四是反思。

在深度学习中，学生是积极主动的学习者；教师的作用是引起、维持、促进学习；学习的目标是学以致用；学习的内容是蕴含意义的任务，即真实情境的问题解决；教学过程表现为高投入、高认知、高表现的学习；学习评价为真实情境下的问题解决、完成任务的表现；反思即悟中学，是必须的。

第三，对教材进行教学化处理。

教师不能简单粗暴地将教材内容"照本宣科"，应对教材内容进行教学化解读，要对知识进行个性化、科学化、互利化的探讨。譬如"逆向式的梳理"，即对学生已有的相关知识进行盘点，在"复盘"中对知识进行整合，使学生学习新知识时克服接受认知上的障碍，使知识形成系统。同时，再进行"顺势性延展"，即引导学生在已有知识基础上进行合理的延展，激发学生的探究热情，让主干知识与交叉知识融合，丰富课程资源，扩充知识体系，提升学生学习能力。这就要求教师备课时，充分考虑学生的学情，对大量的相关知识进行"围猎"、筛选、整合、提炼，引导学生汲取精华，提高课堂效率。

第四，改学习方式，学科核心素养决定了学科典型的学习方式。

譬如，语文学科强调任务驱动的语文活动，设计了多个任务群，语文学习任务即语言文字的运用，语文素养就是在完成语文任务的过程中养成的；历史学科强调"史料实证"是典型的历史学习方式；地理学科强调地理实践，用"着地"的方式学地理；通用技术学科强调做中学、学中做；信息技术学科强调项目学习、设计学习；体育学科实行专项体育；等等。

尽管上述例子没有像医学的临床学习、法学的辩论学习那么经典，但探索与新目标匹配的学习方式，是学科课程走向专业化的必经之路。

第五，必须实施教、学、评一致的教学。

教师理应"先学会评价，再学上课"，就好比旅游"先定景点，再定怎么去"。教师课堂上采用的形成性评价，相当于开车时的全球卫星导航系统，没有评价的课堂犹如没有导航的驾驶。

三、点燃教师的职业热情

让学生的学习在课堂内外真实发生，这其中最重要的是教师观念的转变。一旦每位教师都自觉地围绕学生的学习去设计自己的教学活动了，那么就会有更多更好的路径和策略，源源不断地被大家创造出来。

"学科标准引领下的单元教学非常适合带动年轻教师的成长。"

年轻教师刚入职时，苦恼于怎么把握课堂核心。拿到一份史料，觉得好多点都可以发散，重点是模糊的。"当时虽然也不停学习老教师的课，但老教师有长期的积累，知道学生在哪个点会产生困惑，同样的设计放到我的课堂就不行了。"现在，有学科标准统领，单元核心目标更明确，也有核心问题和核心任务等要素作为抓手，相当于有了一条主线，即使是年轻老师，也可以按照这样的逻辑去清晰地设计教学。

课堂在真正从教师主导转向学生自主探究，老师退后，变成指导者，在孩子思路受到局限时做适当的点拨和凝练。这个过程不像以前那样因为强调老师少讲而刻意少讲，而是由教学设计的变化自然而然产生的。

而以大概念为本的课堂需要学生有自己的生成，在灌输的方式下，学生是生成不出来的。

以前教学时，通常先想到的是这节课"我"怎么教，但现在首先思考的是"学生"要学什么，怎么学。以前，老师重点是教知识，但现在，想传递给学生的是怎么看待这门学科的基本观点。文科组老师羡慕理科组老师概念提取更容易，因为理科类本身概括性很强，体系也清楚。理科组老师则羡慕文科老师更容易提取出带有普适意味的大概念，因为理科很容易就把大概念限制在了技能层面。双方都在互相取经。一些老师甚至准备尝试联合其他学科老师进行跨学科的教研，进行更高维度的思考。

学校不是在搞模式化的教学，也非靠行政力量来推动，而是在自然发生着学术研究的推进。今天的探索其实与学校的课程、课堂发展主线一脉相承。

课程其实就像一座冰山，课程结构、教学内容编写、教学质量诊断等都是浮于水面的很少部分，水面下的决定性内容是"标准"，如果没有标准，所有的内容都会无的放矢。就像现在有很多关于自主学习的研究和经验，但如果没有标准，学生无法确定一个阶段或者一节课的自主学习目标，理论上来说，这其实并不是自主学习，是"基于标准的学习"的研究。

明确学习目标。

当然，对于学习目标的解读和转化，涉及不少主观判断，一位成熟教师与一位初入职教师对目标的表述和生成可能有很大差异，这时，教研组的力量就发挥出来了，老、中、青教师一起参考国家课程标准、学科素养、学业评价标准等，细致地去讨论每个单元目标、每个课时目标，还在实践过程中生成了不少工具。

基于标准的学习研究，帮助老师们更加聚焦学习目标，进行教学策略的优化。围绕标准，课堂呈现出百花齐放的气象。

基于标准的学习，开启直面学科素养的教学探索，大量的文献搜索、整理、消化，教学设计的反复研讨、打磨、迭代等。谁也无法保证这样的实践一定就获得预期的成效，关键在于他们自身内驱力的觉醒。而教师内驱力的激活，也非一蹴可就。首先要统一目标，共启愿景，建设一所受人尊敬的家门口的好学校；其次是要充分认可每个人的价值，每个人都想成为更好的自己；第三是个性化，尽力为每一位教师量身打造成长路径。

保持职业热情。

热情，是人们参与活动或对待别人所表现出来的热烈、积极、主动、友好的情感或态度。热情的反义词是冷漠、消极。热情是与人生观、价值观关联的。对于以育人为天职的广大教师特别是青年教师而言，热情是育人育德的最重要核心资源，在一定程度上讲，能否培养和保持职业热情是区分教师职业成长的重要"分水岭"。

热情是一种人生状态，是一种责任和坚守。如果没有热情，就没有动力，更谈不上育人的境界。

保持热情是一种能力，是一种内质化的能力。热情不仅是和颜悦色和活泼好动，这只是热情之"形"。更重要的是热情之"神"，就是一种源自内心，对职业、对人生、对社会的一种追求和坚守。有这样一群教师，能将一堂看似枯燥的思政课讲得鲜活生动，讲得有趣有味；不仅走进了课堂，而且进入了学生的头脑和心灵，使学生将课堂所学知识自觉地转化为价值认同和思想自觉。这种神奇之功背后，贯穿始终的就是热情，是对教育的职业热情，是对育人生涯的热情。

一个时期以来，职业倦怠、精神懈怠随处可见，流行着"佛系人生"的思想。从一个人的价值多元化的追求和人权的角度看，似乎是无可厚非的。但从育德育人的高度看，这不符合以育人为天职的教师的职业要求。

一代人有一代人的长征，一代人有一代人的担当。对于新时代的青年教师而言，听从内心的呼唤，坚守职业热情，是实现习近平总书记"期待现在的青年一代将来跑出更好的成绩"的期望的根本所在！

3.7　教研共同体与单元学习

一、找到不同学科学习单元的研究方法

语　　文──→任务群

思想政治──→活动型

历　　史──→时序＋专题

理　　科──→大概念

艺　　体──→模块化

学科	最新核心素养
数学（6）	数学抽象、逻辑推理、数学建模、直观想象、数学运算、数据分析
物理（4）	物理观念、科学思维、科学探究、科学态度与责任
外语（4）	语言能力、文化意识、思维品质、学习能力
化学（5）	宏观辨识与微观探析、变化观念与平衡思想、证据推理与模型认知、科学探究与创新意识、科学态度与社会责任
生物学（4）	生命观念、科学思维、科学探究、社会责任
语文（4）	语言建构与运用、思维发展与提升、审美鉴赏与创造、文化传承与理解
历史（5）	唯物史观、时空观念、史料实证、历史解释、家国情怀
思想政治（4）	政治认同、科学精神、法治意识、公共参与

续表

学科	最新核心素养
地理（4）	人地协调观、综合思维、区域认知、地理实践力
艺术（4）	艺术感知、创意表达、审美情趣、文化理解
音乐（3）	审美感知、艺术表现、文化理解
美术（5）	图像识读、美术表现、审美判断、创意实践、文化理解
体育与健康（3）	运动能力、健康行为、体育品德
通用技术（5）	技术意识、工程思维、创新设计、图样表达、物化能力
信息技术（4）	信息意识、计算思维、数字化学习与创新、信息社会责任

二、建立学科素养目标体系，明确"家在何处"

"教材内容"向"教学内容转化"

简单地讲，首先，要有清晰的目标；其次，教材处理需要通过"三化"以实现"三有"：一是通过把所学的知识条件化，即补充背景知识，让学生知道这一知识"从何而来"，让教材内容变得有温度、有情感，以实现教学内容的"有趣"。二是通过把所学的知识情境化，即介入真实情境，让学生知道、体会教材中学的知识"到哪里去"，能解决真实世界中的问题，以实现教学内容的"有用"。三是通过把所学的知识结构化，以帮助学生理解、记忆和迁移，实现教学内容的"有意义"。

三、什么是单元学习？

单元不是知识或内容单位，而是学习单位。它既可以是教材中的自然章或单元，也可以是围绕学科大概念重构的学习内容。传统的"一课一得"的教学方式已经不合适，需要采用相对单元学习，可以按照教材内容进行设计，也可以依托教材进行更高维度的整合。

一个单元就是一个完整的学习故事；一个单元就是一种课程，或者说微课程。教科书上的单元，譬如语文教材中的一个单元，只是一个主题下的四篇课文，如果不是一个完整的学习方案，没有学习任务的驱动，那还是内容单位，不是我讲的单元概念。指向学科核心素养的教学必须要提升教师的教学设计站位，立足单元，上接学科核心素养，下连知识点的目标或要求。

大单元设计主要涉及下列四个问题：一是如何依据学科核心素养（即课程标准）、教材、课时、学情与资源等，确定一个学期的单元名称与数量，以及每个单元的课时数；二是如何分课时设计一个单元的完整的学习方案；三是如何在一个单元学习中介入真实情境或任务；四是如何设计反思支架以引领或支持学生反思。

关于单元学习，华东师范大学教授崔允漷则以建筑语言打过生动的比方，单元不是水泥、钢筋、门、窗等建材，而是将各种建材按一定的需求与规范组织起来并供人们住的房子。它是一幢楼的一个有机部分，是水、电、煤、路等相对独立的建筑单位，有一单元，至少还有二单元。

1. 确定单元学习的主题有四种思路

一是按照教材章节的主要内容来组织，选择与教材编写的单元或章节一致的单元学习主题。这种方式操作起来比较容易，而且如果课程标准、教材的单元内容比较聚焦，就没有必要改变教材章节的安排。

二是按照核心素养发展的进阶来组织，打通年级甚至学段，同时考虑具体的学科学习内容，跨教材单元、章节对相关内容进行整合来确定单元学习主题。但这对教师的要求较高。

三是按照主题性任务来组织。任务可以是学科内的学习单元，是学科学习必要的组成部分，这些内容也可以自成小系统。其主题要紧密关联本学科核心内容，是学生学习的重点、难点；同时它又广泛连接科技前沿和学生的日常生活、社会生活、政治生活等。

四是按照真实情境下的学习任务跨学科来组织，选择综合性、实践性和开放性都很强的单元学习主题以发展学生综合运用各学科相关知识、技能和方法来解决实际问题的能力，这类主题的特点是综合性强、实践性强、开放性强。

选择的单元学习主题大小要适当。每一个学习单元通常需要若干课时完成，原则上 4~10 课时为宜，若主题太小则难以成为单元学习主题，若太大则难以操作。在每学期的实践之后，还要再反思、研讨，修正单元学习的主题及内容。

需要说明的是，单元学习主题涵盖了学科核心、主干知识，可以说涵盖了大部分的内容，但并不是所有的内容都必须纳入单元学习主题，只有一部分内容是可以利用深度学习的理念，支持学生进行自主性、实践性学习的。

2. 确定单元学习目标时要考虑四个因素

一是课程标准要求；二是单元学习主题与核心内容；三是单元所承载的学科核心素养的进阶发展；四是学生的学习基础和发展需求。

3. 遵循三个关键步骤

第一步是围绕单元学习主题，依据课程标准要求，结合单元学习内容深入讨论分析，理清多个单元学习主题之间的关系，立足学科核心素养发展，明确学生应该学习的内容和需要达到的水平标准，整体设计单元学习目标；

第二步是分析本班学生已有的学科水平、现阶段思维特点和发展需求，明确表述本单元学习的学科核心素养整体目标及其单元内每个课时的目标，目标要更加针对学科核心内容，指向基础性、关键性问题的解决；

第三步是开放研讨，学校打造教研共同体，开展研讨，也可以组织校际研讨，各方听取意见，对单元学习目标进行检验、修订和完善，最终确定单元学习目标等。

四、"单元学习"具体怎么做？

以大单元设计的教案（新的学习方案）是一个完整的学习故事，包含六个要素：一是单元名称与课时，即为何、要花几课时学习此单元？二是单元目标，即期望学会什么？三是评价任务，即如何知道已经学会了？四是学习过程，即需要经历怎样的学习？五是作业与检测，即真的学会了吗？六是学后反思，即需要通过怎样的反思来管理自己的学习？从某种程度上讲，素养不是直接教出来的，而是学生自己悟出来的，但如何让学生正确地悟或反思，这是需要教师设计的。

1. 迁移目标

在单元目标的设计上，也需要跳出以知识点为站位的传统目标设计模式，找到学生能够迁移应用的目标，即从"学生在本章中学到了……"走向"学完本章后，学生可以在……情境下独立解决……问题"。

学习目标迁移性的层次，决定了后续设计的重要定位。从整个单元设计开始，目标就要向着大概念所能够迁移的方向去设计。

2. 核心问题

核心问题是为了能够达成学科标准的理解所设计的问题。"学科标准"和"核心问题"就像硬币的两面，学科标准指向教师，核心问题指向学习。

学科标准高度专业且凝练，它是教师层面的、对学科育人内在价值的共识，并不能直接呈现给学生，需要通过一定的"翻译"手段转化成学生能够看得懂的内容，这种"翻译"就是围绕单元学科标准设计出核心问题，希望以此牵引孩子围绕学科标准不断去思考、体验，强化他们的体悟。所以，在实际的教学设计中，核心问题可能是呈现在学生面前的最顶层的设计部分。

核心问题应该具备这样几个特征：

☞ 核心问题是促进学习迁移和理解意义的问题；

☞ 对核心问题的理解直指单元的大概念的达成；

☞ 可以持续地深入反复思考，在学习前、学习中和学习后都可以不断回答，未必有标准答案，但可以充分发表自己的观点；

☞核心问题不能太过具体，要有一定开放性，而且最好在学习开始前、学习过程中、学习结束后，甚至学生毕业后，都还有一直作答的空间。比如"什么让数学证明具有很强的说服力？"这个核心问题，可以在初次接触"证明"时提出，也可以在进入大学的数学专业后继续探讨，那时的认识跟现在的认识肯定又不一样了，核心问题的回答应该是一个持续不断的过程，在这个过程中，答案的变化，也就直接反映了学生对大概念认知的变化。

3. 核心任务

还有一个关键元素是核心任务，这个任务需要跟学科标准和核心问题相匹配，在持续的推进过程中驱动学生对核心问题的思考和对学科标准的理解。而且，学生对核心任务的完成情况本身又是重要的评估依据。

"核心任务要真实、友好且自带动力。核心任务不是传统意义上的习题或类习题。它要真实，真实的任务才会对学生有驱动力。同时，它要围绕核心问题设计，还应该让学生按照需求完成任务或产品，有自己个性化展示和创造，具有很强的表现性，许多核心任务都具有项目式学习的特质。"

总结起来，一个好的核心任务通常应该具备：

一致性：与核心概念、核心问题相呼应，任务的完成有助于理解核心概念和回答核心问题；

真实性：是在一些真实（或拟真）的情境和体验中自然出现的问题；

产品导向：任务有明确的成果形式，通常应该生成物化的产品；

可评估性：任务的完成结果清晰可见，可以作为学生理解概念、达成目标的证据被评估；

复杂度：复杂程度恰当，通常不能被轻易解决，需要贯穿单元始终；

开放性：结论或成果有评价标准，但没有唯一形式或严格的对错分别。

基本上所有学科在单元教学设计中都遵循相同的逻辑链条：首先，从学科核心素养和课程标准的研究出发，结合具体学习内容梳理出学科大概念，进而明确本单元的学习目标，特别是迁移性的目标；然后，将大概念用通俗易懂的语言以核心问题的方式呈现给学生，让学生在单元学习中能够持续思考；最后，为达成核心问题的落实设计核心任务，并分解成有序的子任务。

地理：

中学地理"地形"单元学习主题进阶梳理

项目	年级			
	初一年级	初二年级	高一年级	高三年级
课程标准要求	在等高线地形图上，估算海拔与相对高度；在地形图上识别五种主要的地形类型；运用地图和其他资料，归纳某大洲地形的特点	运用地形图和地形剖面图，归纳某地区地势及地形特点，解释地形与当地人类活动的关系；举例说明区域内自然地理要素的相互作用和相互影响	以某区域为例，分析该区域存在的环境与发展问题，诸如水土流失等发生的原因，了解其危害和综合治理保护措施	以某区域为例，分析该区域存在的环境与发展问题，了解其危害和综合治理保护措施
内容	地形是地表呈现出的高低起伏的各种状态。可从地形类型、分布、地势起伏等方面描述地形特征	地形是构成地理环境的重要要素，可以对其他要素产生影响；地形与其他要素相互联系，构成区域特征，对人类生产活动也有影响	地球表面地貌的形成过程是地壳物质运动变化的重要部分，是产生各种地形的基本原理；从自然环境的整体性中认识地形与其他要素的相互作用	在具体区域中运用整体性原理，认识区域可持续发展问题
学业标准表现	运用地形图读出海拔高度；识别地形类型和地形区，描述地势、地形类型及其分布状况，归纳地形特征	运用地形图归纳某区域地形特征，运用资料说出地形与河流等要素之间的关系；说明地形地势特征对人类活动的影响	运用资料分析区域地形和其他各地理要素的关系，归纳区域自然环境，自然灾害与环境问题	运用资料整合地理信息，在具体情境中分析并解决地理问题，从人地协调的角度为区域发展提出合理建议

续表

项目	年级			
	初一年级	初二年级	高一年级	高三年级
进阶表现	落实基础知识、基本技能，建立概念	深化概念，建立联系，能够初步综合	深化综合，由定性到定量、由因果关系到过程展现	综合分析和应用，建立由单一问题到综合问题的联系并予以解决
综合思维素养	能够运用地图工具获取并判断地形信息，理解地形概念，认识地形是自然地理环境的组成部分	能够从地形与某地理要素的相互作用，即从两个地理要素相互作用的角度进行分析	能够从多个地理要素相互影响、相互制约的角度进行分析；能够结合时空变化，对地理现象的发生、发展进行分析，给出简要的地域性解释	能够综合各要素系统分析其相互影响、相互制约的关系，从时空综合维度对地理现象的发生、发展和演化进行分析，给出合理的地域性解释
区域认知素养	认识地理环境是由区域组成的；描述区域的地理位置	将地理现象（地形）置于特定区域中加以认识；能够认识和归纳区域特征	从区域的角度认识地理现象，能够简单解释区域开发利用方面决策的得失	从区域特征、区域联系等方面认识区域；能够为赞同或质疑某一区域决策提出相关论据

语文：

传统文化经典研习："战国四公子"单元（专题）

"战国四公子"学习共 8 课时，学生自学 6 课时。

第一阶段：6 课时

教学内容：《平原君虞卿列传》《孟尝君列传》《春申君列传》《魏公子列传》

学生自读及小组讨论。教师是指导者和帮助者。

第二阶段：2 课时

小组交流

全班交流

教师引导点评总结自学成果

合作学习

相互启发

共同提高

3.8　课堂教学改进的策略

一、形成课改"空气"

中国的教育发展到今天，面临三个问题：1. 激烈的国际竞争；2. 当前国家建设发展需要面临的挑战；3. 当前人民群众对高质量教育人才需求的挑战。与之相应，基础教育将面临三个转变：从重视速度、规模的发展转变到更重视内涵和质量提高；从重视义务教育的普及转到更重视义务教育的均衡发展；从重视学生的文化课学习转到更重视对学生终身学习能力、实践动手能力和创新精神的培养。在这样的大环境下，学校必须走内涵发展的道路，内涵发展的第一要点是课程改革和课堂教学效益的提高，而教师是课改的主体，它体现在教师必须是不倦的学习者、教学的研究者、改革的推动者。围绕学校今年发展主题"课改·活力·求是"，我们应该意识到一所学校成败的关键因素之一是课堂教学的效益。

课堂教学，似乎是老生常谈，但的确是一所学校的命脉。刚才几位老师的发言既有自己从事教学几十年的感悟，也代表了大部分教师的心声。我们今晚再对全校教师做一个民意调查，对学校课堂教学存在的问题做出客观的诊断，并提出相应的对策和期望。结合已有的调研和今晚的调研，我想对于课堂教学的研究应该有一些定性的东西了。

二、课堂教学研究

1. 研究课堂——在参与中提升

我们每个教师对课堂教学有效性的研究都义不容辞,我们现在的课堂还是很陈旧的讲授模式,课堂改革的成败在于教师。如果学校谈改革,但教师没有变,还是按照原来的教学方式去运作,那么改革也就劳而无功了,因为教师的劳动是非常富有自主性的劳动,教师一走进课堂,基本上就是自主的了,他完全可以把一个新的教材用老的教学方式加工,也完全可以把老的教材用新的教学方式加工。教师的自主性是其他行业所不具备的,而这种自主性就使得他自己内在角色的变化变得非常重要,他在自己的操作中,在自己的教学行为中,完全可以把你外在的要求转换为无形的,教师在课堂上的自主支配权很大,所以,教师在课堂教学改革中起着决定性作用,教师不能只充当"教书匠"的角色。韩愈所讲的那句话:"师者,传道受业解惑也。"这句话在韩愈所处的一千多年以前的唐代也许是完全适用的,因为那时我只要把我自己知道的告诉你也就可以了,我术业有专攻,闻道在先,所以我把自己知道的告诉别人,别人也知道了,教学过程就完结了,这是什么呢?是一种告诉式的教育,是一种传话式的教育。今天不是农业经济时代,而是信息化、知识经济时代,信息化时代到来以后,未来逐渐处于主导地位,原先讲一个故事,讲完了学生会哈哈大笑,而现在学生却不笑了,为什么?因为这个故事他从网络上早知道了。老师也已经不再权威,现在老师有教参,学生手里头也有教参,试题是全解全析,因此我们教师面临新问题,不是不能,而是不为。教师必须转变角色,从实践者变为研究者,以研究者的姿态出现在课堂上,把研究问题的主动权抓到自己手上,去提升教师自身的智慧。努力践行习近平总书记倡导的教师不能只做传授知识的"教书匠",而要成为塑造学生品格、品行、品位的"大先生"。

2. 掌握研究的方法

教学日志、教学反思、教学叙事、教学案例。

教师怎么去做研究？并不是要求教师们去写多少脱离教学实际的文章，而是要教师植根课堂，和自己的教育教学结合在一起。

教学日志——记录我自己、反映我自己教学的特点。写教学日志，用它去梳理一下自己一天的教学行为。这梳理是研究吗？当然不是，因为梳理过程是进行反思的过程，你去记述梳理一下一天的教学行为、教学过程、教学过程中遇到的一些事件，哪些东西进入到视野范围内，也就意味着这样的一些事件会对你日后的教学产生一定的影响。教师生命历程，大多数光阴是在课堂上度过的，我们生命价值的体现也是在课堂，自己教学中遇到哪些事件，是如何进行处理的，我有哪些感受、感想，都可以通过教学日志进行反映和记载。

教学反思——反思和日志是不同的。日志是流水账似的进行记录，而反思则更多了一些我们对问题的深虑，更多了一份我们自己对问题的感悟。我感到在教学场景当中，在与学生的交往当中，可能通过教学反思就会逐渐多了一份领悟，有了这些领悟，有了领悟本身的不断积累、教学反思的不断强化，也许某一天我们就有了对教育教学的一种顿悟，从感悟到领悟再到顿悟，体现的恰恰是我们教师不断反思、不断去提升教育教学智慧的一个过程。对于每节课，反思一下我本节课的教学设计和实际的教学进程到底有什么样的差距，我的设计和实践为什么有了差距，我在教学过程中又是如何处理这样的差距的，逐渐积累，所提升的就是自身的一种智慧，所形成的就是自己对待教育问题的一种独到的看法和认识。

教学叙事——叙述我们在课堂教学过程中所经历的一些事件，把握这些事件的意义，并去讨论分析研究，能够使我们教学当中的一些事例逐渐生成，因为从广义上讲，我们的教育教学活动就是一系列事件的流动，今天处理这个事件，明天处理那个事件，而对这些事件进行记录、进行分析、进行整理，把握这些事件背后的意义的时候，就是我们提升自己教育智慧的时候。

教学案例——医生、律师常常在写案例，我们教师也非常需要对案例进行研究。我们教育是一个经验性的行业，也就需要我们自己具备解决问题的能力，而每一位教师自己有无经验，恰恰取决于他在经历了一系列问题解决的过程后，能不能把这种问题解决的过程汇总成案例，把问题的产生、分析、解决、反思记录下来，如果能，实际上就在汇总教育教学经验。我们随时都会遇到一些个性化的学生，他可能在某些方面很极端，不能用常态的方式去对待他，我们许多教师转化了许多这类学生，这些都是一些极好的案例。

课堂上也有大量的案例，例如文言文教学，学生不感兴趣，有一些学生打呼噜，惹得周围孩子哄堂大笑。这时教师就得思考：我的课怎么就不如打呼噜吸引人？除了文言文远离学生生活世界外，我们的教学方法是否存在着问题，于是重新设计课堂教学。老师后来把这个过程写成一个案例，叫《哄堂大笑以后》。

所有的案例，体现的都是我们教师解决问题的过程，是和自己的教育教学的行为密切结合在一起的，它不是另起炉灶，是便于我们教师操作的。

三、建立制度支撑——完善教师考评、研究制度

实际上，教师的劳动一定程度上是受惯性支配的一种劳动。假如教材不变的话，第一轮备课认认真真，第二轮备课马马虎虎，第三轮就不用备课了，拎着旧教案就进教室了。在这个过程里面，教师容易受惯性支配，他不愿再生出事来，多一事不如少一事，我教书就行了，干吗要做研究？一方面我们讲了上述很多道理，另一方面，学校需要建章立制，通过一些制度支撑来调动教师的积极性，挖掘教师的潜力。

（一）对教学模式的基本规范

要尊重教育规律，遵循教学常规。尊重教育规律，就是要从学生发展的实际出发，要创设适合学生的教育，而不是让学生适应我们的教育。因此，针对个性差异，常规教学十法——因材施教，循序渐进，深入浅出，直观形象，文以载道，温故知新，举一反三，触类旁通，循循善诱，有的放矢——是要遵循的。此外，常规教学的四个环节——预习、上课、作业、辅导——也是必须去做的。无论什么样的教学模式，都是围绕和依据上述教育规律和教学常规而创立的，我们尊重教师的个人风格，但个人风格不能偏离教学原则。针对目前学校实际，课堂教学有两方面规范：

（1）以备课组为单位针对不同章节不同内容编写学案：

根据学科组不同，可以采取不同的编写形式，如：①几节课一个学案，让学生对某一部分的知识体系有一个完整的了解；②重点知识写学案，简单知识教师自由处理；③高三正好进入第二、三轮复习，以考试热点重点为专题写学案；等等。

（2）每节课教师讲课时间不得多于30分钟，虽然学案已经编制成型，但是，随着学生学习的深入，教师的教学方法就有可能发生意想不到的重大变化。

（二）教与学的规范月活动

细节决定成败，规范成就梦想，只有规范，准确性才能提上去。我们将5月份定为规范月，具体要求：

1. 教师的规范

（1）教研：每位教师交一篇教学日志，一篇教学反思，一篇教学叙事，一篇教学案例。

（2）备课组长的一节示范课（有学案、例题讲解的规范、书写规范、语言规范）。

（3）作业批改的规范。

（4）教案的规范。

（5）阅卷的规范。

（6）质量分析的规范：成绩分析（分数公布、答题情况特例）、试卷分析（试题难度、试题特点）、讲评（针对性、示范性、辐射性）。

（7）对学生评价的规范（制作师生交流卡、实际分数、理想分数、失误原因分析、对自己的反思、对教师教学建议）。

2. 学生的规范

（1）课前准备的规范。

（2）学习方法的规范——纠错与反思（典型例题、调用结论、错题档案）。

（3）审题的规范。

（4）答题的规范。

（5）作业的规范。

（三）教师的继续学习

教师的学历水平只是表示他在一定的阶段受教育的程度，并不代表他已有的知识能满足他终身的需要。人们要适应社会，仍然需要继续学习，知识在不断更新，"给学生一杯水，你自己要有一桶水"的标准已不适用于现在的教育了。从本学期开始，每个教师每学期可以报账自己看完的三本书。

（四）基本考评制度

学校将进一步完善对教师的基本考评制度，力争做到公正、全面，减少人为因素，充分调动广大教师的积极性；加强对名师的管理与考评，使名师真正起到标杆作用。

（五）课堂特色彰显

教学有法，教无定法，课堂特色历来是教师个人魅力与教学风格的彰显，我们力推：

  达标课堂——共性中夯实基础

  精彩课堂——个性张扬与展示自我

  特色课堂——凝练中超越

  星光课堂——观察中提高

  发现我们自己的教学特色，尊重教师的教育思想与个性，也是课堂教学的不懈追求。

3.9 论教师素养与有效课堂

一个人一旦选择了教师这个职业,就同时选择了高尚,就必须用高尚的标准来要求自己,用一个人民教师的良知来告诫自己。首先要"知如泉涌",其次要"行可表仪",要有伟大的人格力量。教师肩负着教育的大任,今天的教育就是明天的国民素质。教育,一个肩膀挑着学生的现在,一个肩膀挑着祖国的未来。

教师是什么?一直以来,对教师的理解是"传道·授业·解惑",教师是"人类灵魂的工程师",教师是"园丁""蜡烛""引路人"。无论哪种定义,都说明了教师更倾向于从社会地位而非经济地位上获得尊重与尊严。而现在,教师的魅力更在于活化了知识的积淀,以及形成的诸多良好的品质:个性、修养、风度、气质、幽默感、才华横溢、厚积薄发以及对人的尊重的态度和对真理的敬畏。一个教师的成长成熟,取决于他所在的环境以及个人的努力程度。

教师一般都要经过大学四年本科乃至更长时间的硕士、博士阶段的学习,大学是一个人从幼稚走向成熟,从激情走向理性的时期。四年制的大学师范教育相较于原中师的优势在于其学术意识、研究意识以及自我成就动机。有人批评现在的大学生存在着有知识没文化、有技能没常识、有专业没思想的状况。刚出校门的大学生,在基本专业知识达标的情况下,以一个什么样的面貌出现,以一种什么样的精神气质出现在教育现场,很大程度上取决于教师个体的学养如何。教师要增加教学的魅力，增加可持续发展的动力，就需要不断地开拓知识视野。在大学期间，要努力学习，要有扎实的理论功底和深厚的学科知识积淀。专业知识和非专业知识的不断拓展，科学素养和人文素养的不断养成，是每一个教师真正意义上成为一个有着高品位文化人的必由之路。

一、教师素养

教师的素养包括专业知识、专业能力、专业素养。任何教师都要明确自己的学科本质和学科理想。

专业知识包括学科专业知识、教育专业知识与教师职业专业知识。

学科专业知识——精通所教学科基础知识，熟悉学科内结构和各部分联系；了解本学科发展动向和最新成果。

教育专业知识——学生身心发展规律和教育规律。

教师职业专业知识——与教师职业相关的要求，如规范的语言表达、板书、丰富的情感、亲和力、感染力等。

专业能力包括教学基本能力、获取知识能力、反思能力、科研能力。

教学基本能力——计划、预测、教材加工、处理、拓展、如何选择教学方法和手段，课堂驾驭和掌握、渗透、辅导、制卷等基本功。

获取知识的能力——积累知识、不断学习，总结教学经验的能力。

科研能力——将日常教育教学问题转化为课题并加以研究的能力。

反思能力——记录整理日常教育教学行为，分析成功与不足，从而不断改进与提升。

专业素养包括道德素养、知识素养、人文素养、职业素养。它们是教师从内到外散发出来的独特气质，是教师对教育的理解以及对教育的使命感。对教师的道德素养的培养和要求是教师教育培训中必须要重视的一个方面，只有一个自身修为好、品德高尚、有爱心、有责任感、有使命感的教师，才能担负起培育人才的重任。

二、有效课堂

课程是总体（教材、老师、学生）；教学是线性的（备课、上课、辅导、作业）；课堂是点状的（它是最基本的）。

好课的"五个实"（华东师大叶澜教授）：

扎实的课（有意义的课）；

充实的课（有效率的课）；

丰实的课（有生成性的课），老师与学生对话有新的东西出现；

平实的课（常态下的课）；

真实的课（有待完善的课），只要是课堂，都会有遗憾。

"以学论教"（听、说、想、做）（顾泠沅评课）：

学生是否吸收到有价值的东西，该听的听了没有？该说的说了没有？该想的想了没有？该做的做了没有？不是热闹的课就是好课，而是看师生是否用心相互倾听。

程红兵评课：

脑中有纲（标准）；胸中有本（教材的熟悉、不同版本的比较）；目中有人（有学生，每个学生在你眼中、心中）；心中有数（差异）；手中有法（方法）。

我看课应该是：

1. 课堂有"三声"

掌声：深刻而精辟——有感悟。

笑声：生动与精彩——有兴趣。

辩论声：自主与探究——有参与、有问题。

2. 课堂有目标，有过程，有结果，有速度，有数量，有质量

目标：例如英语某节课的要求——学生对所学单词的拼写准确率要在90%以上；历史课堂要求——不看笔记，学生能写出第一次世界大战的5个主要原因，并对每个原因有评论性的解释。全部完成时间为30分钟。

过程：看教师的知识储备，看教学内容的处理：

什么是学生已懂的——检查；

什么是学生不懂但看书可以懂的——概括与提炼；

什么是学生不懂的——讨论；

什么是学生讨论了都不懂的——讲授与阐明；

什么是教师讲了还不懂的——活动与示范。

复旦大学评出的学生最喜爱的老师，是英汉大词典的主编，他在一节课上能让学生大笑三次。

作为语文教师，一口流利的普通话，一笔好字，对经典名篇的背诵不可或缺。

教师语言三境界：

第一境界——想得清楚，说得明白，使学生听得懂，说得出；

第二境界——声情并茂，传神动听，使学生身临其境，如闻其声；

第三境界——话语有限，其意无穷，使学生尽情想象，思绪无涯。

课堂上四个避免：避免重视情境设计而忽略情境应用；避免重视学习结果而忽略学习过程；避免重视过程开放而忽略结论开放；避免重视学生讨论而忽略教师点拨、引导。

最后是作业、辅导与测试，这两个环节是检验与反思，应予重视。

教师是活化的知识，教师是微笑的教科书，好教师就是在课堂上显得比平时更漂亮的教师。

3.10 让深度学习真实地发生
——云教学促使教学方式转变

教学有各个层面的研究，涵盖教育理念、教学思想、教学策略、教学方式、教学手段、教学方法等，其中教学方式属于中位研究，上接教育理念、思想，下联教学手段、方法。不同的教学方式反映不同的教学思想和理念，决定不同的教学手段和方法。现在，教育的目标已从"双基""三维"发展到"核心素养"，改进教学方式和学习方式，变革教学组织形式，创新教学手段，改革学生评价方式，从理念到实践都需要适应时代需求的个性发展，如何改变课堂是必须要思考的。

一、引入"云教学"，构建具有学校特色的"143"教学模式

曲靖一中推出"云教学"，构建具有学校特色的"143"教学模式，具体内容为：

引入"云教学"，将信息技术置入课堂中，从根本上改变了传统的授课方式，使认知方式、学习方式、内容呈现方式和活动方式发生了根本性转变，师生将共同发挥主观能动性，打通课前—课中—课后以及课堂互动系统，教与学将实现深度融合，还会打破时空的局限。

"143"教学方式："1"指一个核心理念——让课堂"灵动"起来；"4"指四个教学策略——问题导学、合作释学、合适激学、精讲解学；

"3"指三个学习环节——微课助学、资源辅学、评价测学。

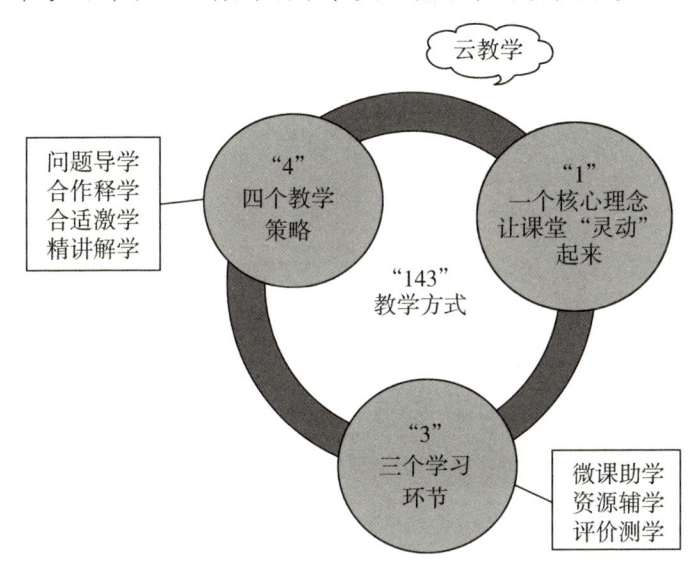

```
          云教学
    "4"           "1"
   四个教学        一个核心理念
   策略           让课堂"灵动"
问题导学                起来
合作释学      "143"
合适激学      教学方式
精讲解学
          "3"
         三个学习       微课助学
         环节          资源辅学
                      评价测学
```

教学策略的四个要素：

问题导学：平时我们的教师都在说"教课"，"教课"是做什么事？"教课"是组织学生学习的过程，如何来教学生？我不知道学生的情况，教什么？给什么？怎么给？那就得先搞清问题。问题是教学的起点，问题怎么来？问题反映学生"在这里"，教学目标反映学生应该到达"那里"。教师的教学设计不应只是钻研教材的结果，而要根据"在这里"和"到那里"的距离进行设计，循循善诱，步步深入，这才是以学生发展为本的教学。不知道来自学生的问题，不知道学生在哪里，课堂只能是演绎推理的教学，只能是满堂灌的教学，必然是低效或无效的教学。

问题怎么来？两种，一种是教师预设，另一种是学生的疑惑。课前（也可在上课开始时），教师就要将问题和学习目标通过平板电脑导入推送给学生。学生课上通过在平板上书写、拍照等方式回答教师提出的问题，教师则可通过平台进行点评、互评等线上交流方式及时释疑答惑。

合作释学：合作是在问题基础上进行的。面对有思维挑战性的问题，组内合作探讨，学生在合作的过程中发挥主观能动性。教师要适时进行角色转换，从教"班"变成教"组"，从个人教群体变成团队教团队；同时，学生也从个学变成群学。学生能做的事，教师不要去替代，发挥学生潜能的课堂才是好课堂，问题与合作的作用正在于此。

合适激学：老师们极易忽视的一个策略，就是"合适"。课堂由教材、教师、学生三个基本因素组成，教材是相同的，学生却是有差异的。同一间教室，有差异的学生拿着无差异的教材，就成了一对矛盾。让每一个有差异的学生都实现发展，课堂需要"合适"。"合适"从哪里切入？从学生的"最近发展区"，一是知识的"最近发展区"。一个题目，最漂亮的解法学生学不会，那还得从他的"笨"办法教起。二是目标的"最近发展区"，让学生有一个够得着的目标并为之而努力。一个班数学成绩分为五个段，每20%是一段，居于第一段的学生的数学平均分为118分，居于最后一段的学生的平均分是41分，118分的最近发展区是135分，41分的最近发展区是70分。"让有差异的学生都得到发展，是在最近发展区里实现的"，给有差异的学生以无差异的教育，进校时40分，三年后也只有41分，这就是不控制合适点的结果，是由于认识和管理的误区被耽误了。所以，要精准控制合适，给每一个有差异的学生设置"伸出手来够不到，跳起来能够得着"的目标，激发起学生的学习激情，使学生有收获，有成就感，才能让每个学生都得到发展。

精讲解学：教师讲什么？教师是引导者，是组织者，是解惑者，是传道者，是破解难点、突出重点的授业者。课堂教学离不开教师，教师的精讲要起到开启学生智慧的作用。

学习环节的三个构成：

微课助学：通过云教学平台，学生可以随时翻阅教师的悉心讲解，反复学习课上没有弄懂的部分。

资源辅学：借助曲靖一中多层级的教研团队构建的"紫薇学堂"资源平台，给学生答疑和释惑，帮助学生拓宽、加深知识结构，形成多种形式的学习共同体。

评价测学：教学"3+1+1"教研，是曲靖一中在借助他校经验的基础上探索出来的一个全新的教学环节，教师可分难易分层级为学生推送测试卷，学生通过平板电脑完成，教师通过测评结果分析随时把握学生学习情况。

二、学习、反思、研究，构建教师"专业金字塔"

教学方式的变革，需要教师扎实的专业素养作支撑。目前，学校的教师大致分为两个部分：年轻教师大多是名牌大学毕业，底子好，悟性高；中青年教师有丰富的教育教学经验和教学智慧，对中学教学把握得好。但仅有这些还不够，还须不断地学习、反思、研究，从宽度、高度、深度三个维度构建自己的"专业金字塔"，这是教育发展的需要，也是对自己的不断超越与挑战。

1. 勤于学习，纵横汲取，拓展"专业金字塔"的宽度

教师的"专业金字塔"要又高又稳，首先要有一个宽大的底座，这个底座就是教师的"知识面"。构建底座的法宝，就是勤于学习，纵横汲取，从本体性知识、条件性知识和实践性知识三个方面完善专业知识体系，逐步解决"学什么""向谁学""怎么学"三个基本问题。

学什么？一是学习学科知识。一个教师只有学科知识扎实，站在讲台上底气才足。为了做到底气足，必须把学科知识落实在"巩固旧知识、吸收新知识"两个方面。二是学习教育理论知识。教育理论知识是教师专业知识体系中的条件性知识，对教师的专业发展和教学实践具有导向作用，教育理论的缺失将导致教师反思无深度、经验无理性、实践无方向等诸多问题。三是注意积累实践性知识。教育实践性知识是一种程序性知识，也就是"如何教"的知识。教师应订阅专业刊物，把每本杂志的内容按章节另册分类，经过长期积累，几乎每备一课，都能迅速查到跟课本相关的若干篇文章，然后博采众长，形成自己的教学设计。

向谁学？教师的常态学习主要是自主性学习，所以最方便的学习对象自然是书本，即向书本学习。打开一本好书，眼前就呈现一个新的天地，

在新天地里与作者"神交"。不仅要向书本学，还要向专家学、向同行学、向学生学，在条件许可情况下，不放过每一次系统培训会，不错过每一次集体研修活动，不漏听每一节教师展示课。

怎么学？有计划地学、无计划地学、根据"需要"学和批判地学。"有计划地学"，就是利用双休日或寒暑假，系统学习选定的文献专著，通过这样的学习获得一个完整的知识体系；"无计划地学"，就是利用平时零碎时间，阅读一些报刊文章，时间多就多看一点，少就少看一点，"短、平、快"地获得一些知识；"根据'需要'学"，就是基于"任务"而学习，如为写一篇文章、开一个讲座、做一个课题而进行的文献学习。"任务驱动"使自己从某方面的"无知"变成该方面的"专家"；"批判地学"，就是学习时要有自己的缜密思考和价值判断，不唯书、不唯上，做一个理性的自主学习者。

2. 勇于反思，不断超越，追求"专业金字塔"的高度

教师"专业金字塔"的高度，就是专业发展的目标和境界。冯友兰把人生境界分为自然境界、功利境界、道德境界和天地境界四个层次，教师专业发展境界分为功利境界、道德境界和审美境界三个层次。功利境界，教学目标直指中考、高考，不顾及学生的认知规律、学习体验和生活质量；道德境界，基于学生的"最近发展区"实施教学，既考虑眼前的"考试"，又考虑学生的未来发展；审美境界，超越了功利追求和道德说教，师生沉浸在追求真理和提升精神的快乐之中。

那么，如何增长"专业金字塔"的高度呢？勇于反思，不断评估专业发展即时状态，反思的重点是发现不足，明晰改进方向和新的发展目标。从三个方面反思自己的专业发展状况：一是反思教育观念。观念决定行动，一个教师的学科教育不仅指导着他对教材目标的顶层设计，而且影响着教学行为的每一个细节。在30多年的教学生涯中，我经历了从"数学教学"到"数学教育"再到"数学教育与人文教育融合"三个阶段，逐步形成了自己的数学学科观和数学教育观。二是反思自己的专业知识结

构。经常性地对自己的知识结构进行自我评估，清楚已有的学科知识、相关学科知识以及教育理论知识与学生需求、教育发展的距离，并及时开展有针对性的学习，完善自己的知识结构。三是反思教学的实践能力，包括教学目标的确定是否科学、教学资源的整合是否合理、教学方法的选择是否得当等。

教师"专业金字塔"高度的增长就是不断地提高教育境界，摆脱功利羁绊，超越道德说教，日益逼近教育的审美境界。

3. 潜心研究，教研相长，延伸"专业金字塔"的深度

教育思想就是"专业金字塔"的深度。如何让自己的"专业金字塔"有深度呢？一是承担或参加系统的课题研究。课题研究有明确的研究目标和研究内容、规范的研究步骤和研究方法、预设的研究时间和研究成果。经常性地开展课题研究，可以显著地提高自己的理论水平和研究能力。二是聚焦"教"与"学"的具体问题，开展持续、深入的常态研究。

三、破解实践难题，创建教研平台

在推进课堂教学改革的过程中，可能会出现新旧教学方法的适时切换和学生思维模式灵活转换等不好处理的问题，为此，学校将以课堂为基础，以教学中出现的现实问题为研究导向，积极创建教研平台。一是通过紫薇讲坛工作室、公开课、示范课等，切实解决实际中遇到的问题；二是构建多种形式的学习共同体，使教学与教研互动；三是构建多层级的教研团队，主题式研究突破实践性难题；四是以教师论坛、课例研讨、外出学习等形式兼收并蓄，以改变课堂方式，促进学生深度学习的生成。

3.11 体育新实践

贯彻党的教育方针，坚持"五育并举"，树立全面育人思想，是学校办学的基本原则。习近平总书记在全国教育大会上强调：要树立健康第一的教育理念，开齐开足体育课，帮助学生在体育锻炼中享受乐趣、增强体质、健全人格、锤炼意志。学校要充分发挥体育教学的学科育人功能，使体育教学成为新时代教育改革的重要平台和抓手。

一、创新体育课

受多年传统教学的影响，还有就是安全"紧箍咒"的原因，现在的体育课多是按部就班，跑步、做操、打球和适当的体能锻炼，体育课碎片化、随意化的现象时有发生。这些项目以及项目难度与强度难以真正实现体育的育人功能，有助于健康人格发展的体育教学呼唤教学方式的创新。教学设计要符合学生身心特点，注重学生的参与性，培养学生的自信心，从场地器材布置、准备到体能练习，具体操作方法都要体现出对学生的正向引导。教学形式要注重学生的全面参与和体验感悟，各个教学环节考虑参与者的角色体验，要么是在他人帮助下完成任务，教育学生学会感恩；要么是全员参与，各尽其长完成任务，学会感知集体魅力与力量，提升团队意识；要么是涉及多重困难，需要足够的耐挫力才能完成，培养学生的顽强毅力。让结构化的内容贯穿课堂，注重体育知识、运动能力、攻防意识、规则要求的结合。教学组织要充分考虑到学生个体差异，集体项目、自选项目为学生量身打造，分段分层实施，及时评价，注重学生培养的针对性，积极开发体育锻炼项目。高一、高二学生侧重于基本技能的掌握，找到适合自己的一套锻炼方式；高三学生要增加身体素质的锻炼项目，让良好的身体能够支撑紧张的高考复习。让每一个学生得到发展，形成不同项目不同年龄段的健康人格发展目标。教学管理要加强对体育教师系统的专业培训和课程培训，注重活动设计的目标性，用爱心、责任心以及体育教师个人的魅力感动和引领学生，达到育体、育心、育德的全面育人效果。教学资源要善于利用已有资源，注重教学体验的情境性，培养学生的适应性，根据学校场地、器材等实际情况，充分利用校内外资源，融合学校的条件和特点，开发具有学校特色的运动项目，丰富教学内容，提高教学效果，使学校体育教学活动充满活力。

二、改进阳光体育运动

德育、心理健康教育、体育形成合力，才能最大可能发挥育人效果，学校的阳光体育运动需要加强与德育课程、音乐课程、心理健康课程的有机融合。一方面心理健康教育的许多活动设计与体育、德育活动类似，这三类课程完全可以整合起来融合开展；另一方面，通过心理咨询和心理辅导，可以收集整理实施过程中的学生思想变化规律，透过思想变化和行为方式，分析学生的人格发展状况，这作为下一步开展人格教育的依据。整合起来的阳光体育在活动内容上要体现竞争性、创新性和创造性的学科特征。竞争性指活动内容要有可比性，能够判定出不同组别相同时间完成的任务多少，或者完成每项任务的时间多少；创新性，是指活动内容不能是学生过于熟悉的，即使是同一项目也要变通，适当修改，增减难度；创造性，则是留给学生创新的空间，让学生的智慧有施展的舞台。如何帮助学生养成健康人格，很大层面上需要在体育活动中实现智力与体力的交融，让校园活动精彩纷呈。

三、重视健康人格形成

如果一个人没有健全的人格，那么即使知识再渊博，学业再出色，身体再强壮，其脆弱的心理和生命一旦遇到挫折和风浪，也会有崩溃的危险。体育同人格教育之间的联系也在实践与研究中被反复证明：体育运动中，情感体验能够深刻触动内在品质的形成，这也是其他学科无法比拟的，体育不仅能壮筋骨，还能调感情，强意志。体育教会学生学会赢，也学会输；学会去领导，也学会被领导；学会做极致的自己，也学会做团队的一员；学会去奋争，也学会去承认失败。体育锻炼多在户外，大自然的阳光与空气，给人以灿烂与活力。运动使人摆脱阴霾和低沉的情绪，变得健康而活泼，是人格教育的最好方式。我们要充分挖掘和拓展体育的育人价值，不断培养学生阳光自信，团队合作，集体观念，诚信规则，情绪调控，社会适应等健康人格。站在人的全面发展的高度重估体育教学价值，是学校高品质发展的一项重要内容。

3.12 让课程为学生发展提供不竭动力
——高中教育的实践与回顾

近年来，世界普通高中发展呈现出三种趋势：一是站在国家发展战略的高度审视高中的价值，二是对高中教育的质量和内涵发展给予极大关注，三是在基础知识和基本技能之外，特别强调新时代需要的基本素养，如公民责任、批判思维、健康人格、民主平等、合作意识、国际理解、实践能力和创新能力等。

当前，中国普通高中教育任重道远，国家教育部明确提出落实立德树人根本任务，高中教育体现出多重性、创新性、开放性的时代特征。多重性，任务和功能是多重的，体现为：既要引领义务教育向更高领域发展，又要为高等教育提供人才支撑；既要为升学做准备，又要为就业、创业做准备，更要为终身学习、发展做准备。创新性，普通高中教育是创新人才培养的基地、苗圃。开放性，普通高中教育不仅要面向社会，还要面向世界，具有国际视野，具备国际竞争力。

2009年，云南省普通高中全面实施新课程，省教育厅要求全省高级中学积极投入到新课程的实验中去，以新课程改革为契机，以学校为载体，使云南省基础教育有一个新的跨越。至今，五年过去了，云南省高中教育实现了质的飞跃，一是已有三届学生接受了全国高考（Ⅱ卷）的检验。从2012年至2014年的全国高考，全省学生高考成绩逐年攀升，本科率逐年提高，高分段学生群体呈现；二是学生综合素质逐年提高（以学校评价为依据）；三是学生基本素养形成（全省高中学业水平测试过关率达98%）；四是中学生的创新能力大幅提升（如科技小发明创造、机器人制作大赛多人次获奖）；五是各类人才层出不穷，如在体育竞赛、文艺表演、中学生奥林匹克竞赛、国际交流与合作等活动中，我省中学生竞争能力增强等，大批人才涌现。因此，从学生的成长与成绩方面，我们欣喜地看到近五年来我省高中教育实实在在向前迈了一大步，究其原因，总结如下几个方面。

一、课程，是学校发展的不竭动力

学校办学的核心是课程，教师通过课程来实现教学的目的。课程是什么？课程是通道，是一个更大更丰富的世界，它融合了学校的教育理念和教师的教学智慧，是活化了的教材。学校的课程设置，为学校的发展提供了基础与保障，许多学校都将国家课程与学校自身特点相结合，演化为校本课程（或称学校课程），校本课程本质上是对国家课程的内化与整合，例如曲靖一中所做的学科整合：一类是基于学科间相互的渗透与需要，调整各学科内容与进度，使之互相服务；另一类是将同一学科内容根据学生认知特点与体系重整，将同一教材的前后内容重整，或者将不同教材内容进行整合，方法包括调顺序、调重点、调例子等。这样一来，使课程更具实用性和可操作性，同时又体现出课程魅力。学校有了一个科学的课程设置，便能够更好地尊重学科规律，如：让科学回归实验室，让德育回归生活等，学校也能够更好地利用教学资源，包括信息化、区域自然资源等。此外，课程改革走向纵深引发了教育思想、现代学校制度和教师素质的很大变化。在这样的环境下，学生的发展较五年前也有了很大变化：一是课程本身具有了吸引力，学生学习的积极性、主动性、责任感大为增强，学习成了自觉行动；二是学生的自信心和独立学习能力大为增强，学习潜能得到了充分的开发；三是学生的表现意识、创新意识、合作意识和团队意识大为提高，学习的精神状态发生很大变化；四是教师教学的针对性变强了，教师的讲解主要针对学生学习过程中暴露出的"问题"和可能达到的"最近发展区"，教学能在"刀刃"上，课堂教学水平明显提高。在这样的背景下，各类人才辈出，学生高考成绩优异，是水到渠成的自然结果。

二、教学，是充满挑战的一个领域

高中阶段学生的发展与成才，离不开学校与教师。教师的教学，是学生走向成功的重要因素。新课程对教师角色重新定位：一是教学的设计者，二是学生学习的指导者和信息源，三是学生学习的促进者，四是学生学习的组织者和管理者，五是学生学习的伙伴，六是学生学习的帮助者，七是反思者和研究者，八是发现人才的伯乐。

近年来，我省的教师水平无论从学历层次还是专业水平乃至教师的职业素养都有了很大的提高，各校都在狠抓课堂教学质量，聚焦高效课堂研究，践行着新课程理念。许多学校都有了行之有效的教学模式。此外，校际交流与探索更加生动，如：2013年师大附中、昆明一中、曲靖一中成立了三校教学协作体，通过"同课异构""异课同构""说课""说题"，教研交流，在一起磨课、沟通，收到了很好的效果。高中阶段，是义务教育的深化，是大学的预备，与初中相比，高中"高"在哪里？是大学的预备和准备，"备"的是什么？

高中学习是初中基础上的深度学习。高中阶段，要培养学生的自学能力（自主学习）、研究能力（研究性学习）、交流能力（合作学习），更加强调学习的主动性与自觉性，这就要求教师的教学较初中有较大的变化。教师必须具备更强的专业知识、专业能力和专业素养，才能驾驭课堂。近年来我们欣喜地看到，我省高中的课堂发生了巨大的转变，不少教师已做到高质量备课（备学生、备教材、备教法），高质量教学（思路清晰，课堂安排科学，语言精练，师生互动，及时发现学生存在的问题），高强度的思维训练（反应的迅速与能力的提高）。课堂上教师们能够讲清知识的纵横联系，讲清知识的演变过程，讲求科学思维方法和学习方法，同时注重培育课堂文化，形成师生在课堂中共创的具有稳定价值取向的一种行为方式，它包括和谐的师生关系，科学的学习环境，默契的情感交流和充溢的智慧空间。

近年来，省教科院每年都组织青年教师教学大赛、论文评比，以此为平台，老教师悉心指导，许多青年教师脱颖而出。此外，全省的教育在"变与不变"中前行，变化的是国家对人才的需求，不变的是教育的规律和教学方法，因材施教，循序渐进，温故知新，启发诱导，学以致用，教学相长，相观而善，互磋互学。教师们在探索课堂的过程中，在不同学科背景、不同教育对象的教学实践中，运用这些方法产生了许多好的教学案例，同时也取得了优秀的教学成果。

所有这些，为全省整体教学质量的提升奠定了坚实的基础。

三、德育，是智育发展的支撑

人才培养与环境很重要，学校文化建设是形成良好校风、教风、学风的前提，许多学校已形成了良好的校风，形成了学校里读书、治学、做人的风格，有了自己学校的气质和灵魂，并体现出学校的治学精神、治学态度与治学原则，全省涌现出许多"特色学校"，并践行着他们的办学理念，追求着办有灵魂的教育，即追求广阔的精神生活：智慧、真、美、公正、希望和爱，以此建立"每一个生命都是独一无二的，每一个青春的生命都是充满个性且绚丽多姿的，每一个人表达生命的方式也是多元的"价值体系，教育需要智慧。

为此，各学校将教师的师德师风建设和学生的理想前途教育以及行为习惯、文明礼仪的形成作为抓手，首先"德"为魂，各校强化教师的职业道德，结合省教育厅出台的"规范中小学教师教学行为"，许多学校引导教师用高尚的标准来要求自己，形成诸多良好的品质：个性、修养、风度、气质、幽默感，对生命的尊重的态度以及对真理的敬畏。无数的教师具有高尚的理想、社会的良知以及对教育的热爱。

近年来，各州市都启动了教师培训工程，一是搭建新教师的入行培训，通过"青蓝工程"使他们快速成长；二是骨干教师群体的形成；三是以名师工作室为载体，发挥名师的专家引领、示范辐射作用，以教学基本功、教学思想、教学策略为方向，促使教师专业成长；四是省教厅及各州市教育局为教师创造了较为广阔的理论、理念的学习空间，教育、教学的实践空间以及才华特长的展示空间。其次，各学校充分重视学生理想前途、行为习惯以及心理健康的教育，纷纷开设了活动课、选修课、学生社团，开展各类活动、比赛，使学生逐步形成正确的人生观、世界观、价值观，无论走到哪所学校，都会发现素质教育硕果累累，人才辈出，学校为学生的发展搭建了舞台，创造了契机。

四、制度，是学校健康发展的保障

依法办学，自主管理，社会参与，民主监督，是现代学校制度的基本要义，政府、学校和社会（包括家庭）是影响学校运作的三个行为主体。近年来，省教育厅加强了对中小学校办学行为的规范，先后出台了多个相关规定，让教育回到依法治校、依法执教的框架中，使人的发展有一个正常的教育环境。一方面在规范节假日、双休日，规范高中招生秩序，引导高中校长"练内功"，严格限制招生范围，禁止公办高中开设复读班，重视高中学业水平考试，建立育人为本的中小学评价机制，改善教育的行政环境，建立地方党政领导教育考核机制，建立实施素质教育的长效机制等方面起到了重要的作用。另一方面，各学校都确立了现代学校制度的路径，一是正确处理政府与学校的关系，建立学校章程，依法依章办学；二是正确处理学校与教师的关系，确立教职工代表大会在学校的最高权力机构地位；三是正确处理学校与学生的关系，发挥学生代表大会的重要作用；四是正确处理学校与家庭的关系，确立家长委员会的应有地位；五是正确处理学校与社区的关系，确立社区教育的应有地位。第三，各学校建设现代学校制度，最大限度做到分权——教师的教学自主权、教师的知情权等；公开学校的政务、招生、财务等情况；实行民主自治、社团自治等。所有这些，保障了学校的健康稳步发展。

坚持立德树人，践行社会主义核心价值观，让教育尽显其内在魅力，做到教育的对象"有教无类"，教育的过程"因材施教"，教育的结果"人尽其才"。云南基础教育的使命让我们的校园展现出这样的风采：它始终基于人的发展，讲人性，讲人道，讲人权，有成人教育之美；它始终基于社会发展的要求，讲感性，讲理性，讲超然，有全人教育之美；它始终基于未来发展的趋向，讲淡定，讲厚重，讲创新，有励人教育之美。

3.13　今天的高考与教育的变化

对于高中学校来说，没有升学率过不了今天，但只有升学率是过不了明天的。今天的高考，给高中学校的教师带来了极大的精神压力，前不久在网上看到过两则"下跪"事件：有一所在全国非常出名的学校的一位初中班主任，因为希望一位尖子生能留在本校参加中考，居然给孩子下跪；另一件是一位家长非要让孩子读某所高中学校，在校长办公室外面下跪，不答应就不起来，甚至以性命要挟。前者是学校老师为了能在激烈的中考中争得一点优质生源，继而提高一点升学率而不惜斯文扫地，后者是强烈希望孩子能进优质学校而不耻卑躬屈膝。由此联想到"高价买学生"和"状元提条件"这些本不该发生的事，确实感触良多。高考、中考承载了太多不该承受的重负，教师承受了太多不该承受的压力，新高考改革将会带来一道曙光。

今天我与大家交流的话题是：新高考制度，变化的课堂，改变的学习，新型的教师。

一、新高考制度

国家出台的新高考制度，更多的是注重学生的个性发展。深化考试制度改革，高中教育已发生以下重大转变：①高中教育将从仅仅关心一次终结性考试成绩，转变为要关注学业水平考试和高考，同时也要关注各项选修课成绩，因为这些成绩将在综合素质评价中有所体现；②对于学生的评价，将从仅仅依赖于高考成绩转变为重点关注高考成绩，同时参考综合素质评价结果；③学生的学习将从过去的统一化、单一化转变为个性化、多元化；④学校组织教学将由固定班级的统一授课方式转变为选课制、分层教学和走班制；⑤取消文理科之后，对教学的不同要求转变为统一要求；⑥高考将逐步实现由分省命题转变为全国统一命题，而且命题也将实现由重知识到重基础性、综合性和重能力的转变。

分类考试、综合评价与多元录取成为新方向。新高考方案，着力彰显"选择性教育理念"，新高考引领下的高中教育"新常态"决定了：①在教育内容上，实现从专注"层次选拔"向优化"个性选择"转型，高考录取模式从"高校+专业"向"专业+高校"转变，从而让学生从分层选拔的过程中"一心一意"地追求更高层次的大学，转向根据自己的特长、兴趣去张扬个性和实现自我；②在教育方式上，实现从过度关注"考分"向全面关心"育人"转变，新高考不再坚持"一考定终身"的模式，而是从"一科两考"起步，逐步探索多次考试的评价模式；③在教育目的上，实现从注重"学科成绩"向促进"学生成长"转型，新高考主张让学业水平考试与高考同步进行，逐步实现由"集中应考"向"分散评价"转变，这要求高中教育从"关注结果性的学科成绩"向"关注过程性的学生成长"转型。

二、变化的课堂

新高考方案使高考形态在一定时期内基本定型，然而，改革一直在进行，现实从未被改变。一直以来，"教学围绕考试，课堂挪移知识，评价只看分数"像三座大山压在教育人的头上，"课堂的灌，作业的多，考试的滥"和"管理死，学生苦，教师累，家长急"，在高考指挥棒的指挥下，课堂进入了一个黑洞：考"素质"窄化为考"学科"，考"学科"窄化为考"双基"，考"双基"窄化为考"记忆"、考"技巧"；提高"素质"

异化为提高"成绩",提高"成绩"简化为提高"分数",提高"分数"又的确有"旁门"、有"捷径"可走,简单、技艺、重复。掌握技艺的秘诀是熟能生巧,于是,因为死记硬背加模式化训练可以对付知识和技能,加班加点,搞题海战术就成了常态,于是学生压力大、效率低、无兴趣、无能力、无效能感、无目标感、无意义感、无价值感,学习习惯非良性循环,这些就是应试的一种现实。现在新高考提出考"素质"让教育人见到了曙光,然而,"考素质",这是一个世界级的难题,但无论如何,新考试方案为我们的课堂又一次带来了变革的必然。

现在的课堂教学,最受直接影响的是"3+3"考试科目调整,前面的"3"是语文、数学、外语,这是高考必考;后面的"3"是指"7选3",是在理、化、生、政、史、地、技术7门中选3门。以往,学生高考升学总体上是"不需见人,只需见分",分数是唯一指标。现在改革为:政府政策、高校招生、中学课程下的"先见其人,再见其分"的模式。"选课走班""一人一张课表""一课一个地方"已成必然选择,差异在"选择的充分度""走班的自由度","选课走班"必将成为课程改革的突破点,也必将成为每一所高中教学组织的"新常态"。

现在的课堂教学,概括为以下六个方面:

第一是话题,表现在两个方面:一方面朝话题延伸。未来的知识单元会让位于主题单元,主题单元的包容性和广阔性实际上给我们提供了一个开放的话题领域,我们可以利用组合、删减、整合、改写等方式来实现话题的最大拓展,让学生形成丰富厚重的人生积累和文化积淀。另一方面,"只读"向"可写"转化。未来的作者文本会演化成读者文本,读者不仅仅是一个读者,还能理所当然地写入自己的看法和见解。

第二是探索。在课堂教学中,教师与学生共同探索,不断对知识进行挖掘,并在循环往复中获得思维训练和智力挑战。

第三是对话。课堂教学中师生的对话是一场多边的、多重的互动和立体的对话,在这个过程中达成临时共识。

第四是冲突。没有冲突就没有教学，教学的过程是冲突形成、展开和解决的过程。

第五是建构。新知识、新观念的到来必然使原有知识结构失衡，于是重新在动荡中找到和谐以达到新的平衡。

第六是延续。在传统情况下，课内主要是老师向学生进行知识传递，课外是消化。而未来的课堂可能是把知识传递放到课外，把课外的知识消化放在课内，课堂结束只是空间授课结束，下课将是学生新的开始。

课程与未来接连不断壮大，并继而追求知与行的合一，授与学的合一，教师与育人的合一。

三、改变的学习

我们的课程改革走过了三大阶段：第一阶段聚焦的是课程，主要是教材的改革；第二阶段聚焦的是课堂，比如近几年流行的高效课堂诸多模式；第三阶段就是我们未来应该聚焦在学生的学习上，"教为中心"要向"学为中心"转化，教师的核心价值要转向成为学生学习的促进者。

什么是学习？第一，学习是一种本能。有些学生不喜欢学习，只是他不喜欢某方面的学习或者不喜欢某种学习方式。第二，学习可以分为正式的学习和非正式的学习，多数课堂教育是一种正式学习，实际上。人的品格，或者说人的情感、态度、价值观，很多都来自于非正式学习。第三，学生应该成为一名专业的学习者，因为学生的工作就是学习，所以我们要让学习专业化。如何让学生的学习变得更加专业呢？要让学生掌握一定的学习理论、学习技术、学习工具。第四，学习不可能用同一模式，如"先学后教"等模式，有的知识得先教后学，比如技能型的学习一定是先要教，后学，像体育中的乒乓球，你自己乱打两三年，再请个教练来教，要改变一些乱学时的不规范动作就很困难；再如英语中的单词发音，你不能自己先学一遍，然后老师再来纠正，一定是老师一个个音很准确地教你，然后你再自己学。

改变的学习会有什么样的变化趋势呢？第一就是学习的个性化，以及由此带来的新的学习组织形式。现在的班级授课制是50多年前的产物，它的优点在于效率较高，能适应共性化的需要；但弱点在于，它可能一直压抑着学生个性的发展，孔子几千年前说的"因材施教"，到今天没能真正落实的原因，正是班额太大。第二就是学习的社会化。因为现在知识更新很快，学习的资源越来越丰富，仅仅靠课堂是不够的，知识的获取途径将来一定会被技术拓展，被技术改变的学习，可能不再是用灌输方式，将实现课堂翻转，教师只是指导，为学生的学习提供服务，并对学生的学习成效予以评价。第三就是学习的终身化，有限的学习是不够的，学习必须无处不在，我们现在所处的是信息社会，信息化的本质是解决排队问题，新时代、新技术、新趋势使未来学习可能以视频为载体，学生按需要学习，翻转课堂成为新常态。

由此，变化的学习所呈现的特点：①学习者的个性化需求将更加凸显；②未来学习者的学习方式将更加多样、自由和非正式；③学习者更加依赖于技术去改善学习体验；④学习者将更加国际化。

高质量学习体系的关注要点：

一是高水平的学习环境——安全的、自主的、信任的、具有挑战性的、有意义的这样一个学习环境。

二是高适配的学习方式——高效课堂不是炖猪肉、牛肉、青菜、萝卜，都一个煮法，炖熟后给学生吃，不同的学习内容都有不同的学习方式，只有这两者相互匹配，有效的学习才得以发生。

三是高价值的学习过程如何让教与学的价值链条变得非常有质量。

四是高水平的学习结果——很多理论要转化为教师和学生的实践和可掌握的技术，才能实现学习的成功。

这里特别要说一下"技术"。

我们说知识一定会被技能所取代，美国著名的教授都去开办在线教育网站了，让斯坦福、哈佛和麻省理工联合创建了edX的MOOC平台；当大学的外语老师还纠结于发几篇论文可以评教授的时候，有的学校的英语教师赚了钱去生产"镰刀手机"了；当全国几百所职业技术学院的校长为升本而入驻驻京办的时候，一个技校的校长专注于挖掘机技术的培训和人才培养……如果说，知识不再被学校垄断，技能从来不是书生们的特长，那么我们的学校，如何搭建一个学生体验的天堂呢？课堂又如何从传统的"篮球场"，变成用新技术武装的"主场"？

我自己在这里想象，学生为什么会留在校园？想明白了，这件事情就好办了——你的学校有什么是吸引他的东西？这种时候，你会发现真正吸引眼球的，不是你有多大的权威，也不是你有多少钱，而是你有多大的创造力。

人类文明经过了以等级和集权化为诉求的权力社会、以等价物和GDP为诉求的金钱社会，进入了体现个性和生命张力的创造社会。

新信息技术的发展，使得一些教育机构从学校的功能里面剥离，这并不是坏事，这让学校可以更加集中在"原味世界"：越来越少的课堂，越来越多的网络；越来越少的教室，越来越多的咖啡厅和厨房；越来越少的讲授，越来越多的交互；越来越少的办公室，越来越多的实验室……

四、新型的教师

教师应该是什么样的？改变随时都在发生。在我年轻的时候，见到亲友我们常常会问一句："你吃了吗？"因为那个时候物质贫乏，我们都希望自己能够吃饱吃好。但今天当我不再年轻的时候，我却像年轻时一样，每当走进宾馆、酒店，哪怕走进一个小小的餐馆我都会问："这里有 Wi-Fi 吗？密码是多少？"因为我已经离不开它，我们已经用这样的方式开始了我们的生存。技术正改变着我们，它改变我们的生存方式，当然它毫无争议地也改变了教育本身。

一开始，我们都拥有了一条数据线，这条线让我们和世界相连；之后，我们通过一个关键词，可以在网络上得到海量的相关信息，它大大方便了我们的检索；非典之后，中国人学会了网上购物，它今天已经成为一种日常的生活；智能手机的普及让我们随时随地可以去感受世界的变化；随后，我们通过微博来输出我们的信息；紧接着，平板电脑进入我们的生活；后来，微信让我们实现了实时互动，而现在的人工智能、大数据、互联网+……这一切改变，都迅速蔓延到教育，推动着教育的变革和改变。

2012年，一款眼镜让我们看到科幻已经变成了现实，我们摇摇头就能通话、上网、查电邮，它已经不仅仅是一副眼镜，而是一个可以沟通的平行世界。这就是现实，技术来了，它在改变着我们的生活，改变着我们对于教育的思考。摇摇头我们可以随时拍照，我们可以随时录像，我们可以随时传递相应的信息，这就是今天我们面临的世界，它在不断地改变着我们。

当它走进我们的生活，必然进入我们的家，未来的课堂上，所有孩子上课都拥有了平板电脑，每个孩子都在课堂上根据自己的需要在选择自己的学习内容和学习方式，每个孩子的学习都是自由舒展的状态，技术让教育得到了最大程度的解放。我们不再是过去的一块黑板、一支粉笔、一个讲台的教学，教学变得那样地从容，那样地丰富，那样地充满个性和灵性，这才是真正的教育状态。

教师是一个唤醒者。因为对任何学习者而言，学习都是不可替代的，他只有用过去原有的经验，去加工建构新的知识和经验，学习才由此发生。而教师的责任就在于把学生原有的经验唤醒。那么，在技术到来的这样一个新时代，教师的唤醒者角色通过什么去达成呢？那就是通过开发大量丰富、多元、可供选择的课程资源，让学生在选择当中形成自己的路线图来实现自己最好的成长。课程犹如跑道，教师的作用就是建跑道，不过每个人的目标不同，每个人的个性不同，你可能要为不同的学生修建适合他们的不同跑道，如果用动词表达，那课程就是"奔跑"，怎样才能跑得快，就得看我们老师修的跑道是否适合学生。

教师是课堂的守护者。教师要善于发现学生的问题，敏锐地发现每个生命的差异，在解决问题中推动学生互相交流，互相碰撞，让每个学生都能自主地学习和发展。

教师是在线学习的实时互动者。互联网技术、智能技术以及移动技术的发展，使我们的学生拥有了一种心态，那就是遇到问题要马上得到回应。我们如何实时地互动、满足学生的需要，就是教师要考虑的问题。

我们的教师需要的是使命和愿景，学校所要做的是带动教师发现自己的关键成功因素，寻找那些"让我与众不同"的优势，并让这种优势逐渐扩展，最终让这些"与众不同的优势"成就自己。把使命和愿景转化为实实在在的东西：我开发的课程资源学生喜欢吗？实用吗？有指导性吗？能切实地为学生提供帮助吗？我的实时互动效果怎样？为此，学校为教师们设置了"选择性教师发展课程"，就全体教师的校本培训而言，有三个部分：入职辅导、"青蓝工程"是针对年轻教师在教学法、教学问题、学生纪律等方面出现的问题的专题讨论会；对于有一定教学能力的教师，主要是自我反思，自主阅读，自我提高，因为专业滋养底气，因为理论扩展视野，因为文化点燃灵性。

这里特别要谈的是通用特质，它包括沟通能力、团队合作能力、学习能力、个性价值观、职业道德、思维模式等。

而面对学生的通用特质需求，未来教师需要的通用特质有哪些呢？首先，他是学习技巧和学习障碍的诊断者，是学生心理问题的诊断者，是课程设计的专家，是媒体资源的咨询顾问，是团体工作和沟通的专家，是学生未来社会技巧发展的辅导者，是客观公正的评判者，是公共关系的专家，同时他还必须是未来专家。这里我特别要给大家说的是，一个教师大学毕业去教书时可能才20多岁，而退休前所教的最后一批学生要面对的是教师大学毕业几十年以后的生活，因此教师必须是一个未来专家。我想讲的观点是，未来教师的专业性首先表现为通用特质的发展，未来教师要更强调成为通才，强调知识的统筹能力。

我要讲的第二个观点是，未来教师的本分还必须强化艺术修养与开放气质，在数据化与标准化的时代，能够保持教育的个性、人性、弹性和创造激情。我们这个时代太强调数据了，太强调标准了，而大数据无所不能，它的需要是明显的。《大数据时代》这本书的作者说，大数据的危险有两个，一个是永久的过去，另一个是决定了的未来。所谓"永久的过去"是指我们作为个人不断地成长、发展和变化，而那些多年来搜集的全面的教学数据却始终保持不变。想象一下，一个学生的活动记录被存储下来，在25年以后他找工作的时候，被提供给雇主，这将会是怎样的情形？所谓"决定了的未来"是指以所有人为对象搜集到的全面数据将用于对未来的预测，但是系统也可能带来一些恶性的后果。假如系统预测到学生不会在这些专业和领域取得良好成绩，于是你让他转入别的专业，系统的预测完全可靠吗？在一个所有的事物都已经被标准化和数字化的世界里，艺术可以让我们保持独特的自我。用梭罗的话来说，就是"忠于另一种鼓声，大步向前"。我想说艺术是标准化时代教育的核心技术之一，我们太强调标准了，而教育是人的事业。

我想讲的最后一个观点是，未来教师的本分之三，就是认识自己。认识自己、生命的独一无二与无限可能，赋予教师教学的专业自信和专业自主。我想起了一个很有意思的案例，一个教练在棒球训练馆想找一个棒球选手，他看见一个年轻人在相对封闭的棒球馆练球的时候，百发百中，200个球击打得弹无虚发。他就想，终于找到了一个"天才"。但是，当他把这个年轻人放到真实的比赛现场时，当有了追堵、抢截、恐惧，有了不可知的因素以后，这个年轻人的表现大失水准。这个教练终于明白了一个非常简单的道理，就是在一个复杂、真实的战场当中，个人真实的实力才能够得到显现。我想通过这个案例表达一个观点，就是案例分析不是真实战场，别人不是自己，认识自己是教师终生的事业。

大家知道"认识你自己"是阿波罗神庙当中非常著名的三句箴言之一，也是其中最有名的一句。尼采对这句话大做文章，他说："我们无可避免地跟自己保持陌生，我们不明白自己，我们搞不清楚自己，我们的永恒判词是：'离每个人最远的就是他自己。'——对于我们自己，我们不是'知者'。"

对于教师而言，专注学生、鼓舞学生是最重要的；专注教材，当然更是必须的。但是，我们教师很少意识到，认识自己是他最重要的事业，教师的教育力量是他全部人生力量的集中体现，教师发展的核心就是自我内在的重整。所以，对教师而言，只有充分认识自己，他才能够发展自己；只有发展了自己，他才能够发展别人。我非常欣赏《论语》中的一句话："子绝四：毋意，毋必，毋固，毋我。"对于一个追求自我成长的教师而言，不拘泥固执，不自以为是。当然，用这种开放的胸怀以及从善如流的气度来实现自我内在成长的时候，教师在讲台上的教育力量会完全不同。

怎样的文化积淀才能成就未来的教师？有位大师说，尽多少本分，就得到多大本事。真正做到提升自己，能胜任教师工作，要能够面对教育的复杂，保持足够的欢喜。这些素养的获得主要是通过研修以下三个方面：资格（专业）、经验和通用特质。做到：面对教育的复杂，保持欢喜；强化自己的艺术修养和开放气质，保持教育的灵性、弹性和创造激情；必须把认识自己、发展自己作为终身的课业，经由认识自己、认识生命的独一无二和无限可能，从而赋予自己真正意义上的专业自信和专业自主。

只有尽了本分，才能够得到本事。

谢谢各位。

3.14 2020年新教材认知

——基于新教材的探索与实践

前　言

《国家中长期教育改革和发展规划纲要（2010—2020年）》提出，普通高中要"深入推进课程改革"。2020年10月，党的十九届五中全会公报中提出十四五期间要"建设高质量教育体系"，到2035年要建成"教育强国"，这标志着教育事业进入新历史阶段。基于此，更加重视教育内涵（教育的内涵是培养人）；更加重视教育质量（真正的教育质量是促进学生的发展和成长）；满足老百姓对教育的新期待（上好学），是时代赋予教育的新使命。

云南省自2020年9月开始使用新教材，表明我省的基础教育课程改革在全面深入，高中教育普及背景下我们要正视的是学生的差异性越加明显，统一要求不再适合；普通高中是基础教育的最后阶段，是学生发展的特殊时期，"三观"初步形成，因而普通高中教育坚持：基础性＋多样化＋选择性，高中教育定位更加明确（三个准备一个奠基）：促进学生全面而有个性的发展，为学生适应社会、高等教育和职业发展做准备，为学生的终身发展奠定基础。为此，学校教育教学的整体思路应该是继承优良传统，重构课程体系。

新教材的整体结构

（一）修订后的高中新教材结构：

必修：共同基础——全修全考，学考内容，毕业依据，高职高专录取依据；

选择性必修：差异发展（必修的递进或拓展）——选修选考，高考和选择性学业内容，本科录取依据；

校本课程：选修不考或备考——自主选拔考试的参考内容。

（二）修订后的课程标准从目标、内容到评价全方位调整

（1）"学科核心素养"的凝练，让各学科的课程目标进一步明确，把知识、能力、价值观念、品格要求综合呈现，突出学科独特的育人价值，进而实现课程与学生发展核心素养培养间的逻辑联系。

学科核心素养的提出走出了中国特色的育人之路，中国教育是以分科课程为主的教育，在短时间内难以变为以综合课程为主的情况下，只能充分挖掘学科课程的教育功能以落实学生发展核心素养；提出"学科核心素养"是基于中国教育实际解决学科课程的育人问题，通过核心素养的培养完成"立德树人"的任务和要求；努力探索出一条中国人自己解决课程改革实际问题的路径——中国特色的教育之路——课程育人的中国方案。

（2）课程内容再建构，突出结构化（大的知识结构和学科体系）、核心性（反映学科思想和方法的核心知识，如大概念）、生活化（与现实生活和学生经验联系紧密的知识，反映知识的意义），充分发挥课程内容对于学生素养培育的支撑作用。

（3）研究呈现的学业质量标准对学生完成课程学习所形成的学科素养进行分级细化，进而明确学生在不同核心素养水平下可以完成的任务。为教师准确把握教学的深度和广度提供了指导，为考试评价提供了必要的依

据和参考。

（4）提出学科核心素养使学生课程定位发生根本转型，基于学科的教育以形成学生核心素养为根本目的；课程目标进一步指向学生，关注学生的发展和成长，关注教育特色，关注课程留给了学生什么——育人功能进一步彰显；学科教学重点发生转移：从学科知识教学走向学科"教育"，充分发挥学科课程在学生素养形成中的育人功能。

从全局着眼，从局部着手；对局部的深刻认识代替不了对整体的全局认识；战略性问题不可能通过战术性手段来解决；有机的整体性问题不能通过化整为零的方式从局部来解决，那样会导致出现治标不治本现象，从而引发更多的新问题出现；局部方法通常高效率，整体方法通常高效益。

（三）课程方案转化落地

高中课程方案落地的难度还在于如何落实课程的"多样化"和"选择性"。

选修课的开设	分层教学
选课走班	学分管理
学生指导	

（四）课程改革难点

课程改革难点之一：课程建设

对教育的理解：高中教育性质、任务、特征和培养目标；

对课程的理解：课程观—学科观—教学观；

课程的规划设计——方向性、整体性、适切性、科学化、逻辑性；

国家要求：教育方针、有关文件、课程方案——方向性；

学科基础：教育哲学、办学目标、培养目标；

处理好国家课程与校本课程的关系——不是两者的简单相加；

处理好必修课与选修课的关系——个性发展不能停留在口号上；

处理好学科课程与综合实践活动的关系——不能厚此薄彼；

开足开齐只是底线——音体美和技术不能变成点缀性课程；

社团活动（包括运动会、合唱团、乐队等）不能替代选修课。

课程改革难点之二：选课走班

（1）选课走班的原因：真实地为学生开设选修课，必然要选课走班；

（2）学生发展指导：选课指导（生涯规划），指导制度，指导教师，指导知识与流程，选课技术平台；

（3）选课走班的管理：教师、学生、教室的调配及其工作流程的管理。

课程改革难点之三：课堂重构

教学是一个大的系统；

核心要素：目标、内容、活动、评价；

教学改革不能仅停留在转变教学方式上，教学过程中的各个要素有内在联系，需要统筹设计；

教师和学生在教学系统中的角色定位决定着教学活动的基本走向；

从"以教为主"向"以学为主"转变，引导学生深度学习仍是教育教学改革的重点，教学方式变革，决定着学习方式的变革；

教学方式的选择与教学目标和教学内容有着内在的统一性。

课程改革难点之四：改革评价

怎么评：学业评价、教学评价；

教学评价要成为教学反思、诊断、反馈、改进的重要手段和方法；

在教学目标导引下的（备）教、学、评（改）一致；

评——目标设定是否科学合理，是否反映课程标准的规定；

评——基于目标的内容选择与再组织的针对性和适切性；

评——教学方式和教学组织过程对于实现教学目标的清晰指向性。

3.15 深化认知·科学备考

高考是全社会关注的一项高利害考试，它涉及人数众多、影响范围广，依据考试结果做出的决定或选择将影响重大利益，是具有重要的社会功能尤其是政治治理功能的考试。它的命题和答题必然要与时代背景、国家发展密切相关。在2021届的复习中，跟上时代的步伐，认清方向，准确定位，科学备考，才能所向披靡。

一、新背景——关注方向

1. 新时代高考的功能

时代背景是考试必须考虑的首选项，每年高考的新背景，必须与国家发展密切相关，时代是出卷人，考生是答卷人，高考要实现的功能不仅是改变个人命运，更是为国选才。方向不明确，将会劳而无获。

高考评价体系：一核四层四翼

```
        新时代高考的理论
        基础和实践指南

        一核  >  ○ 为什么考
        四层  >  ○ 考什么
        四翼  >  ○ 怎么考
```

中国高考评价体系：

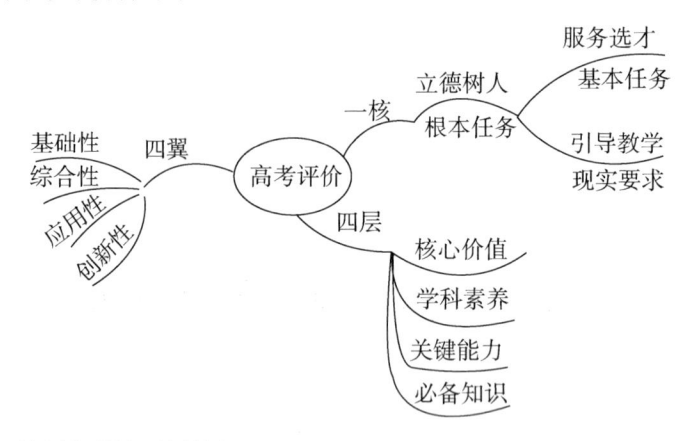

思维导图内容：
- 高考评价
  - 一核
    - 立德树人 根本任务
      - 服务选才 基本任务
      - 引导教学 现实要求
  - 四层
    - 核心价值
    - 学科素养
    - 关键能力
    - 必备知识
  - 四翼
    - 基础性
    - 综合性
    - 应用性
    - 创新性

2. 新教材新课标的指向

最新版的《普通高中课程方案和各学科课程标准》，是高考备考的核心文件。

新课标将习近平新时代中国特色社会主义思想全面融入高中课程之中，主要充实和强化了五个方面。

一是强调党的领导的重要性，在思想政治"政治与法治"部分，要求学生理解坚持党对一切工作领导的重要性。

二是强调坚持中国特色社会主义道路，在思想政治"中国特色社会主义"部分阐明社会主义初级阶段主要矛盾转化的意义等。

三是强调发展中国特色社会主义文化，在语文、历史、外语等课标中，要求学生树立正确的历史观、国家观、民族观、文化观，理解中国特色社会主义文化，能够在跨文化交流中讲好中国故事，坚守中国文化立场。

四是强调牢固树立生态文明观，在地理、生物、化学等课标中，要求学生树立"绿水青山就是金山银山"的理念，树立人与自然和谐共生的观念。

五是强调创新精神、实践能力的培养，在信息技术、通用技术、数学等课标中要求学生学习了解物联网、人工智能、大数据处理等内容，培养精益求精的工匠精神和创意设计能力，感悟和弘扬劳模精神。

此外，在有关课标中还体现健康中国建设等要求，对课标中一些提法和表述也根据十九大报告做了规范。

关于上述课标新增内容，如坚持党对一切工作领导的重要性、社会主义初级阶段主要矛盾转化的意义、在跨文化交流中讲好中国故事坚守中国文化立场、物联网、人工智能、大数据处理等，已经体现在了2019/2020年高考试题中，请2021届考生继续给予高度重视！

3. 关注"学科核心素养"

教育部发布的最新《普通高中课程方案和各学科课程标准》，首次提出凝练"学科核心素养"。

高考选拔也要反映我国建设学习型社会、提升全民教育水平的时代要求，把提升人的发展能力放在突出重要位置，着重考查学生的社会责任感、法治意识、创新精神、实践能力。

一是形式新颖、内容丰富、设问灵活。

形式新颖——体现在情境创设及材料、图表的呈现、组合方式方面。

内容丰富——指高考试题内容包罗万象。通过分析高考真题，可以看到试题内容涉及传统文化、生产生活、国家安全、爱国情感、科技发展、生态文明、海洋权益、政治素养、道德品质、健全人格等。

设问灵活——试题通过呈现与日常生活及生产实践密切相关的生活实践情境和提供源于真实的研究过程或实际的探索过程的学习情境，为学生的思维活动提供情境铺垫，从不同的角度设计多种多样的提问方式，引导学生进行思考。

二是体现科学性、时代性和思想性。

科学性——试题通过科学与实验、实验与设计、实验与操作、科技与生活等角度挖掘最新的、典型的素材，在考量学生思维发展的同时，注重对学生科学意识、科学精神的培养。比如物理试题中的测量电源的电动势和内阻实验，化学试题中的利用微生物处理有机废水，地理试题中露点的介绍，生物试题中的植物细胞（黑藻）质壁分离实验、酿酒技术、胚胎工程、微生物培养、基因工程等，体现了新高考命题的科学性及对学生科学意识、科研精神、科学态度的引导。

时代性——试题通过引用最新的研究成果、发现，结合最新的国家政策、时政热点、时事新闻及对新技术的应用体现新高考与时俱进的特点，也是对学生与时俱进的时代引领。通过梳理总结，可以发现九大学科都存在此特点。比如：语文的现代文阅读引用当代中国历史地理学家葛剑雄的研究成果考查阅读分析能力，数学以新冠肺炎疫情为背景考查应用计算能力，英语结合国家"精准扶贫"政策考查生活写作能力，等等。

思想性——思想性是新高考命题的主旋律。试题通过引用物质与非物质文化遗产素材唤起学生对文化的尊重与保护意识（英语），引用"农地杨树化"引发学生对土地资源利用的思考（地理），引用一个村支书的工作笔记告诉学生第一手资料的史料价值（历史），引用国家出台的一些政策、文件、方案等号召学生关注身边的时政新闻（政治）。新高考每一套试题素材的选用，都承载着深刻的思想性，也渗透着对学生世界观、人生观和价值观的引领。

三是具有基础性、综合性、应用性和创新性。

基础性——在广阔的学科领域及丰富的试题内容中，高考注重考查学科中的主干知识，关注学生在未来生活、学习和工作中应该具备的基本知识、能力与素养。体现了新高考试题的基础性。因此，在平时的备考过程中，应要求学生扎实掌握基础学习内容，打牢知识基础。

综合性——新高考要求学生能够触类旁通、融会贯通。新高考命题正体现了这一特点。分析今年的高考真题，可以发现，任何一个科目各个知识点之间都不是割裂的，都是处于整个知识网络体系之中的，同时，试题之间存在学科渗透的情况，注重考查学生对基础知识内容之间、模块内容之间、学科内容之间的相互联系。体现了对综合思维的考量。

应用性——试题使用贴近时代、贴近社会、贴近生活的素材，选取日常生活、工业生产、国家发展、社会进步中的实际问题，引导学生留心身边生产、生活的现象与变化，考查学生运用知识和素养解决实际问题的能力，同时，也体现了理论与实践相结合。

创新性——创新性体现在新高考格外注重对学生智育的考查，这种智育体现在学生的创新性思维能力方面。比如独立思考能力、发散思维能力、想象推理能力、逆向思维能力。考查学生进行新颖的推测和设想并周密论证的能力，考查学生探索新方法、积极主动思考解决问题的能力，鼓励学生摆脱思维定式的束缚，勇于大胆创新。

二、实举措——做明白人

1. 明确知识目标要求

知道、了解、理解、应用。

2. 明确试题结构

不同题型，在考查不同知识、能力及其层次上有不同功能（学科能力是基础，思维能力是核心，创新意识与实践是灵魂）：

选择题（巧做）——考查"三基"。

填空题（细做）——考查"学科品质"及"实验田"。

中等题（稳做）——考查学科某一分支知识，较为单一。

难　题（敢做）——考查学科知识的融会贯通，学生分析、解决问题的能力。

3. 明确难易比例

要明确试题题型比例、难易比例、不同知识点及题型的具体呈现方式。一般题目设计的难度系数比为 5∶3∶2，学科内有 80% 是考查"三基"和基本的技巧技能、通法及思想，基础知识是分析问题、解决问题的工具和依据，也是真正拉开考生分数的地方。

4. 明确试题特点

（1）入门宽，路子多，深入难。

（2）大开口，小出口，进去容易，出来难，层层设卡。

（3）材料在外，答案在内，起点高，落点低。

（4）情境公平，陌生中考查熟悉。

（5）选择题一要干扰，二要干扰有效，三要干扰出学生学习的典型知识。

5. 制定实施方案

抓计划，未雨绸缪。

有一个好状态——教师是情绪的传染源、风向标，坦然带给学生自信，微笑带给学生鼓励，用扎实、有条不紊的行动铸就学生成功。

有一个好思想——做个明白人，了解新信息。

有一个好计划——目标、措施、年级计划、教研组计划、教师计划、学生计划。

有一个好班子——年级主任、备课组长、教师质量监控队伍。

有一个好机制——课程挑战管理、评价，奖励机制。

6. 增强研究意识

研究文件（教纲、考纲、考试说明、168套卷、2020年各省模拟卷）。

近三年的课标卷试题——重点研究，找趋势。

近两年各地方卷试题——综合研究，找特色。

归类相同考点题，纵向研究，找变化。

7. 提高命题质量

有选择地正确使用各地的模拟卷，教师一定要有命题的能力和编题、改题的能力。一套卷子，命题人、审题人实行责任制，知识的双向细目表的对照，知识点的落实，是否达到预定要求和目标（如一套题正常情况下各个分数段人数应呈正态分布等等）。

三、抓课堂——注重教法

讲——新授课与复习课的挑战。（高一、高二是知识碎片化，高三是知识点整合，深化已学知识，多角度多方式联系，形成网络。）

理——共同梳理基本方法、基本技能。（构建知识结构，总结规律特点，归纳重点题型。）

思——思考题目中蕴含的学科知识。（做原题，然后改题，"借题发挥"。）

练——提升能力。即能力从弱到强，可以分为记忆、理解、应用（解决问题）、分析（思考过程）、评价（辨别优劣）和创造（命题分析）。不要偏题、怪题、繁题，考点要正，要直接，多选中档题，强化通性通法。

1. 聚焦课堂高效

复习课、评讲课要克服：①容量小，进度慢；②以讲代学（赶进度，学生主动性发挥不够）；③以考代复习；④详略失当，针对性差；⑤总强调好方法，忽视学生的"最近发展区"；⑥大量教辅，导致学生疲倦和教师低能懒惰；⑦加班补课，导致学生精神状态差、教师疲惫。

两课堂要做到：①精讲多练，及时反馈；②具有诊断性、针对性、辐射性、示范性。

2. 深攻教学设计

教学设计是指运用系统方法，将学习理论与教学理论的原理转换成对教学资料、教学活动、信息资源和评价的具体计划的系统化过程（史密斯、雷根）。课堂教学是一种有目的、有计划、有组织的师生互动的共同发展过程，一切高效的课堂教学都离不开科学、有效的教学设计。面对新高考命题改革，我们的教学设计也需要改革、优化，需要从"教"的设计转向"学"的设计，需要在深度研读新课标、分析新高考命题的基础上，精心设计教学目标，思考目标达成的实现路径、可利用资源及评价方式，让教学设计的思维可逆，同时为学生提供"思维可视化"的课堂教学辅助工具，等等。深攻教学设计，引导学生积极参与到课堂学习之中。

3. 重视合作借力——要形成教学共同体

①由一个人做所有的事改为几个人做同一件事；

②教学任务的分解；

③教学分工；

④教学责任制专题研究：经典题、高考真题、新颖巧妙题（见新为常、化新为常）；

⑤教学合作制；

⑥时间分配，学科之间要协调；

⑦听评课与单元备课。

四、重落实——关注学情

1. 基于校情

深入分析各科、各知识点、各个学生的状况，每次质量分析报告，还有学生的心理、精神状态，充分发挥导师制作用。

分析一：期末各班总成绩对比；

分析二：单科成绩对比；

分析三：知识点成绩对比；

分析四：每个学生学情；

分析五：每个学生心理、精神状态；

分析六：教师教学情况；

分析七：各学科考试大纲解读；

分析八：与2020年知识点对比；

分析九：与2020届学生同期成绩对比；

分析十：校际横向比较。

2. 基于学情

①重视"学生的最近发展区"（知识与成绩）；②要求学生规范审题、答题，倡导模式识别；③做细做精，培养简约思维。

3. 充分激发学生的学习主动性

（1）知了，会了，得了：一轮复习知识熟练记忆是关键，课堂前5分钟，学生"擂台赛"；学生当主持人，为了找到最好的问题，会查阅教材和笔记本数次，精选出陌生度最大、最易混淆、最易遗忘的知识。

（2）改错三部曲："固本强茎"表格——如果错题整理不到位，就会出现某些题反复做错的现象，始终得不到提升。如何落实改错，深化改错，强化改错？

题目		
板块梳理（知识板块）	深化改错（查找与该知识点关联的易混、易忘、易错、易漏的知识点）	自我提醒（写出这次错题中需要自我提醒的内容）

（3）学生出题讲解：提升解题能力。

（4）"举一反三"与"举三归一"：经典题、通性通法题、套题。

4. 积累应试经验

考生缺两样东西：直面"困难"的勇气和巧妙"迂回"的能力。

5. 基于检测

及时调整，评价反思。

6. 问题梳理

重专题还是重全面？

做专项还是做套卷？

多练习还是多讲授（多辅导）？

补短板还是强优势？

追求速度还是稳扎稳打？

刷新题还是重原题？

……

7. 应对办法

多条腿走路，不是非此即彼，针对时间紧、任务重、内容多，主要考虑：

计划性：学科内容复习计划一定要排出具体的时间表。

针对性：知识点强化训练，分层训练，重点题过关。

有效性：薄弱知识点强化，教师勤于阅卷，发现问题。

规范性：高考是一个展示的大舞台，规范书写。

方向性：研讨，磨题，关注方向。

统筹性：个体劳动，集体成果，综合显现，避免单兵作战。

……

五、强保障——营造氛围

保持学习热情：保持学习节奏，保持良好心态，保持对理想的追求、坚持、坚毅，鼓劲，找到学习兴趣、兴奋点。

保持学习节奏：学习时间，每天做题量。

保持良好身心状态：运动、活动、自我暗示、调整。

保持目标：自信不减，动力不衰，志存高远，舍我其谁！

树立终身学习，终身成长，教学相长的意识，自己是教师，同时也是终身的学生，自信不自负，谦虚不盲从，不推诿，不抱怨，努力提高教学质量。

第四章　班级管理

每当看到绚丽绽放的花朵,你可曾想到精心养护的花工?每当看到沉甸甸的麦穗,你可曾想到精耕细作的农民?每当看到学生的成功成才,你可曾想到春风化雨的教师?有一类特别的教师,他们不仅传授学生知识,更重要的是陪伴和呵护学生的健康成长,成为学生成长的引路人,他们,就是教师中的班主任。

4.1　班主任：学生健康成长的引路人

每当看到绚丽绽放的花朵，你可曾想到精心养护的花工？每当看到沉甸甸的麦穗，你可曾想到精耕细作的农民？每当看到学生的成功成才，你可曾想到春风化雨的教师？有一类特别的教师，他们不仅传授学生知识，而且陪伴和呵护学生的健康成长，是学生成长路上的引路人，他们，就是教师中的班主任。

曲靖一中的德育工作有很好的基础，记得20世纪五六十年代，被选作班主任的总是被认为是政治上可靠的教师，尽管当时没有分文津贴，但再苦再累也得干好，因为有种光荣感和被信任感，当然，也有肩挑班级学生成长与进步重任的责任感。80年代以后，中小学教师开始有专业职称评定，但班主任专业化一直没有被提上议事日程。然而，班主任却是站在学校教育工作的最前沿，他们真正靠近每一个学生，是最有可能对学生产生终身影响的教育工作者。2009年，教育部颁布了《中小学班主任工作规定》，明确指出"班主任是中小学日常思想道德教育和学生管理工作的主要实施者，是中小学生健康成长的引领者，班主任要努力成为中小学生的人生导师"，而今天的教育者所面临的教育困境却是前所未有的，面对90后、00后，"听话的孩子"已不再是好学生的唯一标准，如今的孩子不习惯被约束，有个性，有思想，有主张，他们渴望被"读懂"。因此，班主任工作只有走专业化发展的道路，才能担当起教育人的重任。"陈彪名班主任工作室"基于学校"班主任专业化发展"的思路，立足实践，基于"做中学"，突出"实践取向"，并形成了以曲靖一中班主任为主的"班主任研修体系"，用"课程＋研修"的方式，提炼了许多行之有效的班级管理及班主任专业发展的新思路。

　　学生的真正成长，超出了我们教育者的设计，孩子有无限的可能，有千种面孔，就看我们如何去关怀和引导，使学生成才。习近平总书记教导我们：广大教师要做学生锤炼品格的引路人，做学生学习知识的引路人，做学生创新思维的引路人，做学生奉献祖国的引路人。当下教育更期待良师，期待有方法有能力的安顿身心于学校的教师。我们要努力成为"有理想信念，有道德情操，有扎实学识，有仁爱之心"的"四有"教师。

4.2 青春的叛逆与教育的智慧

——在2014年班主任工作经验交流会上的讲话

中学阶段的青少年在生理和心理上都处于人生关键时期，这个时期青少年的最大特点是生理的蓬勃成长、急剧变化，特别是处于外形变化、机能和性成熟的"三大剧变"中。生理的变化也引起相应的心理变化，即逻辑思维能力增强；情绪情感表现出明显的两极性；作为意识迅速增强，其人生观、价值观逐渐形成。以上种种，说明中学生的内心世界是一个复杂、丰富、动荡、变化的世界，身心的剧变、社会的压力、家庭的干预、学校的教育、自我的调控，种种因素，其表现形式各异。

一、问题汇集

（一）信念、目标、情感方面

（1）没有明确的学习目的，没有人生的理想信念，没有精神支柱；表现为学习无动力，无热情，无干劲。

（2）不懂得珍惜幸福生活，不懂得感激父母、老师，不懂得知恩图报。

（3）对父母、同学冷漠、仇恨，他们心中缺乏爱，缺乏美，缺乏善良，缺乏对新事物的新奇，更缺乏生活的激情，他们的心中没有争奇斗艳的花、欢快的小溪、清澈的泉水，情感荒漠化。

(4) 缺乏敬畏，目中无人，追求"个性解放"。

(5) 娇宠过度，自私自利，易怒、嫉妒、任性。

（二）心理方面

(1) 性格扭曲，强迫性思想；心理承受能力弱。

(2) 考试焦虑症，学习压力大，有逃避行为。

(3) 单亲家庭导致的自闭症，自暴自弃，敏感易怒。

(4) 异性交往，青春期情感问题。

(5) 沉迷网络小说，盲目追星，追求物质享受，玩手机成瘾不能自拔。

(6) 有心理障碍与自杀倾向。

(7) 忧郁症。

（三）行为方面

(1) 不爱惜公物，故意损坏公物。

(2) 违纪，打架，逃课，恃强凌弱，有暴力倾向。

(3) 自私，与同学不能和睦相处，同学关系紧张。

(4) 卫生习惯差。

二、教育的智慧

面对如此之多的问题，班主任工作和学校德育工作就显得异常重要，如何驱散学生的心灵迷雾，使学生走出心理的阴影，拨正生活之舟的航向，奠定前进的基石，是我们的责任和使命。

班主任是直接面对学生的组织者、领导者和教育者，是各种教育力量的协调者和组织者，是学生提高学业成绩的教导者和鼓励者，是学生、家长与学校沟通的桥梁。班主任要扮演多重角色——良师、益友、伯乐、指导员、演讲家……

班主任工作的内容繁多：了解、研究学生，组织、建设班集体，做个别学生的思想工作，帮助学生搞好学习，协调各方面的教育力量，评定学生的操行，拟定工作计划，撰写工作总结，对学生的德智体美劳及心理全面负责，加强班级的团队工作，培养学生干部等等，所以，班主任工作艰巨、艰辛，任重道远。

下面从几个方面加以说明。

1. 班主任要有良好的工作习惯

（1）随身携带一支笔、一张纸——记素材、想法、感悟。

（2）在台历上记下明天必须办的事——计划性。

（3）把学生的特色留下来——每届学生的特色。

（4）订一份班主任工作方面的刊物——借鉴。

（5）浏览一至两个网站或论坛——交流。

（6）每周写一篇班主任工作随笔——经验与反思。

（7）与学生聊天——了解学生的思想。

2. 班主任管理班级的三种流派

（1）"民主"与"科学"——自我管理、制度管理。

（2）"爱心"与"教育"——春风化雨，以情感人。

（3）"斗智"与"斗勇"——计谋、对策、惩罚（有别于体罚）、敬畏心。

3. 班主任管理学生的态度

（1）对学生认真负责；

（2）对学生有耐心；

（3）关心学生，深入了解学生，加强与学生的沟通；

（4）客观、平等地对待每个学生；

（5）尊重和理解学生，了解学生的内心；

（6）和蔼，不体罚，语言文明；

（7）创设机会，使学生体会成功的快乐；

（8）发现学生的闪光点，激励、表扬；

（9）肯定学生的差异性，因材施教；

（10）关爱、关注，不放弃每一个学生的发展。

4. 良好师生关系对教师的要求

（1）不要盲目加重学生的思想负担；

（2）对学生的焦虑行为不要太过敏感和过激；

（3）对自己、对学生有双向调节的意识；

（4）不要固执地坚信自己的经验，要与时俱进；

（5）有良好的学生观，少一点儿批评，多一点儿鼓励；

（6）不占用学生太多的自由空间；

（7）班主任本身要有优良的心理品质；

（8）用多元视角来评价学生。

5. 班主任在教育过程中的误区

（1）以学生成绩好坏来评判学生的好坏；

（2）给予学生过重的学习压力和过多的作业；

（3）重知识，轻德育和心理教育；

（4）不经调查，偏听偏信处理学生；

（5）忽视学生的自主学习和自我成长能力。

6. 发挥学校教育功能

（1）提供学生活动的场所：学校上网场所、书籍、电影、活动；

（2）丰富课余生活：文艺演出、体育比赛、特长展示；

（3）开展教育专题讲座：健康讲座、消费讲座、青春期性教育。

希望各位班主任：用知识丰富学生的知识，用智慧启迪学生的智慧，用思想熏陶学生的思想，用品德感染学生的品德，用情感激发学生的情感，用意志调节学生的意志，用个性影响学生的个性，用心灵呼应学生的心灵，用灵魂铸就学生的灵魂，用人格塑造学生的人格，以自己对教育的忠诚与执着以及对学生的热爱，开创班主任工作的新局面。

4.3　建设班主任的学术家园

一、学校教育的新特点

一是学校的发展和学校课程改革的不断深化，二是学生群体特点的变化，三是关于学生的学习生活等各项管理机制的不断创新，四是年长班主任的逐渐退出，新一代年轻班主任将成为学校班主任工作的生力军。学校越来越期待更好的教师肩负起"后班主任时代""具有较高素质和人格要求的重要专业性岗位"的育人职责。然而，学校现在的状况是：很多教师不愿做班主任工作，一些教师是被学校安排"被动"地担任班主任工作，还有的是缺乏班级管理的自信与能力而无法胜任班主任工作。我们的教师还缺乏指导学生的能力、人际沟通的能力、班级管理的能力以及自身发展的能力，在具体工作中，诸如"主题班会"的"主题"从哪儿来？如何有班级特色？家长会到底如何开才有意义？班级的班规如何具有文化味？如何分析学生特质，指导学生树立正确的三观？任课教师如何协作？……所有这些，我们都要对老师进行工作指导，班主任工作也是教师专业发展的内容。

以往学校对班主任工作的指导是以"青蓝工程"、讲座和经验交流为主，这次学校对班主任的培训将突出"实践取向"，为青年班主任的"做中学"搭建平台。因为成人的学习不是以接受系统的知识为主，而是根据外在教育形势的变化和自己发展的需求去学习，这种学习更具实用、应急、可操作的性质，为此，学校提出"班主任的专业研修"。

二、研修的思考思路

1. 研修体系

"成长中的班主任"研修体系。我们从三维平面图来展现课程体系，其中 X 轴是资源轴，指我们的培训视野、培训资源和培训平台。Y 轴是人员轴，指培训对象、成长过程。

Z 轴是实践轴，指课程内容、方式、组织的专业化。课程是内容的载体，分为专业类课程、岗位履职课程和通识修养提高课程三大类。其中，每类均涵盖了丰富的内容。

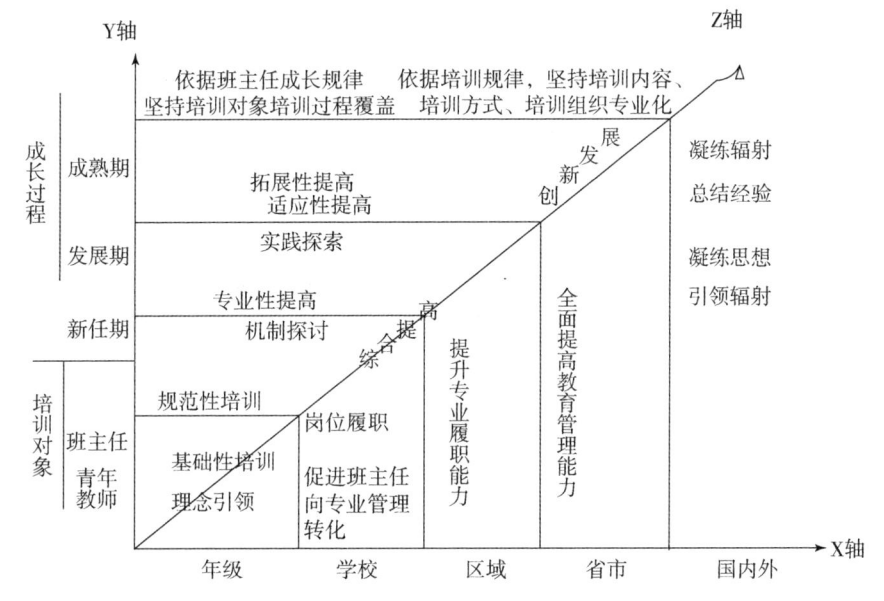

专业课程——教育学、心理学、管理学等。

岗位履职课程——德育管理、规范管理、法纪法规。

通识修养课程——品德修养、礼仪修养、传统文化、艺术修养等。

△培训方式包括：专题讲座、同伴研讨、案例分析、现场观摩、教师沙龙、情境训练等。

△在研修中，我们注重以标准促专业，以流程促规范，即时培训，及时指导，课程设置与时俱进，注重实效。

△整个课程包括：理念引领、机制探讨、实践探索。

2. 实施有效课程的思路

其一，构建学习共同体式的课程文化，创设一种互相尊重、彼此欣赏、协助体验、共同成长的共同体文化；其二，信奉"优秀班主任＝把握教育规律＋研究学生"；其三，具有"三真"意识，即教师要"真思考"（问题意识）、"真研究"（证据意识）、"真实践"（实践意识）；其四，提升内在品质。

3. 研修计划

分四个模块，交替进行。

模块一：青年班主任班级常规管理专题研修课程；

模块二："主题班会的有效设计与实践"专题研修课程；

模块三："如何做学生思想工作"专题研修课程；

模块四："如何形成家长、社会、学校育人共同体"研修课程。

案例：一次活动计划

模块一：青年班主任班级常规管理专题研修课程

环节	内　容	主要形式	备　注
个人反思	1. 个人学习："班主任工作职责""班级常规管理内容" 2. 同行心声："班集体建设规划发展与实施——来自老班主任的经验与思考" 3. 专业引领：班级常规管理在促进学生健康成长中的作用（案例分析） 4. 现场互动：问题与回应	1. 个人撰写研修活动单 2. 专题讲座 3. 专题互动交流	作业1： 结合所带班级情况，谈谈班级常规管理中的困惑与问题

续表

环节	内　容	主要形式	备　注
经验重组	1. 设计班集体建设规划与实施方案 2. 校本研修：以年级为单位组成小组进行交流 3. 专题讲座：班集体建设	1. 个人研修 2. 专题互动交流 3. 专业引领 4. 互动对话	作业2： 撰写班集体建设规划及实施方案
行动跟进	1. 互动交流：班集体建设的主要内容与途径 2. 专题交流：班级活动的设计与实施	1. 研讨、互动 2. 分享对话	作业3：班级活动设计与实施
经验收集	1. 反思报告 2. 研修回顾与小结	研讨与交流 反思与规划	收集、整理、总结录像资料

4. 机制引领与实践探索

机制引领——同创教育（广西柳州教育学会）、激励教育（天津红桥区教育局）。

实践探索——建设属于自己班级教育的操作系统。

班主任专业的本质至少有两条：一条为班主任是学生的精神关怀者；另一条为班主任是班级教育特殊的操作系统的客观存在。

比如，天津刘云霞老师提炼出的班级操作系统六个环节：

第一，带好班，建设优秀班集体。这是研究班级教育操作系统的基础。第二，认真记录自己的教育历程。从2008年开始，刘老师每天都记班主任工作日志，共记录了近200万字，这成为她研究自己操作系统的依据。第三，找出班集体成长的因素。刘老师从自己的工作日志中找出了影响班集体发展的530个因素。第四，归纳班级成长的要素。她归纳出七个要素：班主任人格魅力、班主任教育观念、整合教育资源、以活动建设班集体士气、班级教育目的、评价、反思。第五，把各个要素科学地联系起来，形成系统。第六，形成自己的个性，有自己的特点。

再如浙江温州市第九中学方海东老师建立的名为"因材自教"的班级教育操作系统。方老师在他所带的"飞扬班"（2010—2013年）完整地研制并实施了这套系统。"因材自教"即由学生根据自我特长选择成长资源，进行自主、主动的自我教育，实现自主成长。其中，成长资源分为两类：个人资源（个人成长的资源）和公共资源（班集体建设中的资源等）。"因材自教"系统的运行步骤是自我定材、因材而量、因量而择、因择而长。

5. 研修的意义与价值

班主任研修的本质，是让教师的思想、观念与行为发生转变，让教师成为独立的思考者、研究者。因为教师培训是一种人文科学活动而不是自然科学活动，人文科学追求的是意义的合理性，而不是事实的精确性。因此，教师培训的终极价值是让教师成为思考者、研究者。

有经验的班主任侧重于引导教师对已有经验加以反思、分享，在研修中深化教育理解，激发专业自觉，提炼育人经验，对新任班主任工作的教师，则通过"调研以了解需求，基于目标以设置课程，任务驱动以促行动改进"的方式来提升育人专业能力。整个研修突出学习过程"个人反思—经验重构—行动改进"，三个环节交替进行。采取个人学习、年级小组集中学习、学校集中学习、专业引领学习等方式，力求使班主任于研修过程中进行思考、改进行动、体验成长。在研修的组织实施过程中，充分尊重和关注教师学习是基于自身经验与行为的基本特点：一是立足自我经验的自主学习与生成；二是以案例现场为支撑的情境学习与对话建构；三是以问题解决为基点的行动研究与体验；四是以同伴群体为基础的合作学习与专业思考。在研修的目标、形式、内容、载体上贴近其班级教育实践及问题，这样研修可以帮助班主任研究、破解班级教育难题。

三、预期目的

班主任专业变化将达到三个方面的目标：一是教师学习发展动机的真

切唤醒；二是教师因自我的高峰体验而增强了专业自信；三是教师不断清楚班主任的岗位职责与工作策略。让教师用一种积极、接纳、包容的教育心态来从事班主任工作，这也是研修产生的一种教育感召力。

《国家中长期教育改革和发展规划纲要（2010—2020年)》明确提出：鼓励教师和校长在实践中大胆探索，创新教育思想、教育模式和教育方法，形成教学特色和办学风格，造就一批教育家。希望今后我们的班主任，专业研修能达到预期目的，担负起"立德树人"的使命。

4.4 走向专业化的班主任

班主任何以需要专业化？这是个十分值得探究的问题。然而，许多人对此竟然无视。在分数至上、功利熏心的岁月里，班主任工作被降格在一个"管"字上，管纪律，管分数，管头管脚，以能否"摆得平"班级为标准。事实上，学校里并不是什么人都可以做班主任、做好班主任的，班主任在学校是一个专业岗位，它既有与其他所有教师专业发展的共同要求，又有这个岗位特别需要的专业素质。

专业是一个静态的标准体系，而专业化则是一个动态的过程。专业化的过程既包括某一职业岗位由非专业或准专业向专业发展的过程，也包括从事某一职业或岗位的个体专业发展的过程。当下，我们的讨论包括上述两个方面，而且这两个方面又有先后主次之分，应该先完成班主任岗位的专业化，让它从一个所有教师都可以、都应该担任的岗位，变成只有教师中具有班主任专业素养的人才可以胜任的岗位，其次才涉及某个个体如何在班主任岗位上从初任、合格、成熟到卓越的专业化发展。

近年来，人们对于班主任专业素养的关注度越来越高，对班主任专业素养的研究也越来越深入，一个班主任在走进班级之前，应该弄清楚班级的建设目的是管理还是教育，育人的目标是培养"臣民"还是公民，建设的主体是班主任还是学生，管理的手段是人治还是法治，追求的是权威还是自治。目前，最具代表性的班主任专业化是：

主张之一——班主任可从以下三个方面来提高专业素养：

学会精神关怀——包括学会关心、理解、尊重、信任等。

学会班级建设——包括形成适宜的班级教育目标的能力、建设真的学生集体促进学生个性发展的能力、组织班级教育活动的能力、优化班级文化的能力、人性化班级管理的能力、形成班级教育合力的能力、具有发展性评价的能力。

教育信条——自身的教育主张和理念。

主张之二——上海市陈镇虎老师团队提出的班主任素养：

专业道德——爱岗敬业的专业道德。

专业职责——建班育人的专业职责。

专业能力——读懂学生的专业知识和班集体建设的专业能力。

我对班主任专业化的理解是：

（1）专业能力——建班育人的管理能力，人文关怀是建章立制的核心。

（2）职业素养——个人品德，学科专业精湛，通用知识广阔。具有正确的价值观、高尚的道德情操、稳定的心理素质、良好的行为习惯、高雅的审美情趣、能站在时代前沿的学术修养。

（3）教育信念——教育规律和培养目标定位。

从经验型转向科研型，从随意性转向规范性，从分散型转向系统型，从盲目性转向科学性，创新驱动，转型发展已成为今天如何做好班主任工作的主题词。

今天，先讲"专业能力"——班级常规管理。

常规管理既是一种管理现象——即对班级各种常规施行管理，又是一种管理手段——即通过运用常规达到班级整体运行常态化的目的。

常规是班级学习、生活的最基本要求，班主任抓常规管理，就是在班级建立基本的秩序，为全班学生创造一个有序的生活、学习环境。

一、班级组织机构建设

班长：

学习——课代表

体育——体育委员

生活——值日组长

文艺——文艺委员

团支书：

组织委员、宣传委员

对班委：分配职位，明确职责，培养服务意识、平等意识、责任意识、大局意识、创新意识等。

二、班级文化建设

教室布置——规划：学生守则、班级公约、课表、专刊、名人名言、墙面布置等。

——操作：定期更换，如值日表、公告栏、荣誉栏、学习园地等。

——原则：教育性、主导性、主体性、阶段性、针对性、艺术性、实用性。

编排座位：学科互补，性格互补，动静互补，心理素质差异互补等。

班级标识：班名、班训、班旗、班歌等。

班级制度：全班学生共同商榷制定。

学生批评与表扬：分清主次，借势而发，刚柔相济，点到为止；宽容式、暗示式、激励式、启发式、幽默式、无痕式。

班级目标：整体学习成绩、各类比赛成绩、整体精神风貌应达到的预期目标。

班级舆论：导向积极、健康、向上，杜绝粗俗、低俗言论。

班级公平：在班级管理中充分体现出公平原则。

三、班级学习考试常规管理

勤于学习：培养学生的学习兴趣，帮助学生养成良好的学习习惯。

精于选择：选择学习方向，选择学习书籍，选择学习内容。

善于学引：实时总结、反思，逐步形成适合自己的学习方法。

学习秩序：建立循序渐进的学习秩序和具有道德约束的公共秩序。

考勤制度：考勤的范围、标准、程序、审批手续。

作业设计：分层要求，优质优效。

学习环境：形成良好的竞争与合作氛围，既严格又宽容。

考试常规：试题的领会，考试的纪律，心理的调试。

四、班级生活常规管理

集体生活指导：集体公物，集体活动，集体形象，集体荣誉，集体时间，集体宿舍，学生交往，就餐等。

个人生活指导：人生规划，答疑解惑，青春期保健，异性交往，家庭变故，个人犯错，闲暇生活指导。

中学生常规恋爱类型及疏解：懵懂无知，情感缺失，惺惺相惜，因怜生爱，同病相怜，盲目跟风。

五、班级信息管理

信息收集：查阅学生档案，家访，科任教师印象，细心观察，直接与学生谈话。

信息加工：甄选有用信息，包括家庭状况，身体状况，个性特点，朋友圈等。

学生档案：学期考试成绩、体检记录、奖惩记录等

学生成长记录：学业成绩，社会实践，文体活动，荣誉，教师评语等。

家长会：根据不同情况选择适宜的方式，对班级管理产生积极作用。

班级网页制作：突出班级特色，传播正能量。

教育，一切因为人，没有人则没有教育。教育者是人，受教育者也是人，人的未完成性决定了人接受教育的必须；人的发展潜能决定了人接受教育的可能；人的发展需要决定了教育存在的必要；人的多元智能决定了人接受教育的多样性。班主任要努力从七个方面去提升人格魅力：学会微笑，学会表达（善于表扬和鼓励），学会亲近（走近、接近、靠近），学会倾听（语声、心声），学会沟通，学会感受，学会发现（发现学生的亮点）。

愿我们的班主任做好学生的人生导师，成就人之为人的幸福！

4.5 呵护学生发展的无限可能
——导师制小班化教学思考

《国家中长期教育改革和发展规划纲要（2010—2020年）》提出，要关心每个学生，促进每个学生主动的、生动活泼的发展，尊重教育规律和学生的身心发展规律，为每个学生提供适合的教育。党的十九大报告更是明确要求："努力让每个孩子都能享有公平而有质量的教育。"因此，我们的办学目标与方向，是向着正确的康庄大道前进的，那就是：贯彻党的教育方针，立德树人，尊重差异，和而不同，实行教育的"零陪衬"。

一、追求教育的"可能性"（即多样性）与"不确定性"（即多层次性）

新时代基础教育的使命与责任是：基础教育是培养合格公民的教育，基础教育已经从"一个都不能少"到"每一个都重要"（强调教育公平）；从"选择适合教育"到"创造适合学生的教育"；从"培养社会栋梁之材"到"让每个孩子都得到发展"；从"面向未来，走向未来"到"未来是一个高度不确定的世界"。基础教育的特点是：孩子的不确定性，义务教育的对象（学生）是有高度差异的，具有高度的不确定性，即更多的潜能没有被挖掘出来。因此，在我们没有把握的时候，呵护学生的自由生长，保护学生发展的无限可能，帮助学生挖掘潜能，便是我们应该做的事，要为"可能性"去做"确定性"的事。（初中拔尖的学生，到了高中可能变得平庸；高中拔尖的学生到了大学可能是差生）因此，正确的认识观应该是：

学生观：每一个学生都有无限可能；

教育观：每个学生都很精彩；

人才观：每个学生都很独特；

创新观：创新从发展个性开始；

成长观：成长中的孩子一切皆有可能；

实践观：呵护学生的成长；

我们的教育观：差异·潜能·可能。

尊重差异：每个人都有相对独立的智力。美国心理学家加德纳认为，人的智能分为八种：语言智能、逻辑智能、视觉—空间智能、音乐智能、身体运动智能、人际关系智能、自我认识智能和自然观察智能。每个人都是独特的生命个体，每个学生都拥有自己的智能优势和弱势。

关注潜能：人的三种潜能，即"作为可能性的潜能""作为倾向性的潜能"与"作为能动性的潜能"。潜能被认为不是稳定的而是可变的，不是和谐的而是充满矛盾的，不是价值统一的而是价值混合的。教学要以潜能的倾向性作为研究学生的起点，多关注、研究学生，发现学生更多可能性。

呵护可能：充分考虑学生将会出现的"可能状态"，所谓无限可能，不单指的是个体发展差异，还是指教育的意义不在于成为什么，而是成为一种可能。尼采说："要真正体验生命，你必须站在生命之上。"学生行为的密码取决于他的记忆中体验到的感觉，因此学校必须努力给他一个愉悦的体验与感受。学生的信心是由成功的记忆撑起来的，在成功的体验中激励他成才。中学阶段是一个孩子身心发展的关键时期，还有许多未知因素，未来充满了不确定性，我们应该对这种不确定性保有敬畏心，带着敬畏心去做教育，以促使学生在最优势的领域取得成功。

我们的目标：不唯高考，赢得高考。

对公平的错误理解：把不一样的人培养成一个样。

正确理解：有教无类，因材施教，人尽其才。高中普及了，把不一样的人培养成一个样已经不可能；社会进步了，把不一样的人培养成一个样更没有必要。

二、到学生那里去找寻你教育教学的方式

读懂每一位学生，发展好每一个生命，把学生的身心需要作为教育教学的第一信号。为此，我们推行导师制。

"导师制"是优化学生管理、教师全员育人的管理模式。导师制解决"陪伴"成为可能，导师的"导"界定为四个方面：思想上引导，学习上辅导，心理上疏导，生活上指导。导师既要管课内，又要管课外。在全校师生和家长中开展"十六知晓"沟通了解活动，聚焦"知晓"二字。

①知晓学生的姓名含义；②知晓学生的个性特点；
③知晓学生的行为方式；④知晓学生的思维方式；
⑤知晓学生的兴趣爱好；⑥知晓学生的困难疑惑；
⑦知晓学生的情感期盼；⑧知晓学生的饮食习惯；
⑨知晓学生的知音伙伴；⑩知晓学生的成长规律；
⑪知晓学生的家庭情况；⑫知晓学生的上学路径；
⑬知晓学生的社区环境；⑭知晓学生家长的思想；
⑮知晓学生家长的愿望；⑯知晓学生家长的家庭教育困惑。

年修"一万家书"，以"感动·分享·共勉"的行动实现工作的细致化、具体化、实效化。同时，虚心听取家长的各种建议，改进方法，取得家长孩子的信任。

☞ 导师制的五项制度：学生成长档案制度；谈心辅导与汇报制度；家校联系制度；个案研究与会诊制度；多元评价制度。

☞ 探索学校、家长、社会三位一体的"融教育"大格局，形成"大德育"格局。

家长会：学生身体健康调查表，十六知晓调查表，饮食习惯调查表。
学校开放日：学生家长值日，全过程跟进，建议、反馈。
学校大型活动展示：健全人格。
社会实践活动：了解社会。
主题德育：升旗仪式；中学离队离团；全科阅读……

中学生核心素养的德育实践之麒麟树

总目标	年段	学段目标	目标要素	有 效 德 育 内 容
蓬勃生命给我们成长与进步　中国人格给我们前行的力量	高一、高二年级	仁爱之根	爱自己 爱他人 爱家庭 爱集体 爱祖国 爱家乡 爱环境	1. 认识自我、了解自我，能挖掘自身潜力 2. 关爱同伴、重视友谊、合作分享、乐于助人 3. 孝亲敬长、学会感恩、善待宽容 4. 主动为集体服务，有责任、勇担当 5. 热爱祖国，热爱中国共产党，关心祖国发展，加深了解中华传统文化，热心公益 6. 知晓曲靖历史、文化、民俗和"敢为人先，追求卓越"的城市精神，知晓曲靖市情，理解曲靖精神 7. 尊重生态，保护环境
		强健之干	身心健康	1. 爱好体育，经常锻炼，注意卫生，增强体质 2. 自信乐观，正确认识困难、挫折，敢于面对，勇于克服；学习调控情绪，增强自制能力，迈好青春第一步 3. 活泼、开朗、自信、大方
		聪慧之叶	兴趣 乐学 进取	1. 增强求知欲，培养广泛兴趣爱好 2. 勤奋学习，讲求方法，拥有良好的自主学习习惯 3. 乐学、善思、勤于表达 4. 有远大理想，能积极进取
		美雅之花	举止规范 习惯良好 遵章守纪	1. 语言规范、标准，行为举止得体不逾矩 2. 学知礼仪，礼貌待人，文明上网，树公德意识，做美德少年 3. 遵规守纪，学法守法 4. 学习审美，不盲目从众，抵制不良诱惑
		创造之果	创新思维 国际视野	1. 勇于实践，勤于创造 2. 关心时事，兴趣广博 3. 尊重国际礼仪，具有国际视野
	高三年级	仁爱之根	爱自我 爱师长 爱同学 爱祖国	1. 悦纳自我，提升自身 2. 感恩师长，以行报效 3. 热爱班集体，以实际行动给母校留下美好印记 4. 怀赤子之心，树爱国情怀 5. 追求真理，努力践行，为升学及将来实现志向打好基础
		强健之干	身心健康	1. 坚持锻炼身体，张弛有度，讲究卫生，以良好体魄迎接毕业升学 2. 学会自我管理，增强自律意识，保持平和、积极、乐观心态 3. 顽强磨炼意志，善于战胜困难和挫折

续表

总目标	年段	学段目标	目标要素	有 效 德 育 内 容
蓬勃生命给我们成长与进步 中国人格给我们前行的力量	高三年级	聪慧之叶	兴趣乐学进取	1. 刻苦学习，自觉治学 2. 总结学习方法，增强自学能力，提高学习效率 3. 有远大理想，能积极进取
		美雅之花	举止规范习惯良好遵章守纪	1. 语言规范、标准，行为举止得体不逾矩 2. 宽容大度，互相尊重，信守承诺 3. 遵规守纪，学法守法 4. 摒弃不良言行，塑造良好形象，做文明优雅的高中准毕业生
		创造之果	创新思维国际视野	1. 勇于实践、勤于创造 2. 关心时事，兴趣广博 3. 尊重国际礼仪，具有国际视野，理解多元文化

三、建设学生发展的无限可能性平台

在充分了解学生的基础上，我们应该要做的：一是尊重学生的差异，促使学生提升各自的能力，使学生都能因多样化的学习环境而获得有尊严且愉快的学习；二是以学生为中心的体验式教学活动；三是关注全人教育，以促进他们在最优势的领域取得成功。

1. 形成学校文化

关注校园内外一切可能触摸到的有形、无形的元素，共同建设学校文化（内涵和外延）。

2. 课程建设

开设基础性课程、拓展性课程，以落实学科素养、方法素养、社会素养（参与、认同多元、寻求共识、责任担当）、自我素养（对自身的接纳、表达自我、勇于创新）。

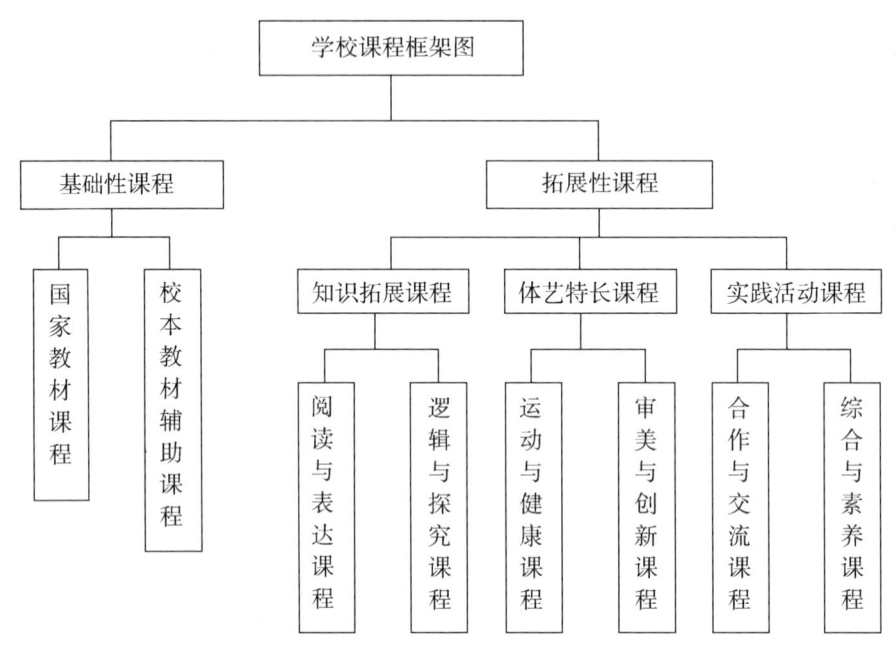

```
                    ┌─────────────┐
                    │ 学校课程框架图 │
                    └──────┬──────┘
              ┌────────────┴────────────┐
         ┌────┴────┐              ┌─────┴─────┐
         │基础性课程│              │ 拓展性课程 │
         └────┬────┘              └─────┬─────┘
        ┌────┴────┐        ┌────────────┼────────────┐
    ┌───┴──┐  ┌──┴───┐ ┌──┴───┐    ┌───┴───┐    ┌───┴────┐
    │国家教│  │校本教│ │知识拓│    │体艺特 │    │实践活动│
    │材课程│  │材辅助│ │展课程│    │长课程 │    │ 课程   │
    │      │  │课程  │ └──┬───┘    └───┬───┘    └───┬────┘
    └──────┘  └──────┘ ┌──┴──┐      ┌──┴──┐      ┌──┴──┐
                    ┌──┴┐ ┌─┴─┐ ┌──┴┐ ┌──┴─┐ ┌──┴─┐ ┌─┴──┐
                    │阅读│ │逻辑│ │运动│ │审美│ │合作│ │综合│
                    │与表│ │与探│ │与健│ │与创│ │与交│ │与素│
                    │达课│ │究课│ │康课│ │新课│ │流课│ │养课│
                    │程  │ │程  │ │程  │ │程  │ │程  │ │程  │
                    └────┘ └────┘ └────┘ └────┘ └────┘ └────┘
```

3. 分层教学

针对学生的三个层次——第一层：基础扎实，有较强的自学能力，对新知识接受快；第二层：基础扎实，但自学能力不佳，受学习兴趣影响；第三层：基础薄弱，学习习惯不佳。我们已采取分层教学，但还得在每层中分类教学，提倡个别化教学和无边界课堂。对于教师，我强调两个意识——挚爱与宽容，理想与激情。理想教师往往充满激情，给人以正能量，只有当理想与激情成为学校教师的内在精神指向时，学生的"无限可能"才具备真正功能。新学校教师专业成长的途径：预备制、师带徒制、汇报课制、专题研讨、合作磨课（举例讲解要重复）、反思探究、课题研究。学校还可以探索学科整合，学时组合，微课、长课、学生分合、课程走班等。

教育的本真属性不是给予与改造，而是启发、引领与唤醒，让小草长成最好的小草，让乔木长成最好的乔木。我们梦想的国土不是一条跑道而是一片原野，容得下跳的、跑的、采花的、在溪边濯足的，容得下躺在草地上晒太阳的。尊重人，发展人，让生命蓬勃生长！

4.6　让青年教师学做班主任

班主任作为整个班级的具体领导者，对学生的发展非常重要，一个人的学生生涯中能遇上一位好的班主任是一生的幸运。近年来，学校的班主任队伍年轻化渐成趋势，他们与学生年龄差异小，易与学生沟通，充满青春活力，年轻的班主任们给学校德育工作注入了新鲜血液，激发了德育工作的活力与生机。然而，大多数师范生在大学阶段没有接受过系统的班主任工作理论教育和专业技能培训，存在阅历尚浅、经验不足等问题。他们在工作中存在定位不准而处理失当的情况，特别是在处理学生行为、思想、心理、学习动力以及老师与学生的关系上，方法单一，不是顾此失彼，就是厚此薄彼，难以兼顾平衡，很容易造成班级管理混乱和教育目标的偏离。为此，学校德育处一直在做三年一轮的班主任专业培训工作，总结经验，依据校情，对班主任专业成长作具体策划。

一、优化培养制度，补齐短板

学校德育处已制定班主任三年研修方案，具体从以下方面着力：做好班主任专题培训；弥补专业发展短板；强化专业精神学习；突出岗位实践能力培养。为此，①学校将为青年教师制定《青年班主任智慧成长导航手册》，从有思想——我是谁？明确好好工作为了谁；有目标——我想像他一样，树立身边的偶像，典型引领；有方法——必须跨过那道坎儿，谁都不能陪你到最后；有意志——我与学生共成长，及时调整心态，突破成长的瓶颈期；有幸福——感受幸福，发现生活中的感动事例；有个性——个性化班集体建设实践，发挥个人智慧；有动力——价值追求，行为准则，责任感，荣誉感；有反思——实践、反思、再实践。②制作《班主任应知应会手册》，分4个部分：前言——明确班主任职责；"什么时间做什么事"部分——罗列校管理、升旗、课前、课间、用餐、午休、三操、阳光体育运动、校会、晚睡等板块；如"三操"管理，班主任工作包含整队、监督、进退场、站姿等内容；"什么事要做到什么程度"部分——列出具体工作指南和标准，包括基础常识和常见困惑，诸如如何树立班主任的威信，如何与学生保持恰当距离，如何平衡教学与管理，如何与家长沟通，如何处理突发事件，如何合法、合情、合理地教育学生防范各种风险，如何处理学生早恋问题等。"特别活动要做什么"——列出学校开展的一些固定活动的注意事项。

二、优化结对制度，提供实时指导

师徒结对、以老带新，是学校培养新教师的传统模式。在此基础上，学校还将结合学校培训课程和团队研修共同体以及捆绑考核制，强化徒弟的敬业心和师傅的责任感。

三、优化育人体系，强调全员协同和联动

对于新班主任来说，他们没有足够的资历和能力去影响其他学科的老师，这个缺陷需要学校通过制度设计去弥补。在理念上，学生成长不是班主任一个人的事，而应该是群策群力，大家应共同参与其中。其次在制度上，学校明确了立体育人制度：一是明确所有教师职责，谁的课堂谁负责，划清责任边界，杜绝将所有的责任都推给班主任的现象。二是实行"全员导师制"，导师要认真履行导师职责。三是充分发挥家长的育人作

用，把家长变成同盟军，成立家长委员会，办好家长学校，利用好家长的"盈余时间"，让家长参与学生的教育问题。四是构建立体育人体系，用好校友和社会资源，连同家长在内，成立属于学校的导师社群，使之成为学生的学业导师、职业导师和行业导师。

四、优化评价制度，突出发展导向

评价是调动班主任工作积极性的重要杠杆，在学校原有的评价基础上，一是考虑给予班主任更多的自主权，鼓励大胆创新，勇于探索。二是学校要做班主任的坚强后盾，使班主任在学生安全管理、批评教育、纪律规范等方面放下包袱，挺直腰杆，轻装上阵。三是完善选拔晋升制度，设定各类荣誉班主任评选，肯定和鼓励老师们教书育人的热情。

4.7　全员成长导师制

最大的力量是集体的力量；最好的督促是精细化的要求和陪伴；最直接的动力是及时个性化的反馈。

缘起：早在 5 年前，学校就推行过党员教师与学生结对活动，即教师与贫困学生、学习困难的学生、单亲家庭学生、行为有偏差的学生结对，进行针对性帮扶，有计划有针对性地给予学生思想、学习、心理等多方面指导，这收到了良好效果。党的十九大以后，基础教育从"一个都不能少"到"每个都很重要"，国家、社会对人才培养模式有了更高要求，习近平总书记为教育工作者指明了做"四有好教师"的方向，为此，我们将原来的师生结对工作进一步推向深入，惠及所有的学生。经过上学期的具体策划、调研和调整，本学期正式推出"全员成长导师制"。学校形成全校性的全员、全方位、全过程的"三全"工作格局，促进学生全面发展，健康发展，个性发展。

一、工作内容

从 2020 年 3 月起，学校平均每个班级配 3 名导师，由任课教师担任，15 到 18 名学生对应一名导师。导师将重点关注学生的思想、心理、生活、学习等方面，做学生的知心人，为学生解疑释惑，排忧解难，使不同层次的学生在理想信念、学业发展、生涯规划、心理健康等方面都得到不同程度的发展。学生在导师的引导下，进一步认识自我，了解自己的志趣能力，感知社会对人才的要求，寻求自我发展的最优路径。

二、实施程序

学校"成长导师制"的组织实施是一个环环紧扣、层层递进的过程，包括：宣传启动，学校制定实施方案并向全校师生公布；导师选任，根据教师任课情况拟定各班级导师；导师共同体组建，可以同任课班级老师或者不同班级任课老师组成导师共同体，共同研究学生问题；首席成长导师，专业能力特别突出、做学生思想工作特别有方法、经验特别丰富的教师推选为各年级首席成长导师，由他们引领、带领青年教师推进实施本年级成长导师整体工作。

三、实施保障

学校成立"学生成长导师制"实施工作小组，设在德育处，全面负责、协调和管理"导师制"的开展。与即将到来的"新高考"对应，学校还将成立"学生发展指导中心"，下设"学生生涯指导工作室""心理健康工作室""导师发展培训工作室"，为导师提供教育学、心理学方面的课程培训，为导师提供案例分享和学习机会等，以保障学校"全员导师制"的顺利实施。学校建立三项制度：学生档案制度、导师动态调整制度、导师工作考核制度。采取定性与定量、过程与结果相结合的方法对导师每个学期的工作量进行评估考核，考核内容主要包括学生学习成绩变化情况、学生平时行为习惯、导师手册填写情况、学生问卷调查情况、受导学生家长及年级评价情况等，学校每学期对导师进行表彰和奖励。

育人先育己，推行导师制既是陪伴学生成长的过程，也是教师职业修炼、德行充盈的过程。

4.8 实现教育"零陪衬"

——卓立学校 2017 年回顾与展望

初中教育既承担着义务教育的神圣使命,同时又承担着学生分流的压力。学生基础参差不齐,却要面对同样的中考,于是,一些学校选择放弃了一批学生,以牺牲这一部分所谓"差学生"的前途为代价来提高学校的"升学率"。卓立学校选择的则是:踏踏实实履行义务教育任务,扎扎实实打牢学生基础,把目标放在"合格率"上,倡导"零陪衬"教育,并将这一理念具体贯穿到课程教学的每一个环节。

卓立学校开办的第一个学期,已实现了培养学生良好的道德素质和文明的行为习惯的目标,以"导师制"为抓手,关注到每一个学生的身心健康和学习进步。教学研究、集体备课、教学反思等"教研训"活动已蔚然成风,每周的"导师见面会""课外活动课""生日祝福""节日温馨"等活动的创新开展,初步形成了"严谨、活泼、求实"的校风。

在此基础上,学校要进一步明确教育教学目标和办学方向,向着更科学合理、更精细化方向努力。

一、教育方面

良好校风的形成靠持之以恒,做艰苦细致的教育工作。学校要坚持从大处着眼,从小处着手,明确要求,加强管理,培养习惯,促成自觉,逐步形成风气，要把一些具体要求落实到：

课堂——形成课堂规范。课前：教材、纸、笔等教学辅助用具准备充分；课中：精力充沛，注意力集中，认真听讲，积极参与发言；课后：独立思考，按质量完成作业等。

宿舍——遵守纪律，尊重他人，履行公约，谦和礼让，关心同学，团结友爱，讲究卫生。

饭厅——不挑食，不浪费，用餐完毕把餐具送到指定摆放点。

集会——整队依次入场、退场，保持安静，坐姿端正，听讲认真，在报告发言人讲话始末鼓掌示谢。

锻炼——积极参加体育锻炼，增强体质，健全体魄；给自己以正面的心理暗示，释放和接受正能量，注重心理调适，这样才能保证有一个健康向上的青春期，安然度过叛逆期。

礼仪——见到老师要主动问好，对同学要礼貌谦让，不乱讲粗话、脏话；不乱扔垃圾，维护校园环境；诚实守信，热爱班级，热爱学校。

全寄宿学生：要特别注重学习方法、行为习惯、学习能力和学习时间安排等素质的培养，在晚自习专门为他们安排独立作业课，有计划有目的地严格训练学生的基本功。指导教师要帮助学生拟订切合学生实际的学习计划，教会他们合理安排学习时间，指导他们提高自学、生活、学习和与人相处的能力。

二、教学方面

卓立学校的办学理念是：关注每一个学生的发展，实行让每一个学生都有进步的"全人教育"。为此，要进一步进行三个方面的改革：

教育思想改革——如何认识学生。不少教师在教育学习困难的学生时，总以为他们不可能提高，因此缺乏积极的教育信念，致使这些学生越来越差。"全人教育"要坚信三点：相信每个学生都有成功的愿望、成功的潜能和取得的多方面的成功，教师只有树立了这种信念，学生才有成功的可能和希望。

教育方法改革——把为好学生提供成功的机会分给中、下等生，以此激励孩子，使每个孩子激动起来，行动起来，促使学生形成一种积极的自我概念，进而形成自我学习、自我教育的机制。

课程教材改革——教学目标分层设计、编制单元教学指南和分级达标评价体系这三项改革措施的落实，促使教育观念和教育行为转变，最终学校实现教学质量的整体提高。

1. 教学目标分层设计

学生的成长是有阶段的，学生的认知发展也是有序的、渐进的，让每个学生都能够得到清晰的、符合其身心发展、认知活动规律的学习目标指导，那么学生的学习能力和成绩也能够得到有序、合理的发展和提高。要求各学科教研组在认真分析各科课程标准和各册教材的基础上，吃透教材意图，把握教材特点，明晰初中学段教学目标的终极要求，然后把总体目标科学分解为年级目标、阶段目标，使教师既心中有全局，又了解各年级教学的侧重点。

2. 单元教学指南

基于教学目标的分层设计，教师以"单元"为单位，重新梳理教学目标。以往有的教师尽管知道教学首先要有教学目标，但实际操作时，却往往是先把教案写好，再回过头去提炼教学目标，这种"开倒车"的方式虽然易于操作，但事实上是本末倒置的。因此，制定清晰的单元目标来引领教学，是编制单元教学指南的核心要素。在制定单元目标时，有两条路径可走，一是"自上而下"地对课程标准、年级目标进行逐级分解；另一条是"自下而上"对教材内容进行分析、梳理、整合和提炼，从中找到合适的契合点，最终形成单元目标。例如语文写作，一直是学生最头痛的课，进入初中，学生之间的写作水平已没有了明显的差异，但很多学生却总也写不好作文。我想，可以有几种渠道来解决：一是对课本进行"重组"，将原来散落在语文书各个角落的一类文章，重新组合为一个单元。为了让学生读懂同一类文章，比如"写一件事的记叙文"，教师们把课本里所有写一件事的课文抽出来，重新规划为一个单元，根据这类文章，教师们策划的阅读目标全部针对"写一件事的记叙文"，并告诉学生以后碰到这类文章时应该如何去读。相应地，也制定了"写一件事的记叙文"的写作目标，并与阅读目标相匹配，密切相关；二是学生亲自体验的活动，如春游、上实验课的过程以及某件事的经历；三是对虚假作文的辨析和对好作文的鉴赏等等。英语学科单元教学指南的编制，不同于教师以往熟悉的课时教案，有着更高的学生水准要求，一是要有意识地运用可视化路径，即运用一系列图示技术把本来不可视的思考方法和思考路径呈现出来，使其清晰可见；二是在做单元教学指南中的单元目标设计、学生活动设计、作业设计和评价设计时，应设计相应的管理工具，如单元目标梳理表、作业属性表、评价量化表并辅之以相应的评课工具，这种集"研、教、训"于一体的教学尝试，不失为教师专业成长的一条好路径。

3. 分级达标评价体系

学业评价是系统工程，在抬高了的目标指引下，一大批"不合格"学生就会顺势而生，成绩不好使其自信心受挫，学习主动性提不起来，成绩也就越来越差。因此，合理的评价标准就显得尤为重要。在用正常标准评价学生的同时，要让不同成绩的学生选择不同的试卷考查，一套卷子要有80分重在考查学生阶段必须掌握的基础知识和基本能力，20分为中等难度，重在考查学生基本能力的综合运用，20分为提高题，重在考查学生的综合能力。还可以对学生采用A、B卷考试，保证学生获得80分。

三、后勤保障方面

要建立高效、简洁、流畅的后勤保障机制，明确各自的责任，学校计划要明确，"三重一大"要报告董事会民主决策。财务管理要规范，宿舍管理要严格，食堂要确保食品卫生安全，保安要确保校园安全。后勤要确保服务到位，报修报告呈交后解决时间不超过半天，树立主动为师生服务的意识。

四、学校文化方面

要十分重视校园文化建设，逐步形成独具卓立特色的优良"三风"，彰显卓立的独特魅力。要为学生搭建多元发展平台，让学生有个性，有共识。建立学校共同育人机制，设立"家长开放日"，开设"家长学校""阳光活动舞台"，以此提高家校齐抓共管的效率和学生自我管理的能力。建立"必修、选修、活动"三位一体的课程体系，使不同层级的学生都有提高，有发展，使卓立学校的教师都有获得，有成就，进而实现"卓尔不群，立德树人"的学校愿景。

第五章　治校方略

　　一个团队应该是一群有着共同梦想，能够遵守实现共同梦想标准的志同道合者。发展的力量来源于组织团体，只有管理团队心往一处想，劲儿往一处使，形成合力，团队才有力量。教育从本质上来说，就是师生间的彼此成就，校长教师之间的彼此成就，家校之间的彼此成就。基于团队：人伴贤良品自高；基于个体：努力耕耘者自有收获；基于现实：在宁静的校园里过沸腾的生活；基于自身：以霹雳手段做事，以菩萨心肠帮人。

5.1 学校组织效能与工作效率的反思与路径

一个团队应该是一群有着共同梦想，能够遵守实现共同梦想标准的志同道合者。发展的力量来源于组织团体，只有管理团队心往一处想，劲儿往一处使，形成合力，团队才有力量。教育从本质上说，就是师生间的彼此成就，校长教师之间的彼此成就，家校之间的彼此成就。基于团队：人伴贤良品自高；基于个体：努力耕耘者自有收获；基于现实：在宁静的校园里过沸腾的生活；基于自身：以霹雳手段做事，以菩萨心肠帮人。

一、学校组织效能建设的问题

最糟糕的学校管理现状是，对于摆在面前的低效现象以及各种管理漏洞，没有人主动去发现，也发现不了问题，甚至一些管理干部也不会主动反思整体或个人的工作效率，只是每日简单应付、得过且过，具体表现在五个方面：一是只满足于上传下达，以文件落实文件，会议落实会议，有布置没检查，更没问责，无形中逃避了责任。二是道德的标榜，过分爱惜自己的羽毛，过于在乎别人的评价，导致不暴露自己的弱点，只是想到"我"怎么安全地做事，少冒风险，少得罪人，但也因此丧失了自己的立场与进步的契机。三是经常抱怨，做一个被动工作者，工作中缺少办法，沟通协调不够，创造性解决问题的能力不足，针对性和有效性差。四是学校各级管理者思想意识淡薄，管理过程中各级管理者没有持续跟进，对政策的执行不能始终如一，虎头蛇尾，工作热情前紧后松，跟进不力。五是角色错位，"向下"错位：中层干部为了获得教师的支持，时常把自己错位成"教师代表"，老想扮演"老好人"，当教师有什么抱怨的时候，他们就站出来，或表示同情，或以某种方式沉默，他们往往说这是学校领导决定的，学校就是这么要求的，或者说你去问校领导，有的还和教师一起议论"校政"，指点"江山"，给教师造成的印象是：中层干部都是好人，问题之源在学校领导。其实，教师有话愿意和中层干部讲，是因为中层干部所处的位置，教师是希望你有所解释或通过你转达给学校领导，中层干部可以代表学校听取意见，而不是做同情者。"向上"错位：对学校重大事项、重要工作不汇报就自作主张，或者怀疑学校的决策，当自己意见不被采纳时，就认为领导"昏庸"，甚至不执行或拖延执行。"垄断"错位：把自己的科室看成是自己的一亩三分地，由于长期管理某个部门，掌握着该职位的全部信息和资源，无论是内部组织还是外部协调，旁人难以插手，只考虑小团体利益，不考虑学校整体利益，工作中不是部门支持流程，而是流程围着部门转。"官僚"错位，会上一套，会后一套，摆官架子，故意设置师生办事障碍。执行力弱化的原因可能是由失意，抱怨，焦虑，环境等因素造成的，以至于出现了"职业停电"情绪。

二、学校管理层的基本素养

把问题转化为向上的动力，需要强化学校管理层的组织效能，让管理的过程成为不断完善自我、实现自身价值、获得职业幸福、充满成就感的过程。

为了提高学校组织的工作效能，学校管理者必须做到：①要有崇高的理想、共同的目标；②要有良好的判断力；③有力的磋商，信息共享、互通有无、相互借鉴；④规章制度，有章可循；⑤讲究公平，对事不对人；⑥做好工作记录,建立台账；⑦要有计划性，避免低效行为；⑧要建立标准，研究更多的针对简单事务的标准化操作要求，建设标准化行动推进表；⑨效率奖励，表扬和奖励那些讲求效率和业绩优秀的人，而不只树立"埋头苦干，任劳任怨"的成绩平庸标杆。

三、提高组织效能与工作效率的措施

（1）管理者要有眼界、胸怀、热情，主动作为，快速应变，迭代创新，群策群力，把握关键，以身作则。

（2）创造内生机制，对表，对标，看效果。

对表：对人和事进行过程性跟踪，抓的是"效能"。学期初盘点工作内容，列出工作清单；"中间"过程检查，及时发现问题并纠正；学期末对表考核，评定等级。

对标：从关键事件抓员工（教师）的个人发展力、影响力，注重他们对学校发展的贡献。

看效果：强调效能感，就是所做的事，别人感受到了吗？做事的质量怎么样？

（3）提升7项能力。

目标指向力：中层管理必须自发地找出问题，把需要解决的问题分类，当前的问题、常规的问题、未来的问题、人员的问题、业绩的问题等，并有限时达到"何种状态"的要求。

发现良策的能力：首先要把"做不到""很难办"等语言作为自己的禁语，认为"做不到"，就很容易陷入自己的魔咒中，要主动寻找新的工作方法，一点点坚持，要是自己做不到，就赶快考虑借助别人的力量，发挥团队作用。

制定"工作清单"的能力：清单为我们提供了清晰的工作思路。制作清单的原则：①权力下放：系统中各层级的权利、义务更加明确，运转效率更高。②简单至上：清单要简单、可测、高效；③激活团队：清单要提高团队的凝聚力和潜能，而不是消耗；④以人为本：解决问题的主角是人，而不是清单。

组织能力：首先是知人善任，扬长避短，能保证工作的成功，并以此为契机，达到使下属进行开发自我能力的目的和创造有利于下属工作的环境的能力。

传达能力：有需要传达的信息要对各个细节进行研讨，以应对被传达对象的各种提问或疑问。交流的本意，在于面对面把事情传达清楚，把文件或复印件带着作为最后的、最差的方法。

赋予积极性的能力：下属有愿意做事和不太愿意做事两种人，对愿意做事的人必须注意自己那些损伤下属热情的习惯，并进行自我控制；对不太愿意做事的人要让其明确目标，并与他达成共识，让他相信可以做，而且必须做好。

培养下属的能力：带好队伍是关键，首先是不要扼杀人才，对于聪明的人，你只要给他目标，方法则由他自己去考虑；如果下属是一个循规蹈矩的人，就要尽量让他去做一些他未曾挑战过的任务；对一般的人员要制订一个清楚的计划，让他保质保量地完成。对下属要宽容，不要过分将他人理想化，要认识到包括自己在内的所有人都不完美这一事实。培养下属需要耐心和毅力，更需要恰当的方法。

自我革新能力：要形成"自我检测系统"，将对自己缺点的研究成果应用于实践中，不断向未曾经历过的问题挑战，克服困难使自己活得自信。

四、行政教辅后勤工作一样可以做得风生水起

后勤工作很难用文字梳理和记录，因为后勤人员每天都在不停地、重复地工作，长期沉浸于常规性的事务中，容易产生倦怠，职业倦怠会钝化人的思维触角，削弱人的工作激情和创造力。那么在实践中，怎样才能走在教育的前面，提升服务水平？我们可以试着去梳理我们一直在做的事情。五条细则看后勤：①流程清：工作能够流程化的尽量流程化，食堂管理流程，保洁工作流程，保安工作流程，新生入学流程，安全事故应急流

程，等等。②标准明：标准一定要明确清晰，才会知道什么叫好，什么叫不好。后勤工作没有灰色地带，只有好和不好两个标准，达标就好，没达标就不好。③执行到位：在执行过程中，遇到最大的挑战不是不执行，而是执行得不尽如人意，这里有人的因素，但关键是用明确的标准来衡量。④符号：符号是文化的表达，例如，校园内的路标、功能教室的标识、食堂用餐时间开始和结束的标识；重大聚会、疏散演练的时候教室门口要有一个牌子做提示等。⑤价值：后勤人员要有自己的价值观，那就是把自己该做的事做好，成为重要的不可代替的人。

5.2 创新年级管理

年级管理是学校"管理重心下移""领导工作下沉",管理走向"精细化"和"规范化"的一种"低重心管理"方式。年级部的职责是:开展年级的教学和德育工作,具体负责本年级任课教师、学生和班主任的管理,落实各处室安排布置的各项工作,完成学校下达给年级的教育教学目标管理任务。因为各年级学生的年龄段不同,身心发展水平不同,实施年级管理和年级主任负责制,使年级具有相对独立的管理权,更有利于本年级教育教学任务的统筹安排,工作起来更因地制宜,符合学生实际。一个年级就像一个小型学校,年级工作有时千头万绪,很容易使年级主任陷入事务性工作"手忙脚乱""日理万机",充其量"在正确地做事",而不是"做正确的事"。为此,梳理年级管理的思路,创新年级管理模式显得非常必要。

一、主动规划:尊重成长规律的顶层设计

学期开学前一定要有基于学校工作计划的年级工作计划,年级工作计划要有方向、有目标、有标准,内容要详实、可操作。其次,在年级结构框架中有两条关键线:学术线——10位备课组长对年级学科教学及学科教育质量负最终责任。管理线——6位分布式领导对各自岗位涉及的管理职能负最终责任。备课组长和分布式领导一般在学校岗位双向聘任后完成。

（一）学术线：解决教学、教研问题，重心是研究教师

一是常规活动，备课组长根据学科实际，制定教学任务，安排教学进度、教学内容，组织好大单元备课。建立听、评课制度，做好教学常规，填写好教师痕迹手册。

二是诊断分析，让数据有效帮助教师精准反思。教学诊断，不是评价，诊断更像是"体检"，目的是促进被诊断者自我完善和反思，每次质量分析报告出来，要组织相关教师和团队阅读数据，解读数据，直面问题，由果索因，帮助教师分析数据背后的原因，并寻求解决问题的方案。这种自我反思的文化形成后，诊断便有了客观的、深度的、精准的力量，从而使被诊断者不断地自我生长。

三是建立作业管控体系，推动各学科向课堂教学要质量。要建立起年级作业管控体系，统筹安排学生各学科作业，让老师们在备课上下功夫，在课堂上提效益，在习题上精挑细选，推动各学科均衡发展。

四是关注"弱势"学科、班级、老师，实现年级内部优质均衡发展。要让年级有生命力、有活力，不仅要树榜样、树典型、树先进，更要关注弱势学科、弱势班级、弱势教师，深入调研是什么原因导致大的差距的出现，有的放矢地帮助他们。只有他们进步了，年级才会得到更好的发展。

（二）管理线：解决班级管理问题，重心是研究学生

一是每周一次的班主任例会，内容包括：①集中班级本周出现的问题，认真分析问题背后的原因，针对原因采取教育措施；②对各班级管理做法进行分析，衡量做法对教育学生的利弊，去掉弊端，完善做法，年级推广；③提前预计下一步工作可能出现的问题，并采取预防措施。

衡量班主任例会的生命力，要看例会在支持班主任工作中的价值。例会能够帮助班主任找到班级管理好办法，班主任就会积极参加，并争抢着把自己的好方法、出现的棘手问题拿出来研究分享，同时例会可以打破班主任伤害学生的常规做法，把案例、问题转化成故事，转化成课程，让班主任遇到问题兴奋，而不是发愁苦恼，从而促进班主任成长，优化班级

管理。

二是分布式领导岗位职责。选定几位老师为各方面的负责人，将管理再扁平化，直接发现、解决问题。

二、科学管理：可防、可控、可管理

年级要充分根据高中各年级的特点和学生成长规律，管控好规则、规划、家长、同伴、动力五个方面，设计好高中三年的宏观规划。

1. 规则

规则是年级工作的重点，特别是起始年级，要让学生明确在哪个年龄段、哪个时间该做什么，不该做什么。建立年级（教师、学生）的规则意识，并让它形成一种文化，随着学生年级的增高，规则逐渐退出核心的位置，变成年级常规的、日常的工作，最终做"自带学标标识"的一中人。

实施规则教育有三个设计要素：以终为始，目标鲜明——每个时间点要达到什么目标，需要清清楚楚，这样才有行动的动力；分解落实，寻找载体——把目标细化，让一个个具体的活动作为实现目标的载体；反思评价，查缺补漏——开学第一周、第一月对规则养成至关重要，对学生的行为表现，年级要及时记录和评价，使不良行为得到及时纠正，使良好习惯不断得到巩固。

"规则教育"的三年规划，包括从开学第一周、开学第一月、高一上学期年级的"核心工作"，到高一下学期的"重要工作"，再到高二、高三年级的"日常工作"。规则教育在年级工作中地位的变化，体现在对各年级的学生年龄特点和成长规律的细致把握上。

2. 规划

老师要引导学生做好远期规划（三年）、中期规划（一个学期）、近期规划（一月或一周），使之有目标，有努力，有动力，有成果。如果学生没有一个生涯规划，很容易陷入无所事事和一无所获的境地。例如《我的一天》，详细列举在每一个时间段必须完成的事和可以选择去做的事情，力争做到今日事，今日毕。

3. 家长

要让家长成为我们的同盟军，让家长尽可能了解学校各种信息，定期推送年级活动介绍，每学期定期召开家长会，设立家长委员会，开设家长学校和家长讲堂，充分利用家长的"闲余时间"，进行家长职业故事分享，分层设计家长会，等等。

4. 同伴

高中学生的成长过程中，同伴关系越来越会对学生成长产生重要影响。同伴交往呈现出跨年级、人数众多、空间隐蔽、频繁互动的特点，如何避免出现"不良交往"的风险？可采用一些激励方式，如"我的彩虹联盟""我的阳光朋友""我的成长合伙人"等途径让学生分享展示自己的同伴群体，并奖励那些积极向上、相互帮助的小组、小群体，使教师掌握学生的交往情况。

5. 动力

高中学生更加走向重视个体、情感封闭状态，如果我们连学生的学习路径都知之甚少，就很难唤醒学生的内在动力。学生的学习路径分两翼和一主体：一翼是"多元智能"，负责"擅长学习什么"；另一翼是"学习风格"，负责"擅长怎样学习"；一主体是自我系统，负责"是否和愿意学习"。一个学生所处的学习环境，如果和自己的多元智能、学习风格相匹配，那么他的自我系统才会启动，最终获得"个性化成长"。

科学管理要遵循三个原则：第一，预防性原则，总结新学年可能遇到的问题，并分组认领，然后合作给出解决方案。这种锁定"问题＋人群"的讨论，让所有人心中有数，遇事不乱。第二，区别性原则，要对症下药，避免人人"吃药"。把问题分类是区别的前提，个别人的问题就个别解决；系统中的问题，那就通过完善系统解决；有的是成长过程中的问题，就要学会等待，让问题在学生成长和时间中得到解决。第三，包容性原则，要学会与问题和平共处，有些问题暂时搁置，可能比立即解决更好，比如暂时无解的问题，教师与学校能力之外的问题。

三、驱动机制：年级自我完善和提升

除要求教师参加学校层面的活动外，年级内部要研发一些活动，进而形成一种驱动机制，增强年级凝聚力，促进年级的自我完善和提升。例如，跨学科听评课、读书会、年级文体活动、青年教师成长计划、各类比赛竞赛活动，等等。此外，开好年级"四会"：即"班主任例会""备课组长例会""党支部会议""全年级教师大会"，各类会议以解决问题为第一要务，让"千条线"与"一股绳"合力，在工作中调动教师工作的热情和积极性，推动工作高质量展开。

四、完善决策、执行、监督、反馈、评价五个动力系统

要使得年级工作高效、有序、健康发展，还要逐步形成科学规范的五个动力系统：①决策系统，定责授权，层层落实；②年级与处室相互配合支持的执行系统，管理和教学都要执行到位；③由课程处、德育处、纪检室、年级共同参与的监督系统，检查监督，及时调控；④与学校相关处室有机结合的反馈系统，定时反馈教育教学中的问题，以便及时调整教育教学计划和方法；⑤评价系统，学校建立相应的评价机制，班主任工作方面，年级要以每周、每月、每学期的学生管理情况为依据，统计分析各班主任管理工作的差异；教学方面，要对教师教学常规行为，以及在学生评教中对教师的评价都做统计，这些将成为考核教师的依据，既注重个体，又注重群体；既注重过程，又注重结果，做到分层考评，点面结合，公平公正，增强教师的竞争意识，调动教师工作的积极性。

5.3　提升校园外显文化

"筑大厦者，先择匠而后选材；建学校者，先择文而后垒墙"，学校文化是一所学校的精神长相和未来方向，是全校师生共同的价值追求和灵魂归依。校园文化不是空中楼阁、海市蜃楼，一定要化虚为实，成果外显，让我们的校园文化看得见、摸得着、读得懂、听得清、用得上。

本着进一步提升学校品质，促进学校发展的原则，根据学校实际，结合师生反馈，曲靖一中校园外显文化提升可从以下角度着手推进。

一、顶层设计外显

将校训、办学理念、办学特色标识进一步外显，在行政楼门厅、日新楼、紫光楼门厅醒目呈现。

二、丰富文化载体

校园里的细节：

（1）校门口的布置：

①周密考虑设计家长接待室的功能，拥有集学校信息查询、办学解读、家长阅读、简短交流等功能于一体的家长来访查询系统，制定家长访客制度，有来访留言，家长可以对学校提出建议、问题、期待等。

②考虑师生进出校门的路线是不是合理？过程是不是有温度？客人拜

访学校的手续，是不是既严谨又周到？

（2）丰富校园文化墙的"言语"功能：名言警句、诗词歌赋，考虑大量呈现学生的痕迹，留下教师的策划。

（3）三个（小广场、莲花池、日新楼下）校园文化长廊（主题文化展、师生作品展）的功能要让师生产生亲近感，便于"随处随心境地坐下"。

空间的布局：学校空间做到分类很清晰、文化能呼应、功能较完整。

①丰富以橱窗为形式的宣传平台（科学规划、精心设计橱窗内容，做到贴近时代、贴近学生实际）。

②丰富电子屏幕内容（人文、自然、时政、社会、校园动态等新闻）。

③增设将军、院士等历史名人雕像，附以文字简介。

④校内的亭台楼榭可以配楹联、匾额，增加其古文化内涵。

⑤创作《爨园百年赋》。

空间布局的智慧：课堂与课堂的转换是否便捷，时长是否合理？不同的学习形态哪些该相邻布局？哪些该有效区隔？学校功能房（室）是否被最大化利用？要使有些空间能非常便捷而有序地实现分时段多功能应用，最重要的是学校每个功能空间有没有呈现"基于学校内部研究的生长性"，空间与空间是否联合构成并诠释着学校的办学目标，学校的每个学科教室是否有独特的学科味儿，有浓浓的专业前沿气息。

三、教师办公环境、流程氛围改善

（1）建立温馨、舒适的办公环境，进入各职能部门，墙上要有年度或者学期工作计划、改进目标。流程设计是否很具体地撑住了一所现代学校的复杂事务？

（2）办事流程是否高效有序，节约全校师生的时间和精力？

（3）有没有便捷的教研教学资源供给？大多数老师是不是能旁若无人地忙着专业的事情？有没有让老师们舒服，赋能教师的氛围？

四、班级的温度

教室里藏着教育质量与内涵最真实的秘密，需要重新打量：每个班级的"文化园地"体现每间教室都有不同的特点和自我表达；班级的走廊外墙要有学生自己创作的"园地"；教室的黑板要有大多数老师对不同功能交替使用的痕迹，上面的功能与资源软件支撑教师多情境教学和学生个性化学习。

五、课堂的样态

随机走进一间教室，看学生与老师的关系是否友好；多数学生在任意一个组织的活动中是不是投入甚至有沉浸的表情；多数学生在自由休闲的时间里，是不是真实、放松的状态；多数学生在自主管理的学习时间中，是不是能迅速进入各自不同的"攻坚目标"；多数学生在学科课堂上是不是积极而专注；学生的专注程度是衡量一所学校教学质量优劣的重要因素之一。

六、图书馆的氛围

学校图书馆门可罗雀，还是人来人往；图书馆里有没有大量的堪称经典或者贴近时代的好书；有没有让学生有"坐下来，想读书"的温馨氛围；这里有没有融合功能的班级学习讨论区和图书馆资源相关课程；有没有电子借阅系统；等等。

七、食堂的功能

食堂里有没有把二十四节气食育健康放在这里；有没有把爱惜粮食勤俭节约的教育放在这里；有没有把食品卫生安全教育的条例和规则放在这里；等等。

八、学生宿舍的氛围

学生宿舍内同学之间是否有手足之情，同学之间是否充满包容、理解、支持、关爱、团结、互助与温暖；学生管理指导员对学生是否有了解、关心与呵护。

九、活动开展

（1）定期开展形式多样的文化活动（名家讲坛、阅读分享会、读书沙龙、电影赏析、摄影展、书画展、手工作品展、传统文化展、科技展等）。

①宣传＋组织＋开展＋点评＋奖励（教师＋社团承办）。

②在微信公众号和网站上发布活动、作品信息。

（2）丰富馆藏文献的形式和内容（及时丰富馆藏；收录一中师生的自编文献、原创文学作品、书画摄影作品、微电影视频等，甚至可以将一中师生的教案本、笔记本、试卷、作业、随笔等文本进行归类存放）。

（3）设"名师讲坛"，邀请省内外名师、高校教授到校讲学。

学校的外显文化体现一所学校的办学理念、治理架构、专注程度、研究深度、资源匹配、课程情境、学习方式、流程细节、知识边界、教师行为等，它是提升学校办学高度以及学校未来发展潜力的重要部分。

5.4　学生自主管理体系建设

高中生已经具备独立思考的能力和自我管理的能力，学生是学校的主人。虽然他们是受教育者，但是他们有着自己的思想、主张，自我管理是学习的最高境界。曲靖一中学生会有组织机构、活动内容，但目标性不强，创新性和作用的发挥都不够，学校也没有为他们提供足够的平台和话语权。因此，学校将从以下几个方面再做考虑：

一、组织机构

学校学生会将在学校党委指导下开展工作，具体职能部门是学生处，学校会委派老师做顾问和指导。学生会下设五大学生组织，分别是学生联合会、生涯规划指导中心、校园治理发展委员会、民主议事会、社团联合会，每个组织下再设具体的工作部。学校将创造学生参与学校管理、自主管理、快乐成长的机会，引领每一个孩子去发掘自己的潜力，让其具备全面的基本素养，培养孩子的原创思维能力，让他们成为慷慨的合作者并养成终身思考的能力。

二、工作内容与职责

1. 学生联合会

学生联合会的主要工作内容就是安排各种各样的学生活动，负责所有校级学生活动的策划和组织，每学期初学生会要拿出本学期的学生活动工作计划，一项项在学校公布。比如：科技节、艺术节、运动会、阳光体育、城市热点论坛、各种辩论赛、演讲比赛、新闻联盟等大型学生活动。从构思、策划，到器材、宣传，再到布展、组织，从始至终都由学生联合会的同学负责完成。此外，还有各大学生组织之间活动时间的协调，场所的安排，及学校涉及对外交流的协调，每次任务，都要自己组成项目小组，细分为策划组、学术组、现场组、器材组、签到组，俨然一个公司的项目部。学校和老师只提供智力支持和物质保障。

2. 生涯规划指导中心

主要工作内容是为同学们提供多样化选择，帮助同学们在诸多选项中学会选择。主要工作职责是在老师和学长的指导下规划自己的"大生涯"，不仅聚焦在职业规划、学业规划，选课走班还希望帮助同学们认清自我，认识社会，建立与自我、他人、社会、世界之间的链接，学会辩证地看待周围环境，获取有价值的信息，做出理性而负责任的生涯选择。遵循"适合"是课程体系的底层逻辑，随着2019年云南省启动新高考改革后，学校将会建立新的课程体系，选课体系是对自身学习习惯、学习风格、学习水平的一次评估，也带着对未来生活的一种憧憬和挑战。如果学生进入某个课程体系一段时间后不适应，也可以申请转换，让学生在无数选择中学会选择，在每一次选择中锻炼、审视自己，找到自身特点，激发他们的成长意识。

3. 校园治理发展委员会

学生的校园治理发展委员会分担学校的管理工作，包括五个方面：纪律检查、生活卫生检查、安全组织检查、环境保护、文化创新。

纪律检查：以值周班为主，主要负责早自习迟到检查、午休纪律检查、电教设施使用检查、大型活动的组织及秩序维持等各项工作。监督同学们校纪校规的落实情况，检查结果直接计入各班量化评比，这将在衡量各班行为规范水平方面起到重要作用。

生活卫生检查：协助学生处进行学校卫生检查，包括班级卫生、环境卫生、个人卫生、宿舍卫生、食堂卫生和一些校园死角卫生，保障同学们生活卫生水平的提高和校园环境的洁净。

安全组织检查：配合学校保卫科发现和消除校园安全隐患，通过各种创新形式提高同学们的安全意识，丰富安全知识，建设更加安全的校园环境。

环境保护：根据学校自然环境、资源条件、历史情况，统筹兼顾，主要负责环境保护理念宣传，日常用品的回收、垃圾分类、节能减排等工作，包括教师电灯、电教设备等，每年组织学生检查校园绿化美化情况，向学校提出改善建议。

文化创新：文化创新部成员是校园文化的重要建设者，致力于倡导新的理念，促进校园文化建设。它包括内涵部分（也就是同学们的思想道德建设、文明礼仪养成）和外显部分（也就是校园的所有外显标识及符号）。

4. 民主议事会

民主议事会主要的任务有两个：一是每年五大学生组织的换届选举；二是每年一次的学生代表大会。学生代表大会不仅体现学生自主管理的主动性，也体现了学校文化的民主性。学生代表大会的操作方式：在每年的学生代表大会召开前，先在学生中广泛调研，每个班推选 4 到 5 名学生代表，一起撰写相关的议案初稿，然后进行归类整合，最终筛选出约 10 个比较大的议案。到学生代表大会召开时，每个议案的提议小组集中阐述议案的背景、出发点、需要解决的问题，同时也接受学生代表的提问。这些议案小到班级管理，大到学校管理，民主议事会的干事和学生代表们都在其中发挥着积极的作用。这样的方式，会让学生感受到自己被重视、被尊重，也积极促进了学校管理向前发展。过程中，学校领导到场旁听，能当面回复的问题就当面回复，不能当面回复的，会后经学校讨论后答复，最后以正式文件形式张贴校务公开栏。

5. 社团联合会

学生社团是学生最喜爱的学生组织，学生活动是最棒的独家记忆！学生社团要更加规范化，朝着有内容、有品位、正能量方向发展，使之成为同学们课余的舞台和精神家园。

总之，学生自主管理体系建设，使每个学生热爱学校、热爱班级，有集体荣誉感，有规则意识，清楚和明白做人做事的底线，促进学生参与学校管理，锻炼学生的综合能力。

5.5 书籍点亮人生·书香溢满校园

习近平总书记曾说:"读书可以让人保持思想活力,让人得到智慧启发,让人滋养浩然之气。"

同学们通过阅读思考,获取人文素养,培育科学精神。如果阅读量过低,无法形成应有的教养,也很难有丰富的思维。成年人精神修养和思维方面的差异,源头往往可上溯至少年时代的趣味。很多人在误入歧路之后,痛感早年学习过于功利,失去了最佳阅读时机。学生阅读量过低,视野狭窄,必然影响思维判断,影响形成经验,也因此会缺乏更新知识的能力。中学时代,能读一批好书,与伟大的灵魂对话,学会独立思考,打好精神底色,即使未来人生之路坎坷不平,但因青少年时代打好了"底子",他克服困难的能力会超越一般人。人生有若干阶段,每个阶段都有这一时期该读的书,这是成长必需的营养,不能指望"这些书我以后再读",如同植物生长,如果错过了"时期",注定难以壮实。

同学们通过阅读,知道人们的经验故事,获取知识,获得一定的教养,产生精神追求。经验让你的视野变得辽阔,积累丰厚,阅读"眼光"逐渐非同一般,而你也会逐渐成为人群中有智慧的人。热爱阅读的学生,总能保持趣味,善于探索与发现,总是能从生活中、阅读中发现有趣的、美好的事物,同时富有自由表达的激情。

科学阅读和人文阅读同样重要,同学们无论如何不要忽略他们的价值。我们通过阅读了解科学史，会发现先前的各种"不可能"陆续变成了现实。科学阅读，不仅要了解科学知识和科学史，还要关注那些发现和探究的经验教训，培育思维品质。同时科学阅读要学习说明和阐释的艺术。世界上很多著名的自然科学家写过科普著作，他们能用简约平易的表达解说专业知识，让大众了解学科理论，提升人们的科学素养，增加人们探求未知世界的勇气和信心。科学阅读能培养和发展人的质疑精神和探究能力。人一旦开始思考，万事由来、生命过程，无不在他的思考之中，在不断的"顿悟"中，他的天地将变得无比辽阔。建议同学们广泛涉猎，读得"杂"一些，这是很有好处的。

还有就是在老师的指导下读书，不要读自己消化不了的书，想好为什么读书，再去选择读书。每本书都有自己的假设，有作者想表达的观点和价值，我们每个人阅读后的感悟，也是仁者见仁、智者见智，所以我们读书的时候要有思考，不同的政治、经济、文化、地域背景下的书，观点差异很大，人是极其复杂的，不要完全被作者的观点所左右而"被书读"。好的读书是在阅读中提炼智慧，在对比中发现问题，与作者对话，在行动和实践中反思。

阅读作为一种生活方式，是"个人"追求；只有"个人"才能完成阅读，只有"个人"才能在阅读过程中思考，因而只有"个人阅读"才能真正获得教养。当一个人认识到阅读对于人格教养、对于生命质量的意义时，阅读才会成为一种自觉。青少年只有通过个人的自主阅读和独立思考，才能进入澄明之境，成为有智慧的、精神愉悦的生命个体。

不要等，现在就读。

5.6 最是书香能致远
——领航班线上学习读书分享

每个人读书的兴趣通常是基于他的爱好与需要，读书可以开阔眼界、可以提升思想、可以涵养品性、可以解决问题……读书的最高境界应该是兼收并蓄，能与作者对话，最终形成自己的思想并付诸行动。

我读书多数是基于工作的需要，丰富思想、指点迷津、解决困惑、找到方向。我学会整本书阅读，通过思维导图的方式阅读。最近一年多来，我在做学校"基于核心素养的大单元学习共同体建设"。由于我每天面对学生、面对老师、面对课堂，因此我始终对课堂研究以及影响课堂的因素的书籍特别关注，尤其对华东师范大学的一批教授的教育论著情有独钟。因为他们俯下身来研究中学，有实践的数据支撑，同时又有成体系的理论指导。今天给大家汇报的是再读钟启泉教授的关于课堂的三本书：《学校的挑战》《读懂课堂》《课堂研究》。

一、三本书导读

从"精英教育"转型为"大众教育"是当代世界教育改革的潮流，在当今知识社会的时代背景下，决定一个民族、一个国家的软实力的，是每一个国民的"核心素养"的养成，决定这种核心素养形成的根本要素在于从课堂出发的学习革命。学校改革的核心在课堂，学校的挑战在于课堂革命的挑战。

《学校的挑战》：该书描绘了 21 世纪课堂革命的全球图景，以大量的中小学的案例报告阐明了创建"学习共同体"的学校改革哲学。该书从理论与实践上阐明了"课堂革命"是一场保障每一位学生的"学习权"，真正实现"教育公平"的宁静的革命，永远的革命。学校和教师的责任并不在于"上好课"而在于实现每一位学生的"学习权"，提供给学生挑战高水准学习的机会。学习是同新的世界的相遇与对话，是师生基于对话的"冲刺"与"挑战"。挑战学习的学生是灵动的、高雅的、美丽的。

《读懂课堂》：书中阐述了"课程"概念的演进，从《课程标准》的三大要素（即内容标准、成就标准、机会标准）谈起，连接了课程的德育目标、生活与科学、校本课程等概念，尤其提到"分层教学"有悖教育公平、"微课"的诱惑与反诱惑、"单元设计"、"学力"构建、"多元智能"等关键词。全书分五辑：课堂革命的挑战——时代的进步；倾听儿童的声音——教育人的根本；课堂教学：从"技术性实践"走向"反思性实践"——课堂危机、课堂教学的形态、班级授课、走班制的分析；教师学习：从"教的专家"走向"学的专家"——教师学习与成长，教师的生命线，三大研究，也就是儿童研究、教师学研究（不同流派）、教材研究；课堂研究的理论视野：从"现代教育学"走向"后现代教育学"。高中教育何去何从？"大数据"并非万应灵丹，高中教育不是专业教育是基础教育，高中教育寻求共同性与多样性的平衡，高中教育不是游击战而是阵地战，那就是要打造研究基地、锤炼教师队伍、坚持实践研究。

《课堂研究》：全书分五辑，分别是：核心素养与课堂转型，课堂研究的视点，课堂研究的方略，课堂研究与教师成长，课程研究与教师创造。书中特别就自主学习、问题学习、协同学习、学习共同体、大单元备课的优化、有效教学等概念做了详细分析与预测。

二、读书中辨析与感悟

我的这种读书方式就是戚业国教授所说的"投资兼消费性读书"，解决问题，获得知识，联系自己的实践，争取与作者有对话。在我所在的办学情境里，我摆好优先秩序，争取真正的读书思考，而不是"被书读"。一段时间，我非常羡慕很多高中的办学目标：培养领袖人物、培养领导力、课程改革3.0、课飞"云端"，当然，也搞得自己很慌乱，是不是落伍了？当我静下心来重新审视，特别是与学生在一起的时候，我才慢慢悟出基础教育是"成人"而非"成家"的教育，不能把课程改革当儿戏，不能凭个人喜好定培养目标。

例如，课堂研究的视点，以学生的问题学习、自主学习、协同学习以及学习共同体的建设为突破口，倡导大单元备课理念。大单元备课是撬动课堂转型的一个支点，大单元备课必须落实核心素养，不同学科的核心素养是不一样的。文科讲任务群，理科讲大概念，音体美、选修活动课分模块，这就促使教师不断研究和成长。

例如，分层教学，书中做了详细的分析，指出分层教学是教师的偏见与学校的一厢情愿的做法，以为分层教学能体现因材施教，而事实上分层教学只能加大学生学习的差距，好的因材施教应是分学科指导，或者增加选修科目、课外活动，作为对学生的补充教育。

例如，课堂研究与教师创造，从以下六个方面去开展：课内课外贯通、自然人文结合、打破学科壁垒、重构课程体系、搭建活动平台、创建高效课堂。目的在于培养思维品质，提升行动能力。

校长的底气来自学识、读书学习、研究问题。校长应该在不懈的追求中形成自己的特色，醉心读书、理性思考、不断进取、全面育人。

第六章　集团发展

人们常说，眼界决定境界，说的是"视阈"。古人云："不畏浮云遮望眼，自缘身在最高层。"改革，可以让我们的视阈投向教育发展的深层次问题；开放，可以让我们发现外面的更多参照。我们不断学习借鉴北京、上海、广州、四川的集团办学经验，以及区域教育均衡发展的方法，再结合我们的市情、校情，为曲靖一中集团化、区域化办学的理念与方略打下了思想基础。

6.1　追求卓越·永无止境
——曲靖一中教育集团建设的探索与实践

2018年，恰逢我国改革开放40周年，也是市委文荣书记提出"建设曲靖市区域教育中心"的第三年。三年来，区域教育中心建设整体推进，使我市各级各类教育发生了很大的变化，也成就了曲靖一中的发展。回首三年，往事历历在目，内心别有一番感慨。聚焦当下，面对教育改革中的诸多问题，我也有很多新的感悟与思考，愿与大家分享。

一、谈机遇：区域教育中心建设促使曲靖一中找到了新的生长点，拓宽了视野

1. 机遇

2016年，市委文荣书记率先提出了"曲靖是教育大市，要建设曲靖教育中心"的新思路，紧接着，市委、市政府出台了《关于加快教育改革发展、建设区域教育中心的实施意见》。

当时，曲靖一中学生在2016年的高考中一举夺得高考云南省文、理科状元，取得600分以上的有591人，占考生的60%，一本率90%。文荣书记跟我谈话的时候说："追求卓越，永无止境。"书记语重心长的鞭策，激励着我们一定要全力以赴、再创佳绩。基于曲靖一中当时已有几所分校和支持型帮扶型学校，我想，先做起来，不做事哪有资格提条件。于是，我们抓住机遇，于2016年12月将学联体可研报告与学联体章程分别呈送省教育厅、市政府以及市教育局，并得到了上级部门的支持。2017年3月，曲靖一中学联体成立，这在全省是第一个由学校牵头成立的学联体组织。

2. 视阈

从学联体内部研究到省外区域教育中心建设借鉴，形成了曲靖一中学联体的认知视阈。

人们常说，眼界决定境界，说的是"视阈"。古人云："不畏浮云遮望眼，自缘身在最高层。"改革，可以让我们的视阈投向教育发展的深层次问题；开放，可以让我们发现外面的更多参照。我们不断学习借鉴北京、上海、广州、四川的集团办学经验，以及区域教育均衡发展的办法，再结合我们的市情、校情，为曲靖一中集团化、区域化办学的理念与方略打下了思想基础。

3. 平台

从市委、市政府到各相关职能部门，他们都为曲靖一中教育学联体提供了许多政策依据，解决了许多棘手的实际问题。

教育学联体层面：

随着教育学联体的成立，我们将学联体内成员学校分成三类——领办型、支持型、帮扶型。曲靖一中依靠自身的光环效应、磁场效应、内敛效应，承担自身应有的社会责任，并发挥着主导作用：在干部成长、教师外派、教学研究、项目带动、课堂远播、教师培训、考试评价等方面，做出了新的尝试。同时，成员学校也给予曲靖一中很多帮助，诸如校与校进行文化交融、提供教师到其他学校锻炼机会等。

随着工作的深入，问题也随之而来。教育学联体运行一年多，困难重重。市委、市政府提出的目标还没有完善的配套政策，教育学联体动辄就面临违规运行，存在体制机制不配套的问题，如：教育学联体的组织机构无法落实；外派管理人员与"吃空饷"相关规定发生冲突；办学效益资金的使用无政策依据；教师超工作量经费、缺编问题难以解决；招聘教师的自主权不够；集团办学培养人才单一；政府没有一定经费投入。

在这一时期，近2年的时间里，我们一次又一次地向上级领导反映上述问题，在我的记忆中，书记多次过问曲靖一中教育学联体的运行情况，并于2017年6月19日做了批示：支持曲靖一中教育学联体的探索。董保同市长、赵副书记、杨常务副市长召集各职能部门，多次专题研究曲靖一中教育学联体的问题；市编办、财政局、审计局、发改委、人事局、建设局等主要领导积极主动想办法助推学联体的发展；2017年市委又出台了《全面深化改革领导小组2017年工作要点》的通知；2018年7月，市纪委尹向阳书记、市委组织部王刚部长、市政府杨中华常务副市长专题调研曲靖区域教育中心的问题；人大朱主任、政协朱主席非常关心曲靖一中学联体建设；陈世禹副市长与财政局专门到学校了解学联体办学中政策不配套问题；教育局杨局长、人社局彭局长一次次与成员研究方案。终于，市委、市政府在2018年9月份的常务会上通过了曲靖一中关于招聘教师与管理服务收入使用的试行方案，给了我们发展的空间与平台。正是这一个个平台，让我们逐渐熟悉了学联体内部管理中从"人"到"事"等各个方面的工作，我们逐渐深入把握了学联体教育教学改革的节奏，慢慢构筑出了从宏观到微观的学联体发展战略和目标。

二、谈办学：内部坚守与外部支持奠定成功基石

1. 向内

从个体内部因素来说，我将教育学联体取得的一点儿成绩概括为"三个坚持，一个善于"，即坚持理想信念、坚持以人为本、坚持自我提升，善于整合资源。

坚持理想信念——响应市委、市政府提出的"区域教育中心建设"的号召，通过学联体建设，推动体制机制创新，进一步优化普通高中内部资源结构，突破传统办学模式，推动课程建设、教学资源、教师培训、教育管理、信息交流等方面资源共享，管理融合，形成名校引领、多校联动、

整体提升、充满活力的普通高中办学发展新模式，这是扩大优质资源覆盖面的重要举措。

坚持以人为本——市委、市政府提出建"区域教育中心"，是让更多的孩子享受"公平而有质量的教育"，教育的目的，就是促使学生的成长。

坚持自我提升——这是我及曲靖一中始终践行的一种自觉要求。在治校方略中，我把这种自觉要求融进了我的办学理想——"培养可持续发展的学生、造就可持续胜任的教师、创办可持续攀高的学校、实施可持续提升的教育。"

善于整合资源——资源是有限的，也可以是无限的，差别就在于我们如何整合、配置、开发和利用。在校内，核心是人力资源整合，包括教师队伍、干部队伍，曲靖一中这些青年教师素质好、成长快，骨干教师群体和干部队伍群体已形成。

2. 向外

各地政府如麒麟区朱家甫书记、解天云书记、朱开荣区长，经开区毕尚鹏书记、罗中山主任，沾益区刘本芳书记、李金林区长，富源县唐开荣书记、陈志县长等非常重视教育，多次研究分校办学情况，真心实意与一中合作办学。此外，还有广大校友及"校友基金会"对学校的回报，使得曲靖一中学联体建设有了内部与外部的良好条件。

三、谈管理："用人以治事"，"人"居首位，事在人为

我在曲靖一中工作 31 年，任校长 14 年，在学校管理中，"人"居首位，事在人为。用人得当，诸事皆顺，事半功倍。

1. 打造"各美其美，美美与共"的管理团队与学校

曲靖一中人才基础好，人才成长快，特别是中层管理人才，处室主任和年级主任，许多是连任了十多年的老主任，有非常丰富的教育教学经验。他们热爱教育，以校为家，正如文荣书记肯定我的那样，他们也是把工作当事业来做。这一批主任可以独当一面，去实践他们的教育理想。三

年来，我们领办了5所学校，吸纳了7所支持帮扶型学校。根据个人特质和学科特点，我们每领办一所学校，派出管理团队2～3人，骨干教师团队5～10人。现有麒麟学校、卓立学校、经开区一中、沾益清源学校、西双版纳景洪中学以及原来办了12年的富源胜境中学。

麒麟学校：（高中教育）践行润泽教育理念，"尊重差异、分类指导、因材施教、小班化、导师制"，实现人人成才。

卓立学校：（初中教育）践行润泽教育理念，以"精品化、示范性、国际化、小班化、导师制"全员、全过程、全方位育人，实现学生"零陪衬"。

经开一中：（高中教育）践行润泽教育理念，基于生源质量弱的实际，走小步、走稳步、快反馈、步步为营，多渠道成才。

清源学校：（高中教育）践行润泽教育理念，办成书院式的学校，尊重人的个性发展，让每个学生都找到成功的路径。

景洪学校：（初、高中教育）践行润泽教育理念，尊重民族文化，为民族地区培养走向世界的人才。

富源胜境中学：（初、高中教育）办学12年，于2013年顺利升入云南省一级完中，今年交回富源县人民政府。

2. 造就"可持续胜任"的专业教师队伍

一是强调目标导向，让学联体内教师以师德高尚、理念先进、业务精良、与时俱进为标准，形成自己的教学个性。二是重视支撑体系建设，通过榜样示范，提供身边真实参照，形成潜移默化的影响；通过制度化、清晰化要求，落实日常工作，形成常态化影响；通过激励机制，鼓励大胆创新；通过压担子，激发教师内生动力，形成集团内"造血机制"。三是引导教师进行自我职业生涯设计，突破"瓶颈"。曲靖一中教育集团中的二、三类型是"支持型""帮扶型"学校，有陆良北辰中学、麒麟区一中、麒麟高中、香格里拉中学、景洪一中、四中、德宏陇川一中，对这些学校，主要通过送教、同课异构、微课远播、教学研究、考试评价、集团培训等方式带动；还有曲靖财校、曲靖农校的"三校生"共育，探索跨类别的人才培养模式。

3. 坚守培养学生社会责任感的育人核心

我认为，不同生源、不同地域、不同办学水平的学校，虽然学生有所差异，但人才培养的目标定位应该是一样的。基础教育的重要性，关键是"基础"二字，"基础"包含三层意思：

第一，基础教育要为国民素质打下良好基础；

第二，基础教育要为每个人的终身发展打下良好基础；

第三，基础教育是整个国民教育体系的基础。

四、谈使命：不忘初心，在创新中追求突破与超越

1. 正确认识困难和问题

曲靖一中教育学联体运行至今，各成员学校取得了初步的成绩，得到了社会、家长的普遍认可，但存在的困难、问题也多：如民办学校教师队伍不稳定；教育学联体的体制还需创新，政府对集团化办学的要求与评价、激励与政策还在制订中。

2. 正确把握"传承与创新"

曲靖一中是百年老校，有着悠久的历史文化，但也有一些制约学校发展的因素，曲靖一中领办的学校在传承曲靖一中好的做法的同时，一定要办出自身的特点：

麒麟学校：尊重差异，分类指导，全员育人。

卓立学校："红梅花儿开，朵朵放异彩"，实现教育"零陪衬"。

经开一中：多渠道的人才培养模式。

清源学校：书院式的博采众长。

景洪中学：与民族文化共融合。

支持帮扶学校：创新学校模式、找到新的生长点。

与农校、财校共同探索"三校生"职业教育与基础教育同频共振，共同育人。

曲靖一中教育学联体取得的每一点成绩，都得益于市委、市政府、市

教育局、麒麟区、经开区、沾益区以及各相关职能部门的指导、支持、扶持与帮助；得益于社会各界的认可与鼓励。自1978年中央提出改革开放政策以来，我国的基础教育风雨兼程，沧桑巨变，成就辉煌，可歌可泣。在一个十几亿人口的大国，实现了义务教育全覆盖，铸就了人人有学上、上好学的历史丰碑。曲靖一中一定不辜负市委、市政府的期望，始终"奋进在基础教育前列"，以激情实现超越！

6.2 聚团队研修合力·促教师专业发展

教育集团软实力中，最重要的一项，就是建设骨干教师专业发展共同体。共同体前行的基础，是教师们的专业自觉，只有唤醒了教师的专业意识，突破各自的职业瓶颈，才能成就专业人生。下面就三个方面与大家交流。

一、迈向专业自觉

作为中学教师，每个人的潜意识中都有着对自己工作不一样的定位，教师的眼界可以很大，上下五千年纵横寰宇，但教师的圈子通常又很小，家校两点一线。职业人生有多精彩，既是个人智慧的体现，也有赖于专业意识的唤醒。

一些人，一旦成为中小学教师，自认为足以胜任工作，吃老本，不思进取，三五年之后，就出现职业倦怠。

但也有一些人保持了大学读书时养成的书卷气，喜欢在教书的同时做点儿研究，慢慢他们就会发现，除了大学读书时留下的那些有兴趣但还来不及做的专业问题可以继续研究外，在中小学教育岗位上也有很多他们未知，需要想清楚弄明白的问题（例如胡万彪老师等）。他们的研究视野从自己的学科专业领域慢慢拓展到了教师工作的其他方面，如课程、课堂、教学、学生、心理、沟通、作业、考试、评价等等。当一个又一个新的课题摆在他们面前,需要做出理性判断、睿智回应时,他们好像又回到了大学求学时那种对未知世界渴求知晓,沉浸在思索、书海寻觅和交流探讨的时光,这样的教师身上有一种很特殊的专业气质,凡事求真求善,擅长理性思考,喜欢批判质疑,自然而然地把自己从事的工作当专业来做。实践证明,很多曾经站在基础教育改革前沿,推动或促进基础教育改革与发展的教师正是一群这样的人。

两种定位,两种人生,在教育岗位上发挥出来的作用是完全不一样的,而且其人群多少、比例大小还决定着一个学校教育教学的整体品位与质量。因此,唤醒教师的专业意识,搭建专业发展平台,走向靠研究、靠智慧教好书,是教师实现专业自觉的关键。

走向专业自觉,塑造卓越教师的丰满形象,需要在有理想信念、有道德情操、有扎实学识、有仁爱之心的"四有好老师"基础上,更有责任与情怀、专业与创新、激情与爱心,这些是教师走向专业、走向卓越的要素。

1. 责任与情怀

一个人民教师,一要具有悲天悯人的家国情怀,心中要有国家和民族,要自觉肩负起国家使命、社会责任;二要有独立人格和批判性思维;三要有正确的科学的卓越观,要不断超越自己,做最好的自己。具体来说,就是让每个学生成为他可能成为的人。首先,对学生的三年负责。我们才经历过高一招生,无论学生中考的分数怎样,家长东奔西跑,无非是想让孩子在未来的高中三年有更好的发展,帮助他们进入向往的大学。这就要求我们的教师要有高度的责任感和超凡的教学能力,要因生而教,而不是让学生来适应你,避免因学生未达到你的要求而气馁,甚至丧失信心与希望。第二,对学生负责,对学生有爱心、有情怀,与他们沟通心灵,帮助他们树立正确的成才观,找到正确的方法。教学任务是什么?就是通过有序的疏通与引导,科学传授学科素养;通过与学生留空留白的互动探究，充分激发学生的潜能。我们需要教师有爱心、有激情，还要有沟通能力、表达能力、建构能力与深度思考的能力。

特别是年轻教师，一定要使自己做到：理念正、功底厚、素养好、责任心强。

理念正——教育应该是让学生成为更好的自己的过程。

功底厚——包括学科专业功底和教育专业功底。学科的相关素养、思维方式、研究方法，要能给学生提供一种更好的学习与发展的可能，教育的专业就是把思想传递给学生的能力。

素养好——不仅要有科学的素养，还要有文化素养，能坚守信念。这里特别提出"教育人生要有经典相伴"，教育需要经典的依托，教师要从经典中获取力量。与一般人不同，教师读书是"经典学习"，也是伴随终身的"另类备课"。只读教材、教参的教师，无论如何是成不了优秀教师的。与过去相比，今天的教师不是"一桶水"的问题，你若喜欢一本书，不妨多读，第一遍可囫囵吞枣，这叫享受，第二遍就静下心来读，这叫品味，第三遍要一句一句想着读，这叫深究。阅读的最高层次是经典阅读，它不仅过"眼"，更在于"入心"（例如蒙曼老师）。

责任心强——要对岗位负责并且付诸行动。只有通过行为实践对岗位负责，才能转化为对学生发展的帮助，要有包容的心态，宽容并理解学生的行为与错误，并在这个过程中寻找方法和对策。

2. 专业与创新

一个教师应该具备一专多能。"一专"，是要有一个自己痴迷、喜欢的专业，能把专业做到极致；"多能"是教师开拓自己，把自身的专业迁移出去，形成自己的兴趣课或选修课。这里要说一下"风格教师"，何谓风格教师？有自己独特的、不可模仿的、区别于别人的特质的教师，走向专业自觉的教师，一定会成为"风格教师"。

教学中的创新，我理解不是去改变知识结构，而是我们怎样在传统教学或者原有知识的基础上，使"隐性经验显性化"，因为有些方法感觉到很有效，需要把它提炼为理论的东西与别人分享，"零散经验系统化""个别经验普及化"，就能够在日常工作中有所创新和发展。例如，能否开展"学科教学内容重构"、英语写作新模式、微课平台开发等方面的研究？普通教师以行促思，用思考行走的方式探寻行走的标准和提升行知的境界，专家型教师则是"以思促行"。无论以哪种方式，如果我们能"不断行走在能力极限的边缘"，成为一名常在的思想者，就能迈向专业自觉。

迈出这一步，就会在以后的教学实践中逐渐养成动脑筋教好书的专业习惯，不断丰富自己原创教学的经验积累，达到专业自信，成为能从容面对和解决各种教学问题，不断出良好教学效果的教学能手。

3. 激情与爱心

爱教育是态度，爱学生是情怀。我们的学生常常会评价他们的老师对学生们的态度，时隔20年后，学生记得的事，才是教育，可能是好的教育，也可能是坏的教育。这里，我们要区别两个词："严格"与"严厉"，严格是一个尺度、一个标准、一条红线；严厉则是一种态度，一种情绪，既然是态度和情绪，就难免会"跑偏"，就会超出我们本来的控制。

我们要保持对教育的激情，对教育充满热爱，对知识的拓展充满研究的欲望，主动求新、求变，对课堂、对学生、对教法充满关注与研究的动力，成就每一天的美好。

二、"组团"驱动发展

除了个人的努力之外，我们每个人都还需要同伴互动，专业引领，"一个人走得快，但一群人才能走得远"，所以第二个问题是谈"教师共同体建设"。上学期，曲靖一中教育集团的成员，是在校与校层面上追求"组团"发展，在此基础上，曲靖一中成立了18个"紫薇讲坛工作室"，工作室的主持人都是曲靖一中的优秀骨干教师、名师，在专业和教学风格上，他们已形成自己的独特风格，现在以他们为引导，我们将在集团内形成教师专业发展共同体。各共同体将以"学科建设"为总目标，结合不同学科、不同学校发展的需要，以课程建设、师生发展、学科知识等方面为切入点展开活动。每一个工作室的研究项目都应该来源于教学一线，我们希望教师们在团队互动中碰撞出智慧火花，以团内实践助推教师个体成长。

如果一个教师想在岗位上做点儿实践研究，他首先应是个不甘寂寞又有点儿理想情怀的人，在工作和生活的双重压力下还勾勒着心中的小梦想。摆在教师面前的可能不是时间、经费、精力等难题，而是缺少同伴互助的氛围和专业提携的引领。

志同道合，让研究变得更纯粹。曲靖一中"紫薇讲坛工作室"成员都有自身的专题规划和自己"二次"发展的计划。

"紫薇讲坛工作室"建设的主要目的是：激发、督促主持人教师自身追求卓越、精益求精，通过主持人引领示范，促进成员教师专业化发展，大幅度提高成员教师的理论层次、教育教学技能、教研水平、创新意识和实践能力。

工作室工作重心在"讲坛"，核心在课堂，立足课堂教学实践与研究，树立改革和创新意识，探索具有学科特色的高效课堂。教学有法但教无定法，学习他人成功的高效的教学模式，力争不囿于机械模式，形成教师自身教学风格。工作室必须结合教师专业发展方向，富有成效地开展研究工作，积累丰富的班主任管理经验，探索有效的教育管理方式，提高管理育人水平。

提高教师的教育理论水平很重要，要善于学习教育理论书籍，学习教育思想、教育理念，分析成功教育案例，将这些内化为自身教育工作的精神食粮。

为做好曲靖一中"紫薇讲坛工作室"建设工作，必须遵循以下原则：

实践性原则：基于学校，理论与实践结合，注重实践，紧扣教育教学实际，突出课堂教学新实践研修，探索解决教师实践中典型的问题，直指提升教学效率的目标。

教研训结合原则：教师队伍建设、教师培训工作要基于教育教学实践，让教师在教育教学实践岗位上锻炼成长，教研促教学，教研提升教师能力。只有将教学实践、教育科研、校本培训融合起来开展工作，紧扣课堂设计开展研修活动，才能促进教学，提升教师能力。

针对性原则：工作室研修工作须注重问题性，以问题作引领，突出针对性。针对学科教学当前存在的问题和困难，关注"发展学生核心素养"的未来教育，设计选修项目。

发展性原则：任何学科的"紫薇讲坛工作室"工作都要促进教学质量的提高，促进学生的德智体美劳全面健康发展，促进教师的专业化提升，促进学校的发展。

在和而不同、交互共赢、共商共建、众筹分享的建设思想指导下，我想，以集体智慧一定能促进各个成员教师的进步。

三、校本培训怎么做

伴随着"组团"式发展，学校的校本培训就应该是集"教研训"为一体的系统工程。一是以课例为载体的校本研训；二是主体教研式研训；三是交流总结；四是项目实践研究。各成员学校可以丰富和拓展校本培训的形式和途径，如"教师带教"、新教师上岗培训、骨干教师培训、名师培养等。特别要提到的是学校师训要以师德建设为先。首先，教师要具有严谨、守时、敬业、爱生的美德，坚持传播正能量；其次，教师要有对自己专业和课程的领导力。面对未来的"互联网＋"，要明确哪些对教师而言是不可替代的核心素养。未来教师的角色定位是：第一，依然坚持教育德为先，教师育人的正确方向必须牢牢把握，教师人格魅力的引领作用依然无可替代；第二，教师的专业素养，仅仅能上好课远远不够，还应该让学生对所教学科知识构成的脉络有清晰的认识，要在自己的专业领域内对其未来发展趋势有前瞻性认识；第三，教师要充分应用信息技术，提升自身的媒介素养，要具备持续发展的信息化时代基本的沟通、交流、合作等能力。

校本师训是学校办学质量保持和特色彰显的基础，其策略需要根据学校发展方向灵活调整，保持思辨创新的理念尤为重要。同时，学校的发展又是一个动态螺旋式上升的过程，在这个过程中，哪些是应该坚守的，哪些是需要调整的，应该因学校教情而定。

教研训是一个复杂而需要长期坚持的过程，它是学校教育教学质量的基础，希望教师们主动寻求发展，成为在学生面前立得住、有水平、有魅力的好教师！

第七章　名师领航

　　一般而言，教师分为四个层次：老师、良师、名师和大师。卓越教师应该属于第三层次，进入了专业发展的高原期，职业发展的顶峰期。要进一步推进卓越教师的培养，最重要的工作是要帮助他们在思想上、观念上解决专业定位和职业境界这个"基础性问题"，由此他们才能突破成长瓶颈，走向职业发展的"自由王国"，成长为"教育家"型教师。

7.1 卓越工程引领专业成长·个性培养助推自主发展

云南省"万人计划"教学名师国培项目,是省委、省政府、省教育厅为积极探索基于新高考改革,发展核心素养背景下的教学改革,是为了适应新课改要求,促进教师综合素养全面提升,实现优质教育资源互补共享,达到共同发展目标,而设定的专项计划。全省基础教育高中数学名师工作坊6个,高中语文名师工作坊1个,以及每个工作坊遴选吸纳的众多坊员,一同会聚今天的启动仪式。真诚欢迎大家的到来。

工作坊的建立,标志着我们新一轮的学习共同体的研修新启程。教学名师工作坊我想可作如下定义:它是在教育主管部门和基地的领导支持下,以主持人和工作室成员所在学校为主要的理论实践场域,经由基地和主持人的专业引领,以学科诊断和改进为路径,在促进、帮助成员成长的同时,实现我们自身创新实践素养提升和教育思想的成熟。在为期二年的研训中,我们要达成三点愿望,解决两个问题。

三点愿望:

1. 由培识己,基地引路,导师领航,明志笃行

在系统的学习、深刻的反思中,自我得以唤醒,从而认识自己,发现自己。这是一个由培识己,也是一个转识成智的过程,在这个过程

中，能进一步明晰教育理念，提升专业知识和专业素养以及明确差距和方向。

2. 由己而思，凝练思想，提升自我，走向自觉

我们是一群没有忘记登坛初心，有着情怀的志同道合者，聚集一堂能切磋共同的话题，交流自己的教育实践体会。目前教学改革呈下列取向：

价值取向的人本化与能力化；

教学（学习）模式自主建构化；

深度学习常态化；

学习时空灵活化；

教学理念行为化（操作化）；

教学评价标准化与表现化（情境化）共生。

为此，"教天地人事，育生命自觉"的使命感与责任感激励我们前行。

3. 由思而行：实践创新，辐射带动，示范引领

从当老师到做教育，经历着用力、用脑、用心的过程，我们基于"放眼全球、立足本土"的学术定位，在课堂上不断摸爬滚打，不断实践创新。教师是创造性人才，教师的工作是创造性的工作，我们的目标是"追求卓越，永无止境！"我们在建构课程中创设经历，在改革课堂中提升质量，在发展内涵中培育精神，在自我完善中凸现特色，在关注成人中主动作为。

两年的研训中，解决两个问题：

（1）我拿什么领航？资源领航，智慧领航，情怀领航。

（2）领航方向在哪里？政治方向，技术路径，走向哪里。

（3）基本做法——秉承习总书记提出的"构建人类命运共同体"的伟大理念，构建教师学习共同体，优化教师资源配置，相互学习，相互借鉴，共同提升，实现资源共享，新知共生，价值共存，共享研修的深度乐趣，共享教书育人的幸福，共享曲靖一中成功的辉煌。

(4) 未来期待——学校期待老师们不问西东，砥砺前行，携手并进，心无旁骛，潜心育人；找准每个人的定位，获得同行、学生、家长的认同；在专业领域有自己的存在感，有独树一帜的教学风格，有学术建树，有丰硕的教研成果；能真切体验到从教的职业尊严，收获满满的幸福。

愿大家在今后的实践中，外塑形象，内修品质，成为最好的自己！

7.2　弦歌如一·做教育的追梦人
——卓越教师的专业定位和职业境界

在云南省委、省政府的高度重视下，省教育厅启动了云南省"万人计划"，旨在评选与鼓励一批"云岭教学名师"带领更多教师追求卓越，做学生的好老师。"卓，高也"，"越，度也"，卓越教师应该是"师德的表率""育人的模范""教学的专家"，具有突出的自我修炼能力和终身发展能力；若从属性的角度看，卓越教师应是"未来教育家""教育实干家""魅力教师"以及形成了个性化教学风格的教师；若从综合素质构成来看，卓越教师应该是了解了学科、读懂了教材、把握了教法和学法，有广阔的知识视野，并能深入浅出表述出来的会转化的教师。普通教师要成长为卓越教师，要通过一个漫长的培养、修炼过程，这个过程中教师自身的努力、自主成长是关键，只有当教师理解了教师职业的价值和专业定位，认识了教育的本质和教师使命，把握了育人的规律和教师角色的作用，构建了自己的教育哲学和建立了正确的教育立场时，普通教师才能走向卓越，卓越教师才能成长为"教育家"型的教师。

一、理解教育的本质：卓越教师的职业发展起点

因为教师专业化过程是较为复杂的，教育活动过程充满着矛盾，所以，只有认识和理解教育的本质，才能使卓越教师获得再度发展的广阔空

间。教学是让人明白的过程，教师是善于使人明白的人，教育是有目的地、系统地培养人的活动，人是群居动物，其成长也是在群体中实现的，普通教师往往从传授知识的方面去理解教育和教学的内涵，将职业的发展集中在完成教学任务上，所以很难成为卓越教师。因此，正确理解教育的本质，是普通教师成长为卓越教师，卓越教师成长为"教育家"型教师的起点。

二、人对待职业的态度分为三个层次：工作、事业和使命

不同层次的定位，会影响到最终的效果。普通教师，其职业境界仅定位在工作层面上，把教书育人或"传道受业解惑"作为工作的全部内容，并且把教书与育人分割，把"教书"简化为智育，把"育人"视为德育，把智育摆在德育之上；骨干教师将职业境界定位在事业层次，会把成为一名优秀教师作为自己追求的目标；卓越教师应该区别于他们，要把自己的职业境界定位在使命层次，将成全学生、成就学生作为自己职业追求的目标。

卓越教师不能是单一的教书者，而应该是研究型教师。成就学生，不单是传授知识，还要促进他们的整体成长，即帮助学生提升其知识能力、充分发挥其个性，使其具备终身学习的观念。例如，学习数学，应教会学生能用数学的语言去表达，用数学的思维去思考，用数学的眼光去看世界。

一名卓越教师，需要从认知和理念上时刻审视自身的专业定位和职业使命，研究不同学生的发展差异，成全每个学生，促进学生成长为最好的自己。所谓"经师易得，人师难求"，就是说卓越教师要朝着"人师"的目标努力，不断追求职业新境界。

三、践行道德承诺：卓越教师的职业发展特性

教师的职业不同于其他职业，它不能套用某种绝对标准或照搬工厂技术型职业的专业化发展模式，它需要通过践行促进学生成长的道德承诺和

教书育人的崇高师德来保障，这是教师职业的特殊性。对于中小学教师而言，其知识程度不够深奥，但其职业特性即专业不可替代性并没因此而改变，因为教师的职业特性不在于知识的高深玄妙，而在于成全学生、促进学生整体发展的师德践行。卓越教师应该清醒地认识到，一旦脱离了师德的目标，教学就会陷入功利主义的工具泥坑，师生的共同努力就会局限于知识和技能的传授和接收，师生情感的距离就可能越来越大，学生就会成为技术性教学的接收机器。

习近平总书记在发表有关"四有"好老师重要讲话中强调，做好老师，要"有理想信念""有道德情操""有扎实学识""有仁爱之心"。这"四有"标准，是强调教师应该具有的道德素养。教师是影响和促进学生成长的专业人员，这种职业的独特性是其他职业所不具备的。比如医师可以通过一位位患者来体现他的医德，又如律师可以通过一件件具体案子来体现他的正义感，一般不会涉及成长这一话题，而教师的师德则是在系统的教育教学活动中体现的，不仅体现在教师自身日常的行为上，还体现在学生的整体发展之中。卓越教师作为普通教师和广大学生学习的榜样，其职业使命应指向学生生命成长、整体发展，应致力于学生的人格和智力等多方面的完善，应充分体现教师职业不可替代性的独特价值。

四、建构自己的教育哲学：卓越教师的职业发展内在动力

卓越教师要朝着有自己的教育理想和教育目标不断修炼，要在追问"为什么教和为谁而教、教什么、学什么、如何教、如何学、什么知识是有价值的、如何选择这些知识、怎样评价教学效果与效益"这类问题中进行理性思考，并在实践中努力践行，将观念或理念系统化构建，最终形成自己的教育哲学。

聪明的教师善于把自己各方面的能力整合起来，在课堂教学中来体现，如果通过了自我认识和自我反思这个过程，其课堂教学的水平就会得到极大提高。

普通教师往往聚焦于"教学效果和质量",专业成长多数是被动地接收,对组织的专业培训消极应付的现象也普遍存在,无法激发出自己的主观能动性,容易产生教师职业倦怠。其原因是他们认为专业化就是知识化和技术化,没有任何内在的情感驱动因素,而仅仅只有外在的被动接受的压力。然而,卓越教师专业化不能用知识和技能来对应,而应该是一种崇高的"立德树人"活动,蕴含着教学实践智慧和教学艺术。例如,数学的核心素养:数学抽象、逻辑推理、数学建模、直观想象、数学运算、数据分析。如果认为教师的专业化就是知识和技能的组合,那么他就不能成为卓越教师,前不久,我们讲了王祥林老师来讲课,73岁高龄,仍对数学如此热爱,他作的歌词中写道:"数学的魅力在于:空间形式的具体,直观想象的奇妙,数量关系抽象,数学素养的高尚,推理严谨,运算准确,应用广泛,数学建模,数据分析,是思维的体操,数学是科学的女皇!"只有建构了自己的教育哲学,卓越教师职业发展才具有内在动力,才有可能成为"教育家"型教师。

一般而言,教师分为四个层次:老师、良师、名师和大师。卓越教师应该属于第三层次,进入了专业发展的高原期,职业发展的顶峰期。要进一步推进卓越教师的培养,最重要的工作是要帮助他们在思想上、观念上解决专业定位和职业境界这个"基础性问题",由此他们才能突破成长瓶颈,走向职业发展的"自由王国",成长为"教育家"型教师。

第八章 责任担当

2020年，新冠疫情突如其来，在特殊时期，如何战胜疫情，同时促进学生的全面发展，这需要有系统的工作机制来保障。防疫期间，曲靖一中制定了《新冠肺炎疫情防控工作指南》，同时形成了《停课不停学教育教学分年级工作实施方案》，以及系列的工作指导和保障方案，并结合学校工作要点和学校实际，围绕两线（防疫与教学）全面发力，全力保障师生的健康发展。

8.1 战疫进行时·两线齐发力

在特殊时期，如何战胜疫情，同时促进学生的全面发展，这需要有系统的工作机制来保障，防疫期间，曲靖一中制定了《新冠肺炎疫情防控工作指南》，同时形成了《停课不停学教育教学分年级工作实施方案》，以及系列的工作指导和保障方案，并结合学校本学期工作要点和学校实际，围绕两线（防疫与教学）全面发力，全力保障师生的健康发展。

一是做到三个结合：

防控与教学相结合，线上与线下相结合，学校与家庭相结合。

防控与教学相结合——做好学生的疫情防控知识教育、疫情数据上报、学生的心理辅导、学生的居家管理、家校沟通等工作，强化班主任工作指导、班主任工作创新与经验分享。

线上与线下相结合——正确理解把握线上教学实质，合理且适度利用信息工具和网上教学资源，引导师生兼顾线上与线下的教学资源。

学校与家庭相结合——建立学校、班级、师生、家长四级防控工作联系网络，及时收集和报送相关信息。随时关注学生健康状况，通过微信和海报等形式对师生和家长进行疫情防控知识宣讲，提高自觉防控意识和能力。

二是做好三个精准施策：

延期开学阶段，开学后的过渡阶段，开学后的常态化阶段。

延期开学阶段——宅居在家，让精神"强"起来，让心"静"下来，让身体"动"起来，让学业"忙"起来。以饱满的热情和昂扬的精神状态投入到每一天的工作学习中，养成良好的学习习惯。优化时间管理，制订学习计划，形成自我管理、自我激励、自我教育的新局面。

开学后的过渡阶段——防控工作始终不放松，教师应关注学生返校后的新情况，如果学生尚有恐慌的心理，应尽快进行心理疏导，密切监测学生的心理状况，建立班级专人负责制，使班级、学校随时掌握防控情况。此外，学校在门卫管理、卫生大扫除、每日清洁消杀、宿舍管理、食堂就餐等环节都制订了详细的制度。

开学后的常态化阶段——在教育教学正常运转之后，调整工作节奏，针对疫情防控期间受影响较大的集体群体活动，如户外体育锻炼，加大安排部署，让校园生活尽早恢复如初。

三是积极迎接三个挑战：

教育教学方式的挑战——因为疫情线上教学在极短时间内成了教学的主要方式，也必将成为今后的主要学习方式之一。学习方式的变化，对教师的专业水平、信息素养、媒体技能和现场沟通能力提出了更高的要求，对学生自主学习能力、信息运用能力、选择信息的能力、生理与心理适应的能力提出了新的要求。学校会主动应变，深度转型加大专业引领，积极主动适应这种变化。

管理与服务方式带来的挑战——疫情给学校管理和管理者带来了巨大的冲击，学校原来稳健的运行管理体系也随之发生改变。对于曲靖一中而言，一直推行的网上办公、网上综合评价等仅限于一般性管理行为，要将其深化到全方位的教育教学管理、教学过程和教学评价等多层面，学校的组织架构要做出相应的调整或者局部的重构。在激发团队动能、应对文化挑战、良好沟通、提高效能、确保质量、甄别和过滤媒介影响等多方面都面临巨大挑战。

师生新型关系带来的挑战——因缺乏现场感和浓郁的校园氛围，班级文化的影响力明显下降，而家庭为主的育人作用则明显增强。亲子、师生、生生、师师等人与人之间的关系因空间距离的改变而发生改变。教师的育人方式也随之发生改变。

总之，疫情就是命令，防控就是责任。当前疫情防控正处在关键期，学校会持续落实好党和国家的政策要求。做到三个结合，做好三个精准施策，积极面对三个挑战，全力抓好疫情防控期间防控育人工作。

8.2　守望相助·静待花开
——曲靖一中项目学习实践

2020年的春季学期，学校、老师与同学们只能以线上教学的方式隔着屏幕如期相遇，特殊时期的非常教学，给老师们提出了新的课题。各年级的老师都按照年级安排的课程表，凭着自己的探索与努力认真地组织和开展了线上教学，在条件极其有限的情况下，许多老师非常有创意，自编、自导、自讲录制了一节节网课，很多老师收获了惊喜：同学、家长们好评如潮，隔着屏幕，似乎与学生的心更近了，平时没有时间也没有条件与每个学生有很好的交流，现在可以有更多的时间听他们的朗读，听他们的心声，听他们回答问题时的思路，听他们对自己教学的建议和意见……除此以外，老师们对电脑信息技术运用的能力得到了极大的提升，还有平时没有时间静下来思考的许多问题也得到了思考。所有这些，极大地鼓舞和激发着老师们教好书育好人的热情。但一段时间以后，学生就出现了学习热情减弱、懈怠、迟到或早退的现象，老师们也感觉到与学生互动不够，不知道在屏幕另一端的学生是否有专心听讲。反思整体学科的安排，特别是理科的安排，有些理想化，教学方式有些单一，老师们的思路还停留在平时线下课堂教学的情境下，没有充分考虑到学生与我们并没有在一起，老师对学生缺乏实际的监控，学生的自觉性非常低，自律的学生毕竟是少数。所以教育教学方式的挑战是目前必须转变的教学观念，虽然以前我们也用平板教学，但现在线上和线下是完全分开的，我们现在要考虑的是如何实现混合式学习，使线上线下融合交替，怎样才能真正使学生实现"停课不停学"。在无奈于"疫情"打乱了日常的教学秩序的同时，我们应合理且适度利用信息工具和网上教学资源，引导学生兼顾线上与线下的教学资源，让学生真正有事做、有兴趣做、做出成效来，这些催生了新的教学方式的落地，那就是项目化的学习。

一、什么是项目化学习？

工业时代教育关心的是学生是否学到了专家既有的知识和结论，信息时代教育关心的是学生是否学到了专家的思维方式。怎样使学生从知识封闭单一向开放综合转变？这就需要用"项目化"的方法来实现。项目化学习是一种主动学习的方法，它改变传统教学模式，使得人人有事做，学生通过做项目，可在学习知识的同时，形成诸多方面的能力；项目化学习真正把学生及学习方式置于核心地位，师生围绕同一个目标行动，在做项目的过程中，学生的批判性思维、独立思考能力、解决问题能力、创造力、动手能力、团队合作和领导能力、计划和执行能力都会得到锻炼；项目化学习体现了教学观的转变，不局限于教材内容，更着眼于学生未来发展和自我超越；项目化学习区别于"大单元学习"，项目化学习时间可能很长，涉及的知识会很多，联系内容会很广，跨学科融合是常态，需要教师或教师团队在项目和课程结构上围绕核心知识、问题选择、认知策略、学习实践、成果评价等要素深入研究，突出问题性和探究性，构建基于学生的问题体系，引领学生不断参与到问题解决中来。

所有学科都可以针对不同年级学生设计"项目学习"，制定一个项目最基本的要素要有：项目背景，目标定位，内容与实施，中期调整，评价体系，达成效果等。

二、项目化学习实践

学校要求围绕两条主线（防疫与教学）全面发力，各年级各学科组设计了许多优质的项目，综述如下：

（一）思考·感悟

1. 因"疫情"引发的项目学习

高二生物组带领学生的项目学习课题：了解、认识与科学预防新型冠状病毒。

项目导引：什么是新型冠状病毒？冠状病毒的遗传物质是什么？病毒是如何感染人体的？人的免疫系统攻击病毒的原理是什么？为什么疫苗难制？国家防控措施有哪些？

项目实施：阅读教材必修一与必修三，体会知识的连续性与整体性，查询相关资料和新闻媒体信息，教师再辅以相关知识的讲解，要求每个学生都动脑动手。

达成目标：科学认知，全面掌握舆情及防控知识。

高二历史组带领学生的项目学习课题：医疗与公共卫生。

项目导引：人类历史上每一次传染病的大流行，都可能对国家、城邦和其文明产生巨大影响，从一个久远的角度探讨传染性疾病在人类历史上的危害及其对人类历史发展进程产生的影响，促使学生思考什么是世界命运共同体。

项目实施：指导学生阅读"古代中国的疫病与影响""古代西方的疫病与影响""中国古代的医药学（特别是中医药）成就""西医在中国的传播与发展""现代医疗卫生体系的发展"等文献资料，老师给学生提供时政的相关热点资料。

达成目标：培养学生对时代和历史发展有脉络性的个体认知与整体把握，使学生正确认识唯物史观、史料实证、历史解释、家国情怀的作用。

高一政治组带领学生的项目学习课题:"战疫"与"复工复产"。

项目导引:通过素材收集、市场调研和疫情预判,运用学科知识,理解和感知中国特色社会主义制度的优越性,感受抗疫中凝聚和展现的中国精神、中国力量。理解推进国家治理体系和治理能力现代化的必要性和重要性。

项目实施:学生分组完成以下六个任务。任务一,防疫物资市场情况调研,如何合理配置资源?资源配置的手段,市场调节的优点、局限性,如何规范市场秩序;任务二,感知全国一盘棋思想,了解一手抓"防控"一手抓"复工复产"的政策举措,以及如何科学宏观调控;任务三,了解助力疫情阻击战科研公关情况,感知科技创新的重要性;任务四,针对此次疫情暴露出来的短板和不足,学生有哪些思考?让学生反思人与自然的关系;任务五,深入理解全面建成小康社会决胜之年,统筹打赢疫情防控和脱贫攻坚两场"硬仗"的重大意义;任务六,关注正在全球多地蔓延的疫情形势,理解全球化时代需要合力"战疫"。

达成目标:增强学生的全局意识,科学理智地分析问题的能力,使学生理解国家政策的意义和举措,增强学生对中国特色社会主义的道路自信、理论自信、制度自信、文化自信,培育和践行社会主义核心价值观。

高一化学组带领学生的项目学习课题:消毒剂的正确使用。

项目导引:防疫期间,各地大量使用消毒剂,消毒剂的成分是什么?消毒剂的主要作用是什么?如何合理使用消毒剂?

项目实施:通过教材及上网查询,归纳用于消毒的物质和漂白的物质的性质和特点,反应的原理。根据电视上空气质量日报的数据,分析新冠病毒为什么传染得那么快,气溶胶会传播新冠病毒吗?

达成目标:有理智的科学的判断,疫情防控期间和日常公共生活中,正确使用消毒剂。

2. 因"宅家"引发的项目学习

高一英语组带领学生的项目学习课题：向英雄致敬，感受中国精神。

问题导引：对疫情你怎么看？你能读懂相关的图表吗？每天大量的信息、新闻、自媒体报道铺天盖地，你能做出理性的事实判断吗？对抗疫英雄你怎么看？怎样认知生命？怎样理解死亡？怎样体悟真情？怎样践行大爱？

项目实施：教师与学生共同分享视频材料，查阅时事要闻，寻找英雄的相关素材，特别是发生在身边的英雄和先进模范人物，谈自己的体会和感悟。

达成目标：榜样的力量是无穷的，要树立远大理想，做有责任、敢担当、讲奉献的青年人。

高一历史组带领学生的项目学习课题：微时政新闻播报。

项目导引：什么是一级应急响应？什么是全国性驰援？什么是志愿者行动？什么是国家治理与国家治理体系？我国政府的基本决策是什么？国际社会的普遍反应是什么？世界卫生组织的态度是什么？从中体会并形成对敬畏自然、尊重生命、国家情怀、英勇卫国等概念的理解和认知。

项目实施：要求学生利用互联网工具查询一周各类国内国际时政新闻，收集、整理热点素材，了解更多的概念与政策，激发不同话题、不同观点、不同思维的碰撞。

达成目标：学生能关心时事。时事新闻源于生活，聚焦社会，具有很强的时效性，鲜活的时政课堂让学生通过对热点问题的关注，深化对课本知识的理解，提升自己的政治素养。

3. "停课不停学"引发的项目学习

高一物理组带领学生的项目学习课题：兴趣研究与生活实验。

项目导引：结合学生已学过的物理知识，让学生查找资料、利用资源完成课题。充分调动学生的动脑动手能力，对不同的学生分层给课题：

①撰写一位物理学家小传记；②兴趣研究；③生活问题理论研究；④专题梳理。

项目实施：①查阅自己感兴趣的物理学家资料，研究他（她）的生平经历和个人成就，为他（她）写一篇小传记；②针对自己感兴趣的一个方向进行研究；③利用生活器材测量当地的重力加速度，探究影响弹簧劲度系数的因素，测定自己的步行速度，实验探究物体的加速度；观察汽车中的传动装置，探究鸡蛋上的物理学知识等。

达成目标：充分培养学生的学习主动性、创造性、自觉性，提高思考、理论联系实际、解决实际问题的能力。

（二）行动·自律

1. 让眼睛"亮"起来。阅读：读经典，读文史，读原著

高二语文组带领学生的项目学习课题：跨媒介阅读与写作。

项目导引：新修订的《普通高中语文课程标准》18个任务群中，列入"跨媒介阅读与交流"任务群，赋予语文核心素养更多的时代气息和更丰富的内涵。"跨媒介阅读与交流"是指运用文字、声音、图画、表演等多种媒介手段和工具来开展信息阅读和表达的方式。

项目实施：第一，让学生观看电视、专题片、纪录片、采访、新闻、小视频等，浏览政府或机构新闻媒体报道，阅读自媒体微信公众号文章，搜集各级部门、单位的宣传、通告等；第二，学生通过浏览、观看、阅读过的资源记录痕迹，建文件夹，文档保存，摘录要点，做资源目录。

达成目标：培养学生跨媒介阅读能力，信息筛选与整合能力，任务驱动写作能力的提升；提交自己读到的最好的一篇文章，注明出处；提交一份最好的与"战疫情"相关的图表资料；完成"任务启动写作方向"中自选或者自由拟定话题的文章写作任务，例如：什么是规矩？什么是自由？什么是幸福？

高一语文组带领学生的项目学习课题：阅读经典名著《红楼梦》。

项目导引：新修订的《普通高中语文课程标准》提出的高中生应学会"鉴赏文学作品"，感受和体验文学作品的语言、形象、情感的美，能欣赏、鉴别和评价不同时代、不同风格的作品，具有正确的价值观、高尚的审美情趣和审美品位。

项目实施：在老师的指导下，学生自主阅读整本《红楼梦》原著；阅读关于《红楼梦》主题思想、人物形象、情节结构、语言特色等方面的评价；观看不同版本的电视剧《红楼梦》。做读书笔记、知识索引、诗文摘引、阅读批注等。

达成目标：提高阅读效率，学会筛选和整合信息；完成任务驱动下的写作——读书笔记、读书心得；提交关于《红楼梦》主旨、结构、人物、语言、环境等任一方面的鉴赏文章，开学后在班级做交流发言。

2. 让心灵"美"起来。音乐欣赏，品名画，练书法

罗丽萍老师项目课题：歌曲创作与释压教学。

项目导引：新修订的《普通高中音乐课程标准》提出的高中生要提升"审美情趣"，通过音乐课程学习，认识、理解音乐艺术的本体构成特征，领悟音乐形式美与艺术表现的关系，拓宽文化视野，培养美好情操。

项目实施：在老师的引导下，学生学会欣赏中外名曲，了解乐器；鉴别不同乐器的音色、表现力；查阅音乐作品的创作背景，从而欣赏音乐作品的主题、思想感情、价值取向；做欣赏笔记。

达成目标：学会欣赏音乐作品的旋律，根据音乐节奏，判断音乐作品的感情指向、风格特色；在欣赏音乐中释放学习压力，提高欣赏音乐作品的基本能力；提交一篇关于音乐欣赏的心得。

3. 让身体"动"起来。适合自己的体育锻炼

张亚利、杨国荣老师项目课题："宅家"学习的体育锻炼方法。

项目导引：新修订的《普通高中体育与健康课程标准》提出的"培养学生对运动的喜爱"，充分调动学生的学习积极性，增强学生内在的学习

动力，引导学生深刻体验运动的乐趣和理解运动的价值，促使学生由被动运动向主动运动转变，喜爱体育与健康学习，乐于参与课外体育与健康活动和竞赛，培养良好的体育锻炼习惯，形成积极的体育与健康观，使体育与健康成为学生生活中不可或缺的部分。

项目实施：为防控疫情，宅家学习，加强体育锻炼，选择适合宅家锻炼的项目，譬如俯卧撑、仰卧起坐、深蹲、哑铃、压腿、呼啦圈等；查阅所选择锻炼项目的注意事项、基本要领、锻炼方法等；贵在坚持，运动适度。

达成目标：掌握一些适合宅家锻炼的项目运动技巧，以达到健身效果；提交关于某项运动项目锻炼的注意事项、基本技巧、动作要领、运动感受、运动心得等方面内容的小论文。

(三) 发现·感动

高一历史组带领学生的项目学习课题："_____的峥嵘岁月"。

项目导引：①重新认识父母的工作与辛劳；②怎样控制自己长时间玩手机、看电视、打游戏？自己有怎样的打算和自律性？③怎样构建家庭生活，主动融入家庭，与家庭成员平和相处，做力所能及的家务，为家庭分忧？

项目实施：观察，对话，了解，反思，思考，调整。

达成目标：学生通过融入家庭，走近家人，听身边的人讲述过去的经历和社会的发展状况，在增进大家庭关系的同时，强化自己对自己、自己对家庭乃至自己对国家的归属感与使命感。

高一地理组带领学生的项目学习课题：湖北的自然人文地理。

项目导引：基于武汉"九省通衢"的自然特点，对武汉城市的区位因素、江汉平原农业发展、武汉工业发展、人口的空间变化等现状的分析，学生就此形成一个有关区域的政治、经济、文化的综合报告。

项目实施：研读教材必修2以及查阅资料，进一步了解湖北交通运输点、线、面的区位选择，城市化、农业的区位选择，工业的区位选择等特点以及人口空间变化的特点及原因。

达成目标：关注湖北，关心时政，理性对待这次疫情的发生，不歧视，不盲目，做一个积极有正能量的中学生。

高三政治组带领学生的项目学习课题：个人与国家。

要求每个高三学生思考和答题：全面了解和认识这次"疫情"的各个方面，从中体会并形成对敬畏自然、尊重生命、国家情怀、英勇卫国等概念的理解和认知。

我相信，一系列的项目研究课题，会打开老师和学生思维的窗，会明亮他们的双眼，会开阔他们的视野。让我们一起期待着每一个课题的落实、实施与收获吧！

8.3　在他律与自律中前行

同学们回到美丽的青春校园，重启拥有阳光的跑道，回到书声琅琅的时光，这一切如此平凡，却又如此来之不易！

2020 年的疫情，使我们的春季学期开学迟到了两个月，这两个月里，全国人民经历了一场灾难，这两个月里，让我们重新审视了许多问题。面对疫情，人与自我，人与社会，人与自然的关系被烛照，生命、伦理、道德、信仰被深入探讨。今天我与大家讲的话题是：在他律与自律中前行！

在他律与自律中前行，要懂得珍惜，希望同学们经过这次疫情能够知道，今天美好而平静生活来之不易，你的亲人们、同学们每个人的健康来之不易，希望同学们感受内心的平和，养成良好的生活习惯，如勤洗手、不聚集、戴口罩、保持距离等，同时能思考生命的价值，珍爱生命。

在他律与自律中前行，要懂得敬畏，就是同学们要牢记自然界的伦理，敬畏自然，善待万物，人貌似在万物之上，可以主宰一切，然而一个小小的病毒，就可以带来很多危险。只有人与自然、人与社会，人与他人和谐相处，才有人类世界的和平安宁。

在他律与自律中前行，要懂得尊重，尊重自己，尊重他人，尊重科学。这个社会需要包容、需要彼此理解，尊重保安人员，宿管员，清洁工人，食堂工人，送水、送快递的小哥们，尊重我们身边的每一个人。这样，社会自然才可以和谐发展，周围的环境才可以赏心悦目。

在他律与自律中前行，要懂得独立，虽然同学们还没有成年，但你们要逐渐自立独立。在生活中有一点一点站立起来独立的生活能力，多做力所能及的事，不要把被别人服务当作习惯；独立的思考能力，不要人云亦云，被别人左右；独立的判断能力，不要随波逐流，迷失自己。

在他律与自律中前行，要懂得自律，高中三年，能影响未来30年。从大家进校两天的行为上来看，部分同学还不懂得遵规守纪，比如就餐问题，有的同学不按指定路线走，不排队，不在指定位置就餐，比如走读生出校门不排队，比如有同学三五成群地聚在一起等。从学习上来看，高一从普惠到选拔，知识点、学习方法与初中都不同，高一是基础，是过渡期，高中学习难度增加，考试题目多变，不易把握。如果不知道怎样转型，高挂红灯，后面的学习就很艰难。高二承上启下，极易焦躁和茫然，是高中阶段的第二道坎儿，容易出现目标不明确的问题，觉得距离高考还远，没有斗志。解决这些问题需要严格要求自己。

在他律与自律中前行，要懂得责任，责任担当就是家国情怀。从80高龄的钟南山院士到00后的青年先锋，他们无私无畏；白衣天使逆行而上，救死扶伤；公安干警闻令而动，万里赴戎机；社区工作者日夜坚守，筑牢防线；快递小哥风雨兼程，供应给养；建筑工人不舍昼夜，援建医院；农民兄弟千里送菜；海外华人奔走募捐……在这场严峻的考验中，我们看到的是挺立在风雨中的坚强脊梁，看到的是共克时艰时的榜样，看到的是休戚与共的责任担当。所有这些，都展现了"国家兴亡，匹夫有责"的家国情怀，理想信念变得可感、可知、可爱。

新的学期，让我们都做好自己的本分，不负青春韶华，去努力追求自身的人生价值，实现自己的梦想！

8.4　做一个和谐幸福的人

——2020 年 9 月开学典礼讲话

尊敬的老师们、亲爱的同学们：

秋风送爽，丹桂飘香！今天我们全校师生满怀希望迎来了新的学期，迎来了 1090 名高一的新同学，欢迎你们！

曲靖一中办学 107 年，与祖国同呼吸、共命运，与时代共同进步，我们要不忘初心，砥砺前行，立德树人，为国育才。曲靖一中是崇尚科学、尊重知识、追求真理的教育殿堂；是文化厚重、成果辉煌、享誉中国的著名学府；是解放心灵、舒展生命、启迪智慧的人才摇篮。同学们回到校园，首先要做的就是让自己安静下来，在宁静中笃学，在砥砺中前行。只有心无旁骛、潜心求学，才能获得真知、增长才能；只有坚韧不拔、百折不挠，才能超越自我、升华人生。三年的高中生活，有优秀的教师领航，增长知识，幸福成长；有优秀的同学同行，相互促进，收获友谊。今天我们站在一个新的起点，同学们要规划好、设计好自己的人生，不虚度光阴，不负韶华。希望同学们能做到以下几点：

（1）希望同学们涵养家国情怀，做一个热爱祖国的人。风声雨声读书声，声声入耳；家事国事天下事，事事关心。习总书记说过："青年兴则国家兴，青年强则国家强。青年一代有理想、有本领、有担当，国家就有前途，民族就有希望。"青年学生要树立起与时代同行的理想信念，要担当起时代赋予的历史责任，把个人理想追求同国家命运有机结合起来。

（2）希望同学们涵养美好品德，做一个心地善良的人。德立而百善生，希望同学们无论是个人独处还是与人交往，都要日行其善，日进其学，日新其德，日新又新，诸恶莫做，众善奉行，言色和蔼，自强不息。存好心，做好事，文明生活，茁壮成长。

（3）希望同学们涵养健康身心，做一个和谐幸福的人。健康是生命的根基，锻炼是健康的源泉，要养成良好的生活习惯，不熬夜，不偷懒，少看手机，早睡早起；要养成良好的运动习惯，天天坚持，锤炼毅力，锻造品格；要养成与人为善的习惯。高中三年，朝夕相处的是身边的同学，团结协作是战胜困难最有力的武器，学会团结协作，借助更多人的力量解决问题，达到目标；要养成谦逊、大气、宽容的良好品质，主动与人沟通，不斤斤计较，有公益之心，与自然和谐相处，与同学老师和谐相处，与身心和谐相处，做一个快乐的人。

（4）希望同学们涵养生命气象，做一个精神丰富的人。一个时代有一个时代的气象，一个国家有一个国家的气象，一个人有一个人的气象。我们要努力将自己的生命塑造好，自省、自立、自强，不断规范自己的行为，远离负面情绪，涵养浩然正气，存厚重气度，儒雅气质。要热爱读书，读书使我们丰厚，智慧而通达。读史使人明智，读诗使人灵秀，数学使人周密，科学使人深刻，伦理使人庄重，逻辑修辞使人善辩，凡有所学，皆成性格，做一个脱离低级趣味的人。

（5）希望同学们涵养坚韧的品质，做一个顽强拼搏的人。当你来到这个世界，生命何曾只属于自己，父母至亲、同学挚友、同胞兄弟，都是生命的重要部分。热爱自己的生命就是把爱给自己和周边的人。要养成积极乐观的品质，积极乐观是一种对待生命的态度，也是一种美好的生活方式。要磨炼坚强意志，在困难面前不服输，刻苦学习，顽强拼搏；要脚踏实地，刻苦钻研，把每一件小事做好。当下我们要做的每件小事是按时作息，锻炼身体；是认真听课，完成作业；是遵守纪律，孝敬父母……做一个负责任、有担当的人，当时代召唤时，希望你们能挺身而出，绽放属于你们的光芒。

最后，祝愿同学们有一个崭新的篇章，祝愿老师们工作愉快，身心健康！

8.5 专注自律·行稳致远

——在曲靖一中 2021 年春季学期开学典礼上的讲话

尊敬的各位老师、亲爱的同学们：

早上好！最是一年春好处，学子归来春满园。欢迎同学们回到美丽的爨园，回到阳光的跑道，又见亲爱的老师和同学。

开学伊始，我想和同学们聊几个话题：

1. 关于青春

同学们进入高中阶段，意味着告别了少年时光，进入了青年时期，自我意识增强，渴望独立，感情变化显著。青春是美好的，因其美好，更显珍贵。人世间，很多事情，错过了可以重来，唯有青春和生命不可以重来。世上的很多事，有的重要，有的不重要；有的紧急，有的不紧急。希望同学们做一个能分清轻重缓急的明白人。在此，我想对同学们说：青春，是用来奋斗的，不是用来消耗的。

2. 关于自律

一个人，只有自律，才能克服惰性，心无旁骛，专注学习；只有自律，才能行稳致远。

3. 关于男女生交往

高中阶段，男女同学相互欣赏和喜欢，是青春期心理的正常反应，但是，因为高中生的知识水平、社会阅历、生存实力、辨别能力有限，难免不能正确区分友情与爱情，难免会陷入情感迷茫。希望同学们集中精力专注于学习，做最好的自己，去更远的远方，去遇见更美的爱情，去迎接更好的未来。

4. 关于手机

置身于信息时代，互联网、人工智能、大数据等，已融入我们的生活，给我们带来便利的同时，也造成了现代人对手机的依赖，当然，也带来了潜在的风险，如不健康信息、网络游戏的不良影响，视力下降，知识碎片化，思想被异化，我们稍不小心就成了迷失自我的"空心人"。为了维护青少年学生的身心健康，国家教育部近日出台的文件明文规定，原则上不允许学生把手机带进学校。希望同学们能理解支持。

5. 关于尊重

共同生活在爨园，希望同学们学会尊重自己，尊重他人。古语说"己所不欲，勿施于人"，我们无论做什么事，都要考量不影响别人，不损害他人利益。作为一中的学子，同学们更应该懂得自制，学会摒弃不良习惯，如熄灯后讲话，带东西进教室吃，乱丢乱扔垃圾，高声喧哗等。播种一种良好习惯，就是收获一份优良品质；保持一份优良品质，就是获取一个更好的未来。希望同学们能懂得这个简单而深刻的道理。

6. 关于理想

理想是奋斗的目标，理想是奋进的力量。王国维先生说的人生三个境界："昨夜西风凋碧树，独上高楼，望尽天涯路"，这是第一境界，说的是志存高远；"衣带渐宽终不悔，为伊消得人憔悴"，这是第二境界，说的是无怨无悔的奋斗与努力；"众里寻他千百度，蓦然回首，那人却在，灯火阑珊处"，这是第三境界，说的是苦尽甘来。我们每个人都有自己的梦想，但是，只有脚踏实地付诸行动，才能实现心中的远大理想。

新的学期，让我们都能做最好的自己，不负韶华，努力追求自己的梦想，实现自己的人生价值！

谢谢大家！

第九章　未来展望

教育，传承过去，立足现在，面向未来，教育既要守住中国教育的根本，有中国情怀，又要放眼世界，培养兼具国际视野和跨文化沟通能力的复合型人才。

与生命同行，让生命美好，"为天地立心，为生民立命，为往圣继绝学，为万世开太平"，这是古代仁人志士的理想与追求，这更应该成为中国教育者的情怀与信念。让我们不忘教育的初心与使命，上下求索，志存高远，坚定信念，虽远不息！

教育，人生之大事，国家之大事，人类之大事；教育，关系着人的发展，国家和民族的未来，人类的进步。

2020年10月29日，党的十九届五中全会公报发布，提出"十四五"期间要"建设高质量教育体系"，到2035年要建成"教育强国"。如何准确把握基础教育高质量发展内涵？高质量发展要有什么样的教育理念？抓好哪些关键问题？如何推动区域基础教育高质量发展？一所学校高质量发展的要素和标志有哪些？这些都是当前在改革发展面前必须厘清的重大问题。

在经济领域，高质量发展意味着质量第一，效益优先，需要一系列质量变革、效率变革、动力变革。我们国家的基础教育已进入以质量为核心的新阶段，一是教育自身发展，义务教育全面普及，高中教育基本普及，学前教育也将基本普及，基础教育转向实现高质量发展；二是家长期盼，"有学上"问题基本解决以后，家长对"上好学"的诉求自然就上来了；三是国家战略要求，基础教育高质量发展是时代使命，国家高质量发展的战略需要，主要大国之间竞争的加剧，当今世界综合国力的竞争，是人才的竞争，高素质人才、拔尖创新人才越来越成为推进经济社会发展的战略性资源。

一、如何理解和把握高质量发展内涵

教育是需要信仰的事业，要解决好立场和站位问题，其关键是要深刻认识教育的属性。

一是政治属性。核心是教育的意识形态属性。教育塑造着一代代人的价值观念，对任何国家来说，教育都是重要的意识形态阵地，关系着一个国家的长治久安和民族的持续发展。党的十八大把立德树人作为教育的根本任务，习总书记强调，教育是国之大计，党之大计，要培养德智体美劳全面发展的社会主义建设者和接班人,培养能够担当民族复兴大任的时代新人。把握了这一点,我们就能更自觉地去理解"立德树人",把好"培养什么人,为谁培养人"这个方向,切实把教育的政治功能发挥好,把意识形态阵地守好。

二是制度属性。教育是上层建筑的重要组成部分。《中华人民共和国宪法》明确规定:国家发展社会主义的教育事业。社会主义的本质是解放生产力,发展生产力,消灭剥削,消除两极分化,最终达到共同富裕。教育是个人发展的重要基础,要时刻想到我们办的是中国特色的社会主义教育,要体现社会主义制度的特征和要求。

三是社会属性。教育公平是社会公平的重要基础。通过教育提供平等的流动机会,可以防止阶层固化,避免贫困的代际传递。

四是人民属性。教育是最大的民生工程。与每个家庭息息相关,每个家长都希望孩子接受良好教育,因此要以人民为中心办教育。

概而言之,必须站在国家立场、人民立场、党的立场来看基础教育高质量发展问题。

二、高质量发展要树立什么样的理念

一方面,人的成长规律是基本稳定的,要尊重教育规律;另一方面,理念与经济社会发展密切相关,具有鲜明的时代性,为此,应该树立三个理念:

一是"有教无类"。基础教育是面向人人的教育,我们要自觉推进教育公平,均衡发展。

二是"素质教育"。坚持"五育"并举,全面培养、落实"核心素养";着力培养学生的正确价值观、必备品格和关键能力,改变课堂教学和考试评价方式。

三是"因材施教"。招生时有教无类，不挑学生，进校后因材施教，促进学生个性化发展，学校在严格执行国家基本标准的基础上，根据自身办学资源和生源特点，积极创新，办出特色，教师给予学生分类指导，提供差异化、个性化教育，因材施教一直都是我们追求的理想，而育人质量一定意义上取决于因材施教的程度和水平，这是解决学生发展不平衡、不充分的问题的关键所在。

三、如何推动区域教育高质量发展

一是立德树人。立德树人是我们办教育的根本任务，它不是口号，必须贯穿于学校的方方面面。包括教书育人、管理育人、制度育人、服务育人、环境育人等，是全覆盖的，德智融合，相得益彰，课程学科是立德树人的主渠道，课堂是立德树人的主阵地，课堂教学是德行与知性的融合，课堂教学在传授知识的同时，应该注重思想、道德、情操、品质、价值观等方面的培养，所有学科都有育人价值，我们的教师必须用敏锐的目光深入研究教材，把知识传授与育人结合起来。

二是教育公平。新时期推进教育公平的重点是促进优质均衡，让每个孩子有平等的受教育机会，办好每一所学校。

三是注重特色。注重特色要抓牢课改，在课程设置和育人模式上下功夫，深化课改，关键是要增加课程的丰富性和选择性，让每个孩子发挥其兴趣和特长。改革要持续，必须有动力，激发每一所学校的办学活力和内生动力，注重创新，充满生机，要特别关注"后20%"的学生，每一个学生的发展质量提高了，教育质量才会得到整体的提升。

四是补齐短板抓实践。重视传统文化，积极推进书香校园建设，倡导全科阅读。我们的短板是什么要清楚，那就是创新精神不够，实践能力不足，在"学以致用，知行合一"方面还有差距。另外，"五育"中"劳"

的短板，要通过劳动实践的体验，净化心灵，培育精神，塑造品格，提升能力来补足。

四、一所学校高质量发展的要素和标志有哪些

启迪智慧，让智慧之光朗照，教师应该拥有智慧，要提倡教育智慧，教学智慧，这是一种宝贵的教育品质，良好的教育状态、教育境界。

（一）要提高教学站位，实现三个"超越"

超越学科：不能只强调学科本位，要做到眼中有人，我是教数学的，我首先想到的不是这个孩子数学成绩怎么样，而是要先认识到这个孩子是个什么样的孩子，勤奋的？认真的？敢于拼搏的？……我觉得眼中要有完整的人，再考虑我们教学是为了什么。而教学是为了什么？可能是为了教学生喜欢学习，如何学习。要站在一个全人的角度，超越我们本学科。

超越教材："教教材"和"用教材"是不一样的，首先我们要研究透教材，不能就教材讲教材，因为教材内容是经过概括提炼，通过找到共同点后编出来的，而孩子的生活是丰富多彩的，所以超越教材要求我们一定要将教材与孩子的现实生活充分联系，要对照目标，对照学情，对照经验，将问题植于"真情境""大任务"中去解决。

超越课堂：在课堂之外，孩子会怎样？学生离开了学校会怎样？无论是教书1年，还是教了10～20年，我们都可能遇到似曾相识的情况，我们过去怎么处理，现在如何创新，在处理过程中要考虑到学生的差异，不能同质化教学。

（二）要实现教育自觉

1. 职业意识

知道何为教师，教师意味着什么，自己该做什么不该做什么，教师的

职业意识包含爱与责任意识、服务意识、师表意识、育人意识、胸襟意识、反省意识等。在这中间，爱与责任意识要放在第一位，对事业、对学生一视同仁，给学生科学严格而又无微不至的关爱，因为有爱，才有担当，才能不断提升自己的教育理想和职业境界。

2. 职业精神

对教师而言，爱岗敬业、廉洁从教、团结协作等是最具职业特征的精神标签。在学校，教师把教书育人当作自己的天职，始终践行"以校为家""全身心服务学生"的职业理念。我们学校的教师具有较强的自觉性和团队精神，拥有学校大局观、整体育人观、协同工作观，因此能够互相支持，取长补短，协作攻关，同甘共苦，注重整体力量，集体智慧。

3. 职业能力

教育的对象是人，在学科教学、班级管理、个性化成长指导等方面都需要教师深度参与，所以教师的职业能力也有多域性、综合性、整合性、创造性、复杂性、应变性等多重特征，教师应有扎实的专业基础及相关领域的知识，应有过硬的教育教学技能及相关领域的创造整合能力，应该形成稳定可控的教育教学风格及深具感染力的人格魅力，这些能力要求需要教师积极修炼，不懈求索，不断精进。

（三）舒展心灵：用教育润泽生命

价值、赋能、创新是时代发展的呼唤，价值引领未来，赋能激发活动与智能，解放人的心灵，进而推动创新，我们将致力于让学校的办学与学生的发展状态高度契合，让每个学生都可以找到自己喜欢的课程、终身发展的领域、为之奋斗的目标。

（四）面向未来，追求教育新格局

教育，传承过去，立足现在，面向未来，教育既要守住中国教育的根本，有中国情怀，又要放眼世界，要培养兼具国际视野和跨文化沟通能力的复合型人才。

与生命同行，让生命美好，"为天地立心，为生民立命，为往圣继绝学，为万世开太平"，这是古代仁人志士的理想与追求，这更应该成为中国教育者的情怀与信念。让我们不忘教育的初心与使命，上下求索，志存高远，坚定信念，虽远不怠！